西藏历史文化十四讲

刘伟／著

XZCB 西藏人民出版社

图书在版编目（CIP）数据

西藏历史文化十四讲 / 刘伟著 . -- 拉萨 : 西藏人民出版社 , 2024.7

ISBN 978-7-223-07668-5

Ⅰ . ①西… Ⅱ . ①刘… Ⅲ . ①文化史—研究—西藏 Ⅳ . ① K297.5

中国国家版本馆 CIP 数据核字 (2024) 第 068191 号

XIZANG LISHI WENHUA SHISIJIANG

西藏历史文化十四讲

作　　者	刘　　伟
策　　划	扎西欧珠
特邀编辑	李 海 平
责任编辑	扎西欧珠
封面设计	格　　次
责任印制	拉姆曲珍
出版发行	西藏人民出版社（拉萨市林廓北路 20 号）
印　　刷	西藏福利印刷厂
开　　本	710mm × 1000mm　1/16
印　　张	26.25
字　　数	310 千
版　　次	2025 年 3 月第 1 版
印　　次	2025 年 3 月第 1 次印刷
印　　数	01-2,000
书　　号	ISBN 978-7-223-07668-5
定　　价	78.00 元

序

北京纷纷扬扬的雪花，漫天飞舞，飘落四周。寒冷的冬夜，最适宜的事情，即是展卷就读。恰在此时，在温暖的书房里，翻阅刘伟先生的书稿，文字流畅，条分缕析，故事性强，图文并茂，读来倍感亲切，不忍罢手。

我对这部书稿的作者，是熟悉的，虽然已经记不清楚何时因何结缘，但感觉就是亦师亦友的老相识。我向来对他是钦佩的，当然不是因为他曾经担任过国家级媒体的领导，而是因为那一篇篇及时、深刻、精彩的新闻报道。我知道这个名字时，他还在西藏。

刘伟是一个记者，曾长期在西藏生活工作，写过许多关于西藏的新闻报道。作为“藏二代”，他足迹遍布西藏的山山水水，甚至徒步走进了当年全国唯一不通公路的墨脱县。稍微对西藏有一点了解的人都知道，徒步到墨脱，会遇到什么样的困难。我读过对他的专访，诚如斯言，他把最好的青春岁月留在了西藏，缘于他对西藏真挚的感情。他说过，作为一名记者，能在西藏有一段经历，是自己的幸运，对西藏高原这片热土的激励，唯有心存感激。我知道不少“藏二代”都有西藏情结，视西藏为第二故乡。他们对西藏的情，是放在心里，能对三五知己，围炉而坐，就西藏的昨天和今天，热泪盈眶地开怀畅谈。遗憾的是他们中很多人却没能提笔，将西藏的过往，将那激情燃烧的岁月记录下来。刘伟先生责无旁贷地担起了这份责任，他多年来除了写下了大量有关西藏的报道，还激情澎湃地创作了不少小说、散文、报告文学，内容大都与西藏有关。如通讯报告文学集《西藏脚步声》、散文集《告诉你个真西藏》、长篇散记《苍茫西藏》、长篇纪实《十一世班禅坐床记》等等。

几年前，一次学术会议闲暇之时，我们曾谈到离开现在岗位后的生活。他坦言西藏历史文化知识的普及是他未来关注的课题，要讲好西藏故事。可见他对西藏的热情是何等的深。这些年，刘伟利用在大学讲课的机会，以自己在西藏近30年生活工作的经历，以及学术知识方面的长期积累，利用讲座的形式，就西藏历史的重大事件，重要人物、文化特质，深入浅出，娓娓道来。我们知道，涉及西藏历史、文化的著作车载斗量，不可计数。但是，刘伟先生这十四个普及西藏历史文化知识的讲座，汇集成册，给人们提供了一扇了解西藏的窗户，可谓难能可贵，善莫大焉。西藏的历史上溯远古，特别是从吐蕃时期即开始与中原地区密切相连。前些天，国家文物局公布了四项有关西藏的重要考古成果，范围涉及阿里、日喀则、拉萨等地。除了考古发现史前西藏高原聚落遗址，出土石器、骨器、陶器以外，当雄的吐蕃墓地遗址出土了金银器、珠饰、围棋子、纺织物等，以实物证明了中原地区与西藏高原各民族交流的历史。

刘伟书稿以十四个讲座为主线，一个显著的特点就是注重史料的准确，所言有根有据，但也注意从历史上西藏地方学者一些具有宗教和传奇色彩的著作中梳理出有价值的材料予以佐证。以下试举几例：

“吐蕃三法王”一章，通过吐蕃最有作为的三个赞普的介绍，简述了吐蕃时期藏民族的辉煌历史。唐王室与吐蕃王室联姻，文成公主与金城公主先后进藏，带去了中原地区先进的农耕、纺织等技术，密切了藏汉关系，推动了藏汉文化交流。影响之重大，绵延至今。

他的“简述西藏地方史”，实际上是一篇提纲挈领的西藏地方与祖国关系史。他抓住的几个重要的历史节点，如唐蕃会盟、凉州会晤、多封众建、格鲁崛起、章程治理、和平解放，通过条分缕析，使西藏漫长的历史有了一个清晰简明的轮廓。

“西藏民间三圣”非常有意思，集中在一起写，读来感触良多，颇有启发。武圣格萨尔、药王宇妥·云丹贡布、藏戏鼻祖汤东杰布三个人物在西藏家喻户晓，虽然民间传说多，但历史史料也有很多记载。西藏很多真实历史与民间传说颇难辨析，正如同刘伟在《苍茫西藏》一书的封底上的文字：“这是一个众神与凡人共同生存的世界，生命的短暂与永恒在此间达到了一种美妙的和谐”。意识到此，并有自己独到的认识，则实属不易。

关于“十七条协议是20世纪西藏历史的分水岭”一文，西藏党史专家评价极高，认为是宏大之叙事，文章以历史大背景为坐标，将西藏地方与中央政府的关系、西藏前50年的危机与和平解放后的三次飞跃、十七条协议签订的前后历史及经过清晰阐述，并与新西藏的历史跨越、新时代西藏的成就联系起来，思想深邃，内容丰富，信息量大，具有一定的学术价值，是对十七条协议的历史意义最好阐释之一。

在阅读中，我注意到刘伟在几十年的记者生涯中养成的职业习惯。有关西藏的新闻报道是他的强项，除了常规性新闻报道，他还能将兴趣的触角延伸到西藏的历史、地理、建筑、壁画、唐卡乃至鲜有人关注的佛造像“擦擦”。正是因为如此，他的文章才带有温度，真情实感由心底而生。

读到他的书稿，我们看到他不仅仅从故纸堆中挖掘相关史料，也非常注意亲身体验和实地采访，这就使他的见解在文章中有了感性的亲和力与理性的说服力，生动活泼的文字，引人入胜，收获匪浅。他对西藏既热爱又敬畏、既浪漫又理性的精神，贯穿全书，值得充分肯定。他谦虚地认为“自己未经正规的学术训练，书中亦有与他人不同的观点，免不了有谬误之处。”但我认为这也许正是刘伟先生此书的最大特点，摆脱一定程式的写作，发人之所未发，正是读者希望看到的。至于“谬误”，则智者见智，仁者见仁，完美毕竟只是写作追求的目标。

新华社高级记者、光明日报副总编刘伟先生在西藏乃至全国的知名度、影响力都是很高的，既是因为他的学问，也是因为他的人品。当他希望我来为此书作序时，第一感觉是岂敢岂敢，然后是诚惶诚恐，推脱再三，最后是恭敬不如从命。以上所言，权以为序，敬请读者明鉴。

喜饶尼玛

2022年元月京城雪飘之际

目录 Contents

第一讲

西藏，在墙上记载历史

——见识西藏壁画的一次机遇

壁画是西藏一种特殊的存在，是艺术，是方志，是人物传记，也是历史的记载。西藏高原的居民多数信教，就寺庙而言，凡有墙，皆有画，而且一些活佛及旧西藏的贵族宅邸，墙壁上也多绘有壁画。藏传佛教的传播大致就是两种方式：一种是文字的，以读经、释经、诵经方式传播；另一种则是形象的，以雕塑、绘画等艺术造像方式展现。佛教世界通过雕塑、壁画形象地显现出来，宗教与世俗、神性与人性完美地融合在一起，那遥远的人物和神秘莫测的佛教境界，就那么鲜活地出现在面前，令人在观照中、欣赏中领悟到拈花一笑的魅力。

魅力

大概是在 1992 年的一个夏天，有个电话打来，让我帮忙寻找鬼子母壁画的形象，并给拍张照片。电话是中央美院的法国留学生乐鄂玛打来的。我当时的职业是人民日报驻西藏记者。

在此之前，我是在劲松社区徐星的家里认识乐鄂玛的。徐星是一名作家，曾到西藏旅游过，我们在拉萨相识。乐鄂玛剪着短发，既漂亮也显得精神十足。我说，法国巴黎可是大家向往的世界文化之都啊，我印象中基本都是中国学生到巴黎留学学习美术，尤其是油画，你个法国女学生，怎么跑到中国学习油画？她笑着说，中国的油画也不简单，有的油画家，虽学于法国，但青出于蓝。中国的中央美院世界有名，我在这里学习油画，同时也学习中国水墨画，中国文化内容丰富，要学的很多。徐星虽作品不多，但在作家圈里，才气是公认的，他看着乐鄂玛说："她要去西藏，可否接待一下？"我当即应允。

乐鄂玛是美术生，喜欢壁画可以想见。而我，是个门外汉，就是由于她这个电话，我对西藏壁画产生了兴趣。

我最早接触西藏壁画应该是"文化大革命"时期。中原学校停课，我进藏随父母居住，当时母亲所在单位是中国人民银行拉萨八廓街办事处。办事处地处八廓南街的拐弯处，三层石砌楼房，一层办公，二、三层住人。我们家在三层，有的房间和廊道里，墙上残留有壁画。那时我的印象不过是画上线条特别，人鬼神兽形象怪异。"文化大革命"时期，因"破四旧"，西藏很多寺院的经书被烧、寺院建筑被毁，据说是周恩来总理亲自下令，将布达拉宫、大昭寺、

大昭寺壁画前等待进主殿朝佛的信徒 〔日〕久保田博二摄（1981 年）

哲蚌寺、色拉寺等分别以保护仓库、粮库为由保护起来。我曾随八廓街藏族小伙伴进到大昭寺一个长长的甬道，看到里面堆满了一坨坨牛皮包裹的酥油，也看到了一些墙上的壁画，有的菩萨神鬼形象勾了金边，在昏暗的灯光下，闪烁着神秘的光泽。

数日之后，我已回到拉萨，就接到乐鄂玛要来拉萨的电报。这次，乐鄂玛是带着她个子高大的表哥来的。这个中央美院的法国留学生，说她去了北京、山西、陕西等地方，也去法海寺看过壁画，学院里一个老师，还有徐星告诉她，要了解中国壁画，西藏是必去之地。

她说，这次西藏之旅，主要是看壁画。

在 1991 年的这个春天，我借了辆北京 213 吉普车，带她去了拉萨的几大寺院，坐木船渡雅鲁藏布江，去了桑耶寺，而且，还沿着崎岖的山路去了鲜有人迹的扎叶巴寺。

扎叶巴是个悬空寺，据说最早是吐蕃松赞干布与象雄王妃的修行洞，后来的莲花生、阿底峡都曾在此修行。现在是西藏宁玛派的寺庙，因崖壁上开凿了许多修行洞窑，也是西藏四大修行地之一。这里的壁画十分古朴，有的墙壁斑驳，墙面壁画已有剥落。我和乐鄂玛还顺着木梯，爬进一个修行洞，黑色的墙壁上画有一尊青绿色的护法神像，凸出的大眼盯着我们，气氛森严。

我真正接触到并对西藏壁画有了欣赏的态度，是在 20 世纪 80 年代初。那时，到拉萨的区外大学生非常多，我与一些学美术的进藏大学生成了朋友。大概是 1984 年，西藏自治区对大昭寺进行维修，刚刚毕业不久的、自愿进藏工作的青年画家裴庄欣、于小冬、李新建、蔡显敏等，有一段时间，他们和几个青年藏族画家每天都要去大昭寺临摹壁画。我时不时也去看看，看他们临摹，看专家从墙壁上将古老的壁画切割下来。从他们那里，我才知道大昭寺佛殿二楼和松赞干布修行室的墙上，还残存吐蕃时期的建筑构件和壁画。建筑构件的斗拱有人面狮身像，其造像风格可溯至埃及、大食和印度；壁画内容有五方佛、四臂观音、度母、飞天等。这些是西藏古老的艺术珍品。壁画保存至今有50多平方米，有的墙面被烟熏火燎，画面模糊，毁损严重。有一幅较清晰，画面以绿色为底，有朝拜松赞干布赞普的众多男女，人物衣着是咖啡色，紧袖，靴子尖端略卷，淡红色的面部神态恭敬。如果与敦煌15窟的吐蕃赞普壁画、唐阎立本的《步辇图》进行对比，这些人物在冠帽、发髻、袍裙、佩饰等方面有相似之处，部分还带有明显的大食风格，是研究唐、吐蕃的珍贵图像资料。

乐鄂玛研究的主题是佛教绘画中"鬼子母"形象是如何产生的。她拿正在做的论文给我看，厚厚的本子，有文字，有图片，装订严整，里面有山西大同善化寺"鬼子母"的照片。刚到拉萨时，乐鄂玛说请教我几个西藏佛教中的问题，我自以为还可以，说问吧，她就问，鬼子母的壁画，哪里能看到？别说几个问题，第一个就把我给问懵了。有关鬼子母，我仅知道是个印度佛教传说中的恶鬼，吃了自己的孩子后，变成厉鬼，专吃别人家的小孩子，后被佛祖点化，成为佛教的护法。我在书架上乱翻一通，找到了一些有关鬼子母的文字。鬼子母前世是个牧牛女，某日，王舍城的独觉佛出世，在芳园设盛宴庆贺。城里五百男女赴宴途中遇见怀孕的牧牛女正在挤牛奶，便邀其一同前往。牧牛女高兴之余竟当场流产，众男女认为秽气不洁，弃牧牛女而去。牧牛女恼怒之下，食了刚刚流产的婴儿，又以新鲜的牛奶换了五百个槟榔，去朝拜独觉佛，并发下恶愿：来世投生王舍城，将食尽城中之子。后来牧牛女投生王舍城为婆多药叉的长妇，生了五百子女，每天吃一城中婴儿。佛祖得知，将鬼子母最小的儿子藏于钵下。鬼子母苦觅不见幼子，于是求佛祖帮助，佛祖曰："你有五百子，尚怜一子，城中寻常人家仅一二子，你每日食之，独不怜其痛？"在佛祖的指点下，鬼子母幡然醒悟，带五百子皈依佛祖。鬼子母梵语名为"诃利谛南"，一般有两个形象，恶像青面红发，面目狰狞；善像温柔微笑。中原寺庙里鬼子母供像不多，壁画更是少见。西藏壁画丰富，但画有鬼子母的壁画，我在西藏真还没见过。

乐鄂玛电话里说西藏壁画有鬼子母，真的有吗？我作为记者，去过很多西藏著名寺院，多年的经历，自信还比较了解，但对鬼子母壁画竟一无所知。就鬼子母壁画，我咨询了很多西藏的朋友，也没有收获。我对乐鄂玛对西藏壁画的痴迷和执着，不由得钦佩起来，这也激发了我对西藏壁画的好奇心。

大昭寺廊廓　刘伟摄（1994 年）

正当我有点沮丧时，乐鄂玛又来电话了，说是通过北京藏学家朋友指点（我估计是王尧先生，王先生当时是中央民院教授，大名鼎鼎，在北京藏学界无人不晓），鬼子母壁画在大昭寺。后来，乐鄂玛从北京寄信来，告诉我在大昭寺有鬼子母的壁画，并请我有机会替她拍一张照片。我立刻赶去大昭寺，在廊廓的墙上仔细查看每一幅壁画，终于给我看见了，但壁画墙体用细铁丝做了保护，没有办法拍照片。我内心感到惭愧，同时也被乐鄂玛那种认真治学的态度给感动了。

拉萨以大昭寺为中心，分为“三廓”，廓，即转经道。大昭寺中心殿堂外围一圈的内转经道称为“廓廓”；围绕整座大昭寺是“八廓”，形成的街道就是八廓街；再就是围绕拉萨古城的一圈转经道，称为“林廓”。廓廓壁画十分丰富，因壁上绘有千佛，又称为“千佛廊”，布置有 380 个装藏经书卷的铜皮转经筒，绕廊一圈，“哗啦啦”地用手拨动转经筒，如是念闻千遍佛经，敬拜了千佛。

分类

从那次到大昭寺看壁画修复开始，以后我每到西藏一地，都要去寺院看看，壁画更是免不了的。西藏壁画，主要是藏传佛教的内容在墙上直观地呈现。我将其简单地分为三类：宗教类、历史类、世俗类。

1. 宗教类

这类题材在西藏壁画中涉及最多，艺术价值也最高。“当代人对于西藏绘画和雕刻品非常关心，其原因肯定既是由于其宗教内容，又是由于其美学价值。事实上，我们知道的艺术几乎完全是宗教性的。”[1]

壁画将宗教审美化了，严肃的经典在画面上鲜活起来。藏族的文化中，所有的知识都可以用五明概括，即工巧明（工艺学）、医方明（医学）、声明（声律学）、因明（逻辑学）和内明（佛学）。

工巧明按佛学表达为身、语、意三种技能，身之巧主要是绘画、塑像、造塔、建筑、制陶、造纸等技能。其中佛的造像最为上等，如雕塑、绘制壁画。寺院是学习、传播佛教知识的中心，而壁画则是画师按量度经形象地展现佛教世界，僧人和信众通过壁画上的佛、菩萨等进行内心修行和崇敬观照，时时可见，时时恭敬，与画师共享善业，从而使心灵获得慰藉。

藏族画师在绘制宗教题材时，必须严格遵循“三经一疏”，即《佛说造像量度经》《造像量度经》《绘画量度经》《佛说造像量度经疏》。这些造像规则来自佛经中的描述，按佛经的标准将佛、菩萨、护法等形象准确地绘制出来。绘画的过程就是敬佛的过程，通过艺术形象的再现，表达对佛法的敬畏，完美而准确的绘画作品表达了画师自己的善业功德，僧人及信徒在虔诚地观照过程中，也同样获得善业功德。

藏族画师一般是用手掌在墙壁上丈量尺寸，如同中原裁缝用手指在布上卡量。比如，舍得子问佛，世尊佛离世后如何塑形象？佛以自己手指为量度，全身长十拃，每拃十二指半，长与宽一百二十五指最为适宜。对顶髻、面部、手、腿，乃至眼耳鼻舌口等间距都有仔细描述。

20 世纪 90 年代初，国家拨巨资对布达拉宫进行维修，我在长达 5 年的时间中参与采访报道。有一次在采访布达拉宫壁画修复时，我曾请教正在画架上修复壁画的画师扎西次仁，提的问题现在想来很是幼稚，如壁画的色彩有什么讲究？颜料为什么用矿物质而不用现代颜料？佛和菩萨的比例有什么规定？甚至对细微处描绘为什么毛笔要沾一下口水？等等。画师不厌其烦地一一回答我。后来才知道，我有眼不识泰山，扎西次仁竟然是西藏硕果仅存的壁画世家传人，是西藏最后一任“乌钦”（大画师）。他 11 岁随父亲学画，18 岁奉召到大昭寺角楼画室当专业画师（如同祖国内地的宫廷画师。大昭寺角楼由五世达赖喇嘛专门辟出，供养有声望的画师，是有专业性质的绘画机构），30 岁获得旧西藏地方政府授予的“乌钦”称号。他说：“壁画和唐卡都是宗教信徒供奉的神圣崇拜对象，或是依据占卜为超度死者而画的神佛，所以西藏绘画的主题乃至构图、形象、比例、色彩都是不容随意发挥的。造像经还就画师的品德修养规定了严格的戒律，一幅画从起稿到完成，自始至终要遵守一定的宗教仪轨和程序，这样的艺事等于作者厚积功德，酬资是施主奉赠的施舍。起稿时，施主赐贵重施舍，奏乐，表示佛的心已印在画上。”[2]

壁画的宗教内容主要是展现佛、菩萨、护法神、上师、坛城等。西藏寺院主殿一般有门廊，正门两侧绘制四大天王，左手侧墙上一般绘制六道轮回图，也有绘制坛城图案的。六道轮回图放在左手侧，我想可能是因为在西藏转寺院一般是从左向右而行吧，信徒先看到此图，心里既有安慰，也有警醒。好在现在是“人”，上则罗汉天道，下则畜生地狱。坛城，藏语称“曼荼罗”，是佛教最高等的修行地，也是对佛教宇宙观的图像解释。萨迦寺壁画坛城图案数量最多，据说绘于 13 世纪。在萨迦寺主殿二层西侧，绘制有 63 座坛城，2 米以上的有 20 座，1 米以下的有 43 座。据《西藏百科全书》萨迦寺条目的“壁画艺术”介绍，这些坛城壁画是萨迦寺历史最悠久、保存最完整的壁画。桑耶寺大殿的藻井绘有外圆内方的坛城，既是一种装饰，也是对密宗修行地的仰望。白居寺院内的大白塔建于明洪熙元年（1425），完全按尼泊尔风格建造，13 层高，76 间殿，108 道门，又称“多门塔”。我每次去都会转晕。壁画神像太多，反而没有了清晰的记忆。这座立体的坛城，每间殿堂墙上都密布壁画，共达3200多平方米，绘有27529尊佛、菩萨、护法、金刚、度母、法王、祖师和高僧等，将密宗四续部即事部、行部、瑜伽部、无上瑜伽部的仪轨和修行次第完整地展现出来，从下往上绕行，等于在坛城行走一遍。对我等游人，不过是到此一游；对信众，则是虔诚的朝拜；对僧尼，则是内心的观照并激励修行。不过，我看到过一铺令人震撼的坛城壁画，在白居寺措钦大殿二层西侧。这铺胜乐金刚坛城壁画，顶天立地似的占据一大块墙面。把持坛城四方边界入口的是忿怒相护法金刚，南方是绿色，代表成就；北方黄色，代表增益；西方红色，代表关爱；东方浅橘色，代表息灾。从大到小是三个圆圈，依次为身轮、语轮、意轮；每圈八个共二十四个舞蹈之神，据说是胜乐金刚变化身，分别为蓝色、红色、黄色和绿色。

白居寺措钦大殿壁画坛城局部　转载《西藏古迹》105页

小圈核心呈井字形，中央是密宗五大本尊之一的胜乐金刚，四首十二臂（四首颜色各不相同，此尊为黄色，表示增益），怀抱明妃，呈双修状，单腿站立于莲花芯的嘎巴拉碗上，旁边是其他八个明妃眷属，均站立于莲花芯的嘎巴拉碗上。整座坛城以红色为主，以线描吉祥草铺底。画面美轮美奂，气氛威严而神秘。

西藏许多寺院都有佛本生的壁画。大昭寺主殿四壁有 108 铺佛本生壁画，绘制于清初五世达赖时期。长卷般的壁画，形象地描述了释迦牟尼从出生到悟道成佛的故事，形象生动，人物众多，非常精美。建于元代的后藏夏鲁寺，绿色琉璃瓦顶，斗拱飞檐，是典型的藏汉风格建筑。主殿一层外围回廊墙壁上，绘有 101 铺佛本生壁画，是不是受大昭寺外廊的影响，不得而知。壁画既有连贯性，也相对独立，每铺壁画长 2 米、宽 15 米，以一个故事或某个场景为主题，绕廊道转经，可以通过壁画形象地了解释迦牟尼的一生。西藏寺院的壁画很少留有画师的名字，因为画师是把自己虔诚崇佛之心及功德献给绘制的佛、菩萨像。我在扎什伦布寺一座殿堂看到过佛本生壁画，十分精美，寺里的喇嘛给我介绍说这铺壁画是后藏新勉唐画派创始人曲英嘉措亲手绘制。曲英嘉措是四世班禅喇嘛的侍从画师，也是西藏最伟大的画师之一。在西藏寺院佛本生壁画中，有很高的原创性的艺术价值。

2. 历史类

西藏的历史文字记载大都充满传说和宗教内容，对专业研究历史的学者来说，需要披沙沥金、去伪存真；但对文学创作者来说，则是上好的创作题材，能够给予他们想象和幻想的空间。西藏的壁画虽然大多是宗教内容，但对历史的形象记载却是研究者难能可贵的参考资料，对一般人来说，亦是了解西藏历史的捷径。

西藏的大寺院及布达拉宫都有描述西藏历史的壁画，有的是长卷式展示，动辄数十米甚至数百米，铺满整面墙壁。有的重大历史事件则用几幅画面，中间隔以吉祥图案及花卉。如布达拉宫文成公主进藏图，在一整体画面上，连环描绘多个场景：禄东赞赴唐朝皇宫为吐蕃赞普求婚、与其他求婚使者智斗、抵达藏域渡口、赞普迎接等。因布达拉宫是达赖喇嘛的政教事务中心，其壁画对达赖喇嘛的重大历史事件有很多描绘。如司西平措五世达赖喇嘛灵塔殿内壁画，描绘了五世达赖喇嘛生平，其中五世达赖喇嘛进京觐见顺治皇帝的壁画面积最大，描绘了五世达赖喇嘛离藏、沿途会见蒙古王公和地方官员、抵京、觐见、讲经、宴会等。十三世达赖喇嘛灵塔殿也是用壁画描绘了他的一生，其中面积最大的是十三世达赖喇嘛进京，先后朝觐光绪皇帝和慈禧太后的场景，画卷以传记形式展示了历史人物的生平和重大历史事件。

布达拉宫壁画：五世达赖喇嘛觐见顺治皇帝

长卷式壁画还有两个地方非常值得去看。一是罗布林卡，那里是达赖喇嘛的夏宫，初建于清雍正年间七世达赖喇嘛时期，按中原园林风格设计，风景秀丽。七世至十四世达赖都曾在此园林居住过。

其中环境最美的是新宫，是中央人民政府拨专款修建的。新宫的二楼殿堂有在三面墙上绘制的壁画，表现了西藏贡布日山猴子与观音菩萨化身的罗刹女结合产生藏族祖先的传说，经悉补野部落、吐蕃政权、元朝八思巴、五世达赖喇嘛觐见顺治皇帝，一直到新中国成立后十四世达赖到北京拜会毛泽东主席的历史。在会见大厅，中间是达赖喇嘛的黄金宝座，两侧墙上绘制的是历世达赖喇嘛的历史传记，其中宗喀巴三师徒、五世、十三世及十四世达赖画像突出，大的画像周围是格鲁派高僧，还有西藏地方政府的一众官员形象。

另一处则是西藏最早的佛、法、僧三宝俱全的寺院桑耶寺。在乌孜大殿两侧的墙壁上，绘有西藏重要的历史事件和历史人物，画面长达 92 米，内容是远古猴子与罗刹女结合的传说，从雅砻部落

桑耶寺全景图　伦敦大英图书馆藏

到吐蕃政权，佛教传入西藏，松赞干布迎娶文成公主，兴建布达拉宫及大昭寺，末代吐蕃赞普朗达玛灭佛，以及元萨迦、明帕竹、清噶玛等地方政权时期的故事，堪称“西藏历史画卷”。

西藏许多有经济实力的寺院，修建时都在寺内墙上绘制了本寺院修建的历史及苯教派的传承史。桑耶寺乌孜大殿二层墙壁上，绘制有莲花生大师在吐蕃赞普赤松德赞支持下修建桑耶寺的过程，还专门有几铺壁画以连环画形式绘制了莲花生由印度进藏传法的故事。萨迦寺主殿一层东侧壁画有释迦牟尼佛本生系列图，西侧有萨迦五祖及历代高僧图；二层东侧墙上绘制了萨迦祖先昆氏家族的历史，其中昆氏家族118尊人物肖像，栩栩如生，最大的肖像高达2米，最小的肖像约50厘米。色拉寺措钦大殿的壁画则绘制有格鲁派创始人宗喀巴的生平及若干高足的形象。

3. 世俗类

西藏的壁画虽然以绘画形式记载宗教、历史为主，但也有大到社会经济、小到家庭，大到宏大的活动场面、小到个人的图像表现，内容丰富而广泛。西藏壁画与中原壁画不同的是其铺满墙面，不留空白。除了佛、菩萨、护法神、度母、上师等人物和宗教、社会活动这些比较大的场景以外，其他空白处均用山水、祥云、花草、吉祥图案等装饰。

意大利藏学家杜齐说过，西藏画师对宗教的热情，使他们严格遵守佛陀亲自交代的量度尺寸作画，图像的绘制必须与教义规定的标准相符，色彩使用也是遵照经文的规定，否则会失去精神效能。“只有当这些神圣及精神象征的主题含有传记性的情节时，工匠们才能发挥想象，这些情节包括有佛陀或菩萨生平中的种种事迹和对天国或圣人生活故事的描写。这些圣人大都是大寺院的主持。只有这时，绘画中都会出现一些生活气息。绘画中的教义传言与工匠们摆脱通常的约束而使自己完全纵容了其想象力。”[3] 历史人物传记是西藏世俗类壁画的重要内容。几乎所有格鲁派寺院，均有宗喀巴师徒本尊图，萨迦寺有忽必烈与八思巴会晤图，布达拉宫有松赞干布与唐文成公主、尼泊尔尺尊公主组图，一些寺院壁画有噶举派创始人米拉日巴形象，也绘有西藏“药王”云丹贡布、“藏戏鼻祖”汤东杰布的形象等。因有严格的量度尺寸的佛菩萨画像相比，这些题材的壁画更有历史真实的亲切感。

这种亲切感和现实生活中的灵动性，我们可以在世俗类的壁画中感受到。大昭寺壁画面积 4400 多平方米，廊廓转经道千佛壁画中有吐蕃赞普与众多武士的图像，而大殿中一幅图像正面的吐蕃武士，目光炯炯，全身鳞片式盔甲，头盔上有羽翎，腰间挂佩剑，手持军旗。笔法传真，可以感受到 1000 多年前吐蕃武士横扫四方、兵至长安的威武气势。有一幅填湖修建大昭寺的壁画，画面主要是绿色，周边是草地和树林，中间的圆形湖泊是蓝黑色，湖面上纵横交纵。木梁一边是面向湖泊合十祈祷的松赞干布和文成公

大昭寺壁画：吐蕃武士

主，赞普着红裙，外罩红花白底衣袍，公主着鹅黄色长裙，外系点缀小红花的淡绿色腰裙；一边是填湖的工匠百姓，有的扛木料，有的背石块，有的投石于湖。画面下方还有驮土的山羊。大昭寺初称“逻些”，藏语“逻”意为山羊，“些”意为“土”，后来逻些变音为拉萨，直译为“圣地之意”。17 世纪扩建布达拉宫的壁画，也提供了西藏建筑用材及施工的宝贵资料。通过画面可以形象地看到人背畜驮石料和木材，牛皮船在河流中运输，工匠有的砌墙、有的冶炼，描绘了一层层建筑搭建的全部过程。布达拉宫红宫落成图、郊游图、游泳图、大昭寺庆典乐舞图、扎什伦布寺节庆图、桑耶寺马球图等壁画，都充满了生活气息。

布达拉宫壁画：修建图

在庆典中，有面具舞、驯兽、舞蹈、奏乐，也有射箭、赛马、抱石、摔跤等。游泳比赛图更是令人称奇，画中河流里的游泳者，有人仰泳，有人侧泳，有人潜水，还有盘腿坐于水面的高手。围观的僧俗百姓服饰各色，神态不一。郊游图里，草地上搭着小帐篷，有烧水的大陶罐，主人进食的小矮桌上摆满了食品，仆人小心地给主人敬茶。大昭寺庆典图的歌舞奏乐画面，除了藏族的六弦琴、短鼓，还有汉地的横笛、唢呐、胡琴等，反映了吐蕃时期藏汉文化的交流。另外，阿里古格壁画的“庆典乐舞图”，画面里有古格王、王妃、大臣、百姓等众多人物，从衣饰、贡献的礼品食物等，展现了当时古格的生活风貌。

布达拉宫后面修建有汉式的园林，五孔石桥连接湖心小岛，岛上建有一座六角小寺，名宗角禄康（意为“宫殿后面的龙王庙”）。据说，六世、八世达赖喇嘛曾在这里修行。主持扩建布达拉宫的摄政桑结嘉措既是建筑规划师、画师，也是藏医大师，他闲时就在幽静的宗角禄康整理藏医典籍。四柱三层的小殿堂，墙上绘满壁画。二层是密修室，壁画更是充满神秘色彩，有人认为是图解密宗大圆满修炼法，有人认为是印度大瑜伽士修炼瑜伽，也有人说是藏密对生命的认识，图像显示藏药的炮制，藏医接生、解剖等。罗布林卡新宫壁画还有各类的马、西藏马种起源、治疗马疾病等，是罕见的兽医资料。历代藏医由人而神，绘之于墙上供后世瞻仰。

风格

我对美术是门外汉，对壁画的风格更没有专业认知，只是看得多了，根据自己的经历来谈些看法。

西藏壁画的风格明显与地域有关，文化交流使其风格各异。东部的壁画有鲜明的汉地美术特征，西北部壁画呈现克什米尔、波斯和于阗风格，西南部则是印度、尼泊尔风格。十四五世纪以后，格鲁派各大寺院的兴建，使壁画的需求大大增加，西藏本地的画师逐渐成熟，并有了专门的绘画理论，于是有了本土的风格。

杜齐在他的名著《西藏考古》中有一句名言“西藏艺术以它独特的形式出现，这就是我们现在所了解的艺术形式”[4]。如同我们常谈起登山名人描述世界最高珠穆朗玛峰的一句话“它就在那里”。真是妙极了，只可意会，不可言传。什么是西藏壁画？我也只能说，因为它在那里。西藏的艺术家又是怎么看的呢？“西藏优秀的工匠们善于把印度、汉地和尼泊尔等地的艺术特点进行研究、解剖、吸收，最后创立自己的独特绘塑艺术。如佛像的比例和量度上吸收了印度的度量法则，在造型上吸收了尼泊尔的风格，而在绘制风景等

古格壁画国王与王妃　刘伟摄（1990 年）

方面吸收了汉地的一些方法，使之形成自己完整的艺术体系，并出现了各种不同风格的派别和著名的造型艺术家。”[5]

西藏画师在制作壁画时，将虔诚的崇敬注入创作中，真正是一丝不苟，专心致志。根据寺院和施主的财力，有的壁画用色十分铺张，白的用银粉银汁，黄的用金粉金汁，蓝的、绿的将绿松石、蓝宝石细磨成粉或汁，红的将红宝石、玛瑙等加工为颜料。制成的壁画，色彩斑斓，光彩夺目，令人震撼。

有一次我在画家于小冬的公众号上看到有关克什米尔拉达克阿基寺的介绍，感觉那些壁画怎么那么熟悉，于是回想起 1990 年我去过的阿里古格遗址和托林寺，的确，阿基寺壁画与托林寺、古格遗址的壁画风格有相似之处。比如度母像，扭动丰满的身躯，姿态优雅，背光是红色，度母全身呈绿色，面部及突出部位泛白色，很有立体感，甚至连曲卷的花草描绘也是一样。追溯历史，托林寺是古格王朝第一代国王益希沃修建的。当时益希沃请迎印度高僧阿底峡由克什米尔到阿里传法，并在 996 年为其修建了托林寺。之前，益希沃曾派遣 21 名古格僧人到克什

古格壁画　刘伟摄（1990 年）

米尔学法，回来时仅剩两人，其中之一就是后来闻名西藏的大译师仁钦桑布。仁钦桑布拜阿底峡为师，在托林寺翻译了大量印度佛教密宗经典，为藏传佛教密宗的发展做出了理论贡献。此举是开启藏传佛教后弘期的源头之一。据说，因地理接近，古格王在请印度高僧的同时，为修建托林寺，也请了若干克什米尔的工匠和画师。

山南扎囊县的扎塘寺壁画，是非常特别的。首先，从地理上说，这里是卫藏腹地，以前是吐蕃龙兴之地雅砻河谷到拉萨的必经之地，现在也处在西藏的交通要冲。此地文物古迹众多，著名的有扎玛止桑遗址（吐蕃赞普行宫）、桑耶寺、敏珠林寺等。扎塘寺建于1081年，从藏传佛教史来说，正是前弘期与后弘期的转折时期。我想，无论之前的文成公主、莲花生，还是此时期的阿底峡，都从此地经过，他们的文化遗存应该是互有交叉的。

扎塘寺壁画：听法菩萨领悟的微笑

“文化大革命”时期，扎塘寺毁损严重，仅剩主殿部分建筑，好在一些早期建筑和壁画得以保存。20世纪50年代和80年代，考古学家宿白等人曾到扎塘寺考察。宿白先生在分析了扎塘寺一些建筑构件及壁画以后，认为寺里的早期遗存应该在13世纪左右的元朝时期。扎塘寺建寺时间正是萨迦派受宠于元朝的特殊时期，因而壁画多有受中原影响的痕迹。看扎塘寺壁画，最深的印象莫过于主殿的菩萨造像，绿色、黄色和淡橘色的面部基本上遵循印度波罗艺术样式，突出的部位泛白，弯眉细长眼，高鼻薄嘴唇，呈现领悟的微笑。既有神女的庄严，也有凡女的魅力。“就目前西藏的考古发现看，除了夏鲁寺部分早期壁画中出现过，未见在其他地方出现过，它们似乎只限于卫藏地区的 11 世纪以内，而且也只出现在卫藏寺院的早期壁画或雕塑艺术类型里（它们属于寺院的不动产），在同时期的卫藏唐卡艺术中不曾出现，在同时期的西部古格地区的佛教艺术里也难得一见。它们是 11 世纪卫藏佛教艺术的一个特产，是我们目前所知的后弘期最早的一种菩萨造型样式。”[6]

白居寺壁画：右肋侍菩萨

1985 年我去藏东采访，慕名去了噶玛寺，那是噶玛噶举的首寺，隐于深山峡谷中。我骑马翻山越岭用了一天时间。当时寺院破败不堪，大殿已有损毁，屋顶绿色琉璃瓦碎落不少，有的窗户还糊有塑料布。时遇细雨，我与几个喇嘛、牧人躲进一座四面门洞的大白塔，墙上的壁画是一名噶举黑帽高僧在说法，背景是青绿山水，树木花草，有明显的国画着色及工笔味道。画中听法的僧俗多是黑线勾描，白衣俗人，服饰有汉地风格，令我记忆犹新。

西藏本地画派主要有三个：勉塘派（有的写作门塘派）、钦则派和噶赤派（有的写作噶尔派），他们对壁画、彩绘和唐卡做出的卓越贡献延续至今。公元 15 世纪，后藏大画师多瓦扎杰带出了两个高徒，一个是生于山南洛扎勉塘的勉拉顿珠，他撰写的《如来佛身量明析宝论》（又称《造像量度如意宝》），对佛、菩萨、金刚等的量度，绘画之功德、工序、着色等作了详细描述，他写道：“在写作过程中参照过印度、汉地、西藏本土以及尼泊尔等地方的各画派技法，在实践中尽力掌握其中要领。与此同时，在上师指引下，学习了声明学、诗学、韵律学，还学习了梵文的蓝杂文、乌都尔文、那噶热文、达日噶文、藏文等知识。”[7] 这本书成为西藏绘画艺术教科书级的入门必读书籍，由此也诞生了“勉塘画派”。另一个是生于贡嘎的钦则钦莫，他后来创立了钦则画派。勉塘派和钦则派都出自扎西杰布。藏东画师南木卡扎西，往东学习了明代的工笔技法，往西学习了勉塘派技法，创立了噶赤画派。

格鲁派崛起以后，西藏各地建起很多大寺院，对工匠和画师的需求量大增，许多杰出的画师应运而生。其中最杰出的代表就是扎什伦布寺四世班禅的画师曲英嘉措。他在勉塘派的基础上，博采众长，形成自己的风格，称之“新勉塘派”。曲英嘉措参与了扎什伦布寺密宗殿壁画、四世班禅灵塔殿壁画的绘制，其中通瓦敦丹殿的佛降图，堪称新勉塘派精品中的精品。释迦牟尼身着红衣，脚踏天梯而降，祥云缭绕，云中端坐八大菩萨，下端是若干表情夸张的罗汉和信徒，这是最鲜活、最具有绘像价值的一部分。寺藏一幅珍贵的四世班禅唐卡，背面还留有曲英嘉措的签名，也许这是曲英嘉措留世的唯一签名。布达拉宫扩建时，五世达赖邀请曲英嘉措到拉萨，在白宫墙上绘制了藏族起源、佛八大相及诸多上师等壁画。由于勉塘染色轻，用笔细腻柔和，钦则染色重，用笔刚硬，五世达赖喇嘛评价说，勉塘画师善于画文静类佛、菩萨的善相，钦则派画师善于画护法金刚的忿怒相，两派画师结合，可画上等曼荼罗。

钦则钦莫的杰作主要在贡嘎曲德寺。这个寺院建于1446年，属萨迦派。历史悠久不是主要的，主要的是这个寺院的壁画在西藏壁画风格变化中起到了承上启下的作用。“从藏传佛教艺术史发展的角度看，贡嘎曲德寺15世纪的壁画无异于石破天惊的作品。这批壁画第一次大规模地采用汉地元素，颠覆性地打破了此前西藏艺术以印度—尼泊尔为主导的风气，结果导致17世纪西藏艺术最终由喜马拉雅风格转向以汉风为主导，即今天所见到的青绿山水式的西藏绘画风格。贡嘎曲德寺壁画是这个转变的关键点。堪称藏传佛教艺术史上的里程碑式的作品。”[8]不用说，导致这个转变的

贡嘎曲德寺壁画：如意藤佛本生

画师就是钦则钦莫。

西藏其他地方鲜有钦则钦莫亲绘的壁画保留下来，而在贡嘎曲德寺钦则派壁画数量最多，艺术价值最高，代表作如无量殿的系列密宗本尊坛城图，其中北壁的绿色喜金刚，十二臂手持嘎巴拉碗，怀抱蓝色明妃，背光为红色，周边是青绿山水。

无量宫殿北壁和护法殿东壁分别绘有绿色和白色人面蛇身龙王，双手合十，头上蠕动着四条大蛇，令人不由得联想到希腊神话中的头发是数十条蠕动大蛇的女妖美杜莎。一层主殿的佛本生图，采用了克什米尔诗人迦湿弥多所著《如意藤——释迦牟尼百行传》，壁画呈连环画形式，一个场景一铺壁画，每铺壁画都是主角形象，壁画中的亭台楼阁、青山绿水，乃至流水波纹，嶙峋怪石，树木花草，朵朵卷云，无不带有鲜明的汉地宋明绘画特色。学者罗文华在他的考察报告中，分析了壁画的色彩、线条、用笔等细节，认为贡嘎曲德寺的壁画，应全部出自钦则钦莫及其弟子之手。[9]

将噶赤派发扬光大的是十世噶玛巴曲英多吉。明永乐皇帝曾邀请五世噶玛巴得银协巴到南京祈福，并在那住了 18 天，皇帝令宫廷画师为得银协巴制作了 18 幅丝制唐卡，这套唐卡被得银协巴带回楚布寺珍藏。某日，已接过衣钵的十世噶玛巴曲英多吉，看到了这套丝制唐卡，其人物构图之精妙，令他大为震动。他在游历四川甘孜、云南丽江、青海果洛等地以后，在绘画、音乐、雕塑等方面卓有成就，终成噶赤画派一代宗师。我看过他的一些唐卡作品，基本上已脱离造像量度的严格要求，完全注重于肖像的神态，衣饰、树石花草，更加中原化。我在 20 世纪 80 年代走访昌都噶玛寺时，就接触到了噶赤画派的作品，但那时对藏传佛教艺术完全不懂，之后再走藏东察雅寺、昌都寺、德格印经院、松赞林寺等，对噶赤派有了一些直观的了解。这个画派在壁画上杰作不多，主要唐卡绘制独具特色，在藏东、四川、青海和云南的藏族地区有较大影响。

西藏三大画派从色彩上可以区别。18世纪著名的藏医杜玛格西·丹增彭措，在分析了藏药若干草本、矿物用料以后，竟然跨界对绘画色彩也有总结："色彩方面，红色调弱而橙黄色调强，没有蓝色和绿色，故水、树木、花朵等颜色大都是复合色，此乃印度圣地彩色绘画风格。上身宽大，舞姿优美，大凡是东方派的传统；色彩与汉地相似，但稍鲜明，整个画面明快柔和，眼睛有神，四肢伸展，上身圆，帽子小，整个塑像与汉地风格相吻合，这就是西藏噶玛的噶尔派。色调以红色为主，远处看去红色很强，这在西藏称为南方画派。色彩鲜艳细腻光润，以蓝、银汉色调为主，远处看为青绿色，近处看才较细致，但其他生物与佛像不相称，颜色各类虽多不如汉地多，百神之中多数具有油光，故画面较有光泽，此派称为门塘派。"[10]

保护

我在1993年曾写过一篇文章《让墙上的历史永存——记布达拉宫维修中的壁画保护》，发在《人民日报》上。20世纪80年代起，国家陆续投入巨资对西藏的重点文物进行维修和保护。我记得有拉萨的大昭寺、罗布林卡，山南的桑耶寺，日喀则的萨迦寺、夏鲁寺、白居寺和扎什伦布寺，阿里的古格遗址等。

西藏具有文物性质的建筑，特别是寺院，大多是土木石结构，以块石为基，夯土为墙，木架为梁、斗拱支撑，屋顶覆以黄铜皮，这使得西藏的建筑十分脆弱。"许多寺院在内部的倾轧争斗中遭到了毁灭。内部的明争暗斗使西藏几个世纪以来一直处于四分五裂状态。大火也在许多地方造成了灾难性的破坏。在战争和大火之前，这种工艺品的数量一定大大超过了现存数量。破坏也是造成许多壁画遭到损失的另一个原因。……当寺院墙壁的壁画开始显出剥落的征兆时，他们就将壁画全部抹掉，而在原处代之以新的壁画。”[11]

布达拉宫壁画修复　刘伟摄（1992年）

我在西藏看到过若干寺庙的修复，甚至有的还是著名的大寺院，在壁画修复中，更多的是重视了宗教内容，而轻视了其艺术价值。一些按传统的做法，令人惋惜。最糟糕的是在修复巩固了的墙体上，抹上新泥，重新绘制，这些一般都发生在小一点的寺庙；稍好的是用透明白纸，将旧壁画复描，注明用色，然后在墙体抹泥，在新墙面上钉上透明纸，重新勾搭，然后再绘制。布达拉宫、大昭寺、托林寺等国家保护单位维修时，是将最古老的壁画切割下来，存于仓库，修整后的墙面，按临摹原样绘制壁画，或者将切割的壁画重新覆盖，还以旧貌。

西藏壁画的保护是非常重要而艰难的。好在现在人们已清醒地认识到壁画是西藏艺术宝库中的珠宝，其文物和文化价值不可估量，保护也逐渐科学化。

最好的西藏文物保护项目当属布达拉宫壁画保护。文字上我偷点懒，就将我于 1993 年 12 月 24 日发表在《人民日报》上的《让墙上的历史永存——记布达拉宫维修壁画保护》这篇文章转载如下：

我曾问一位欧洲游客，在西藏旅游印象最深的是什么？她略想一下，回答说："是布达拉宫。"

布达拉宫始建于公元七世纪，这座古宫堡群，不仅是座世界级建筑，而且还因其珍宝浩瀚，并有 5 万多平方米的壁画，而被行家誉为"堪与卢浮宫媲美"。

这位在北京中央美院留学的法国女学生继续说："也许是我研究中国宗教壁画的原因，我更欣赏布达拉宫的壁画。"

精美的艺术 形象的历史

西藏历史有两种记载方式，一是书籍、经卷，二是壁画。史书大都与宗教著述分不开。而壁画，在西藏比比皆是。走遍西藏你便知道，有村就有寺，有寺就有壁画。如阿里托林寺，以壁画记载了佛教大师阿底峡入藏传教的经历；再如罗布林卡中十四世达赖的新宫，用三面墙壁的篇幅，历数了远古猴子变人，藏族起源，西藏历史上的政教大事，一直画到新中国成立，毛泽东、刘少奇、周恩来与达赖和班禅面晤。

沿着宽大的石阶走上布达拉宫，在真正迷宫般的城堡里，你很快就置身于壁画的世界。

其壁画可分为四类：历史事件、人物传记、风俗民情和宗教故事。从一幅描述布达拉宫建造史的壁画上，我们可以清晰地了解到当时西藏建筑工程使用的技术手段、工具及组织情况；那幅文成公主进藏的壁画，再现了七世纪汉藏两个民族和睦相处的情景。二层回廊有600多幅珍贵壁画，描绘了清初西藏摄政桑结嘉措的一生；西大殿的壁画绘有1652年五世达赖进京觐见皇帝的场面；十三世达赖灵塔殿内，绘有十三世达赖进京觐见光绪皇帝和慈禧太后的壁画。它们将西藏历史上的重大历史事件，真实地呈现在后人的面前。

抢救壁画 迫在眉睫

胡锦涛同志在任西藏自治区党委书记时，曾对记者谈到：“布达拉宫的壁画非常珍贵，是藏民族、也是中华民族宝贵的文化遗产，保护这些壁画，是我们的责任。”

布达拉宫维修，是新中国历史上耗资最大的文物修缮工程，维修中如何保护壁画？维修办公室主任甲央说：“我们是本着文物法精神，整旧如旧维修布达拉宫。至于壁画，当然在精心保护之列。”

布达拉宫经历了1300余年的历史。用国家文物局高级工程师、布达拉宫维修工程技术总负责人姜怀英的话说，即为：“在金玉其表外衣的笼罩下，内部早已病入膏肓。”建筑物的险情波及壁画，出现龟裂、空鼓、脱落、起甲、雨淋、烟熏等许多病症。

我在布达拉宫的坛城殿、东大殿、红宫回廊等处都看到过壁画裂缝的现象，西大殿一幅壁画上的裂缝，大得可伸进一拳头。由于这座宫堡几百年来都用酥油灯照明、供佛，天长日久，烟熏火燎，许多壁画被熏黑后面目全非。

对症下药 清除病害

布达拉宫的建筑为土木石结构，而壁画则有三种结构墙体：牛粪砖墙、石墙和白玛草编墙。传统工艺是先在墙体抹一层黄土仗层，再做一层风化石灰粉的“帕嘎土”仗层，接着涂上一层白颜料，然后在其上作画，画毕罩抹一层清漆。

根据这种工艺特点，专家们采用了相应的技术和措施。对污染的墙面，采用清洗技术。用无损于壁画色泽的专用清洗剂清洗墙面，去掉油污烟渍。如今，白宫东大殿和西日光殿原来乌黑一片的壁画已艳丽如初。

对于壁画出现空鼓现象，北京的壁画修复专家曹勇分析，其因在于墙体的黄土仗层。西藏空气干燥，黄土黏结力较差。对空鼓的壁画，采用化学加固技术。即在壁画空鼓处上端，钻一小孔，用导管注入黏合剂，使空鼓的壁画和墙体凝固为一体。看起来稍有不平，但壁画得到完整保护。

壁画修复中难度最大的是揭取壁画后再复原。维修办主任甲央说：“好在我国对保护壁画有相当的经验，如敦煌壁画，以及山西、陕西一些古迹壁画的保护都很成功。布达拉宫壁画在揭取复原方面，可以说是十分成功的。”

妙手回春 再现光彩

在布达拉宫，我观看过65岁的西藏壁画大师多布杰做画。他用几杆细小的毛笔，在墙上细致勾描。他告诉我，西藏壁画主要分为“门唐、青孜”两大画派。布达拉宫壁画大都采用画风严谨端庄的“门唐”技法，讲究画面的连贯，注重细节，笔法细腻，人物多用工笔。

多布杰是布达拉宫维修工程中壁画组的主要画师。他说：“重绘的壁画大都是脱落的部分，量虽不大，但难就难在原先是什么画面，必须不露痕迹地接上。无论人物、花卉、云团、水流，都要色泽、风格一致。”

问到颜料，多布杰说：“布达拉宫壁画，用的都是矿物颜料，金色的用黄金，白的用银和珍珠、海螺；红的用红珊瑚、红玛瑙和朱砂；绿的用绿松石。”这项开支就达数百万元。

庞大的布达拉宫主体维修完工了，壁画保护和修复的质量得到有关专家和参观者的高度评价。

参考文献

[1]〔法〕石泰安著，耿昇译：《西藏的文明》，中国藏学出版社，1999年，第300页。

[2] 西藏自治区文学艺术界联合会：《西藏艺术·绘画卷》，上海人民美术出版社，1991年。

[3]〔意〕杜齐著，向红笳译：《西藏考古》，西藏人民出版社，2004年，第64页。

[4]〔意〕杜齐著，向红笳译：《西藏考古》，西藏人民出版社，2004 年，第 60 页。
[5] 丹巴饶旦著，阿旺晋美译：《西藏绘画》，中国藏学出版社，2006 年，第 107 页。
[6] 张亚莎著：《11 世纪西藏的佛教艺术：从扎塘寺壁画研究出发》，中国藏学出版社，2008 年，第 91 页。
[7] 勉拉顿珠、杜玛格西·丹增彭措著，罗秉芬译：《西藏佛教彩绘彩塑艺术论》，中国藏学出版社，2005 年，第 36 页。
[8] 罗文华：《从西藏贡嘎曲德寺壁画看钦则画派的特点》，《故宫博物院院刊》，2015 年第 5 期。
[9] 罗文华：《从西藏贡嘎曲德寺壁画看钦则画派的特点》，《故宫博物院院刊》，2015 年第 5 期。
[10] 勉拉顿珠、杜玛·丹增彭措著，罗秉芬译注：《西藏佛教彩绘彩塑艺术》，中国藏学出版社，2005 年，第 60 页。
[11]〔意〕杜齐著，向红笳译：《西藏考古》，西藏人民出版社，2004 年，第 49 页。

第二讲

擦擦，一种心灵寄托方式

佛教在西藏传播了一千多年，与当地原始的拜物信仰相结合，形成了独特的宗教信仰。由于多数民众信教，无论精神世界还是实践活动，“不管是建筑、绘画、雕塑、歌舞、戏剧、说唱乃至其他品类的文学、艺术无不笼罩着宗教烟雾，无不与宗教相关，无不是‘用宗教的形式表现美好的理想，以超现实的手法表达现实的愿望’”[1]。

西藏的文化现象，可以说是宗教现象，西藏的艺术品类繁多，也可以泛称为宗教艺术。其美学价值大多为宗教内容所湮没。

下面我讲的主要是藏传佛教中一种表达方式，也就是信徒心灵一种特殊寄托方式：擦擦。

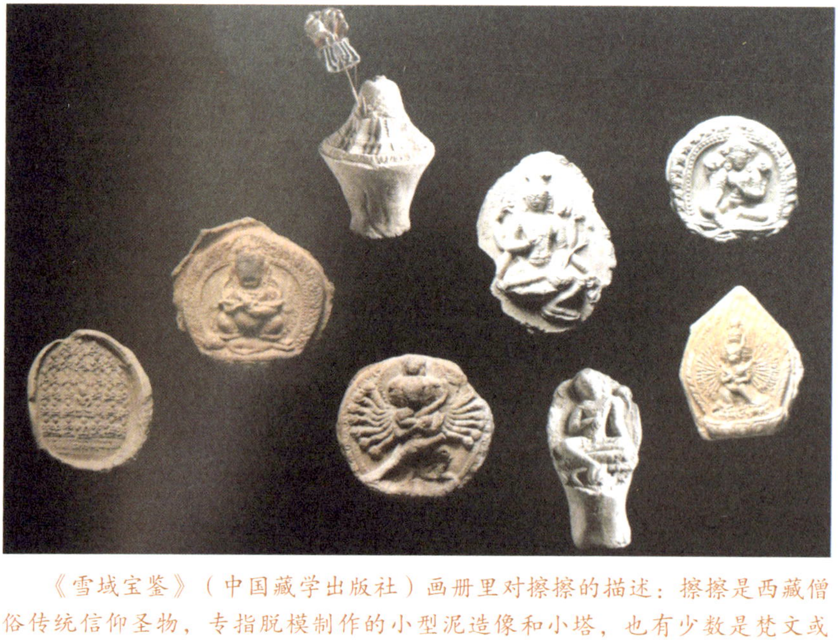

《雪域宝鉴》（中国藏学出版社）画册里对擦擦的描述：擦擦是西藏僧俗传统信仰圣物，专指脱模制作的小型泥造像和小塔，也有少数是梵文或藏文经咒

西藏的本土信仰

在介绍西藏宗教艺术之前，需简单了解一下藏传佛教。西藏宗教信仰与喜马拉雅山区泛神的信仰息息相关。现在我们看到的藏传佛教，是一个多神的宗教。

藏传佛教的众多神祇，有的来自印度教以及印度、尼泊尔佛教体系中的佛教人物，但更多的来自西藏本土宗教苯教的神，反映了西藏人对所生活的高原、湖泊、森林、草原的自然崇拜。

宗教在西藏太“人间化”，也是因为世俗观念和拜物信仰已深深地渗透在人们日常生活之中。“人间宗教”，第一个提出来的是法国学者石泰安，他说：“在松赞干布之前的传说时代，‘社稷政权是由苯教徒说唱故事的艺人和歌唱家们所保护的’。”“二者可能代表了一种所谓‘人间宗教’，与其对立的则是‘神仙宗教’，而后者主要指佛教。”[2]

实际上，现在西藏多数民众所信仰的藏传佛教，与产之于印度的佛教已有极大的不同，除了理论上还保持有初始佛教的一些特点外，在形式上，已完全“西藏本土化”。简单地说，藏传佛教是外来的佛教理论与本土的万物有灵的原始苯教的结合，也因为这种结合，无论寺院还是民间，广泛地存在着泛神的信仰。

佛教最早传入西藏大约在 233 年，大规模传入是在公元 7 世纪以后。由印度进藏传播佛教的高僧很多，最主要是 8 世纪的莲花生和 10 世纪的阿底峡大师。他们在传播佛教的过程中都遇到了地方原始宗教和支持这些宗教的地方势力的阻力和排斥。但是，莲花生和阿底峡都吸收了高原本土的苯教成分，将西藏苯教的神祇，收为佛教的护法神，并大量采用苯教的宗教活动形式，因而使藏传佛教与外地佛教有了较大区别，形成独具一格的宗教特色。藏传佛教形式上体现了苯教的特点，内容上主要是佛教的精髓。

佛教在吐蕃松赞干布时期（630 年左右）得到赞普的大力支持。赞普先是修建大昭寺，供奉尼泊尔尺尊公主带来的释迦牟尼 8 岁等身像；尔后修建小昭寺，供奉唐文成公主从长安带来的释迦牟尼 12 岁等身像。767 年，赤松德赞派人从印度请来佛教大师莲花生，在雅鲁藏布江边修建了第一座佛教寺院桑耶寺。当时吐蕃势力强大，也从中原、于阗及周边的印度、尼泊尔、克什米尔等地请来工匠。桑耶寺是西藏第一座佛、法、僧俱全的寺院，也是西藏具有多种艺术风格的寺院。此后佛教在青藏高原广泛传播并深入人心。

除了寺院，藏传佛教传播的载体和特殊的表达方式很多，如建筑、壁画、唐卡、彩绘、纺织品、雕塑（金属雕塑、泥塑、木雕、石刻等）。而擦擦，既是一种宗教祭祀品，是西藏高原居民特有的心灵寄托方式，也是一种独特的宗教艺术种类。

什么是擦擦?

擦擦，是一种用模具复制制作的脱模泥像，大多是佛塔、佛、菩萨、度母、金刚、高僧等形象，用以祭祀，也用以表达个人的心愿。小的如指头，大的如手掌。泥像脱模阴干以后，需请喇嘛诵经加持，然后供奉在佛塔、转经路、玛尼堆、擦康、寺院墙下等地。

护法神擦擦模具　刘伟收藏

羚羊角做柄，柄上有眼，便于穿绳携带。柄下端箍有银圈。（长 6.5 厘米、宽 6 厘米、柄长 12.6 厘米）

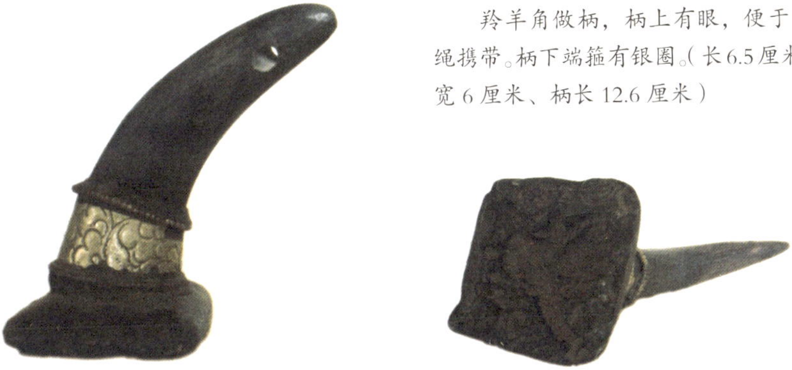

常见的擦擦供奉方式有：灵塔供奉、寺庙供奉、转经路供奉、玛尼堆供奉、擦康供奉、嘎乌供奉。

擦擦制作大都选用颜色单一、干净的土，唐代中原地区称为善业泥。擦擦有的着色，有的调和进高僧的骨灰、头发、僧袍纺织碎末、经纸碎末、香灰、药材碎末等。脱胎用的模具，多是金属的，也有少量石质、木质模具。模具大多是单面、半圆雕，也有双面、立体圆雕的。通过这些金属模具，铁、铜、合金等，可以观察到不同时期西藏的冶炼技术。

路边供奉的塔状擦擦（资料）

信徒随身携带的银质“嘎乌”里的擦擦（资料）

模具造像：双臂玛哈嘎拉

熊文彬、李逸之主编的《西藏古格擦擦艺术》一书中收入弥勒佛擦擦模具，铜质，高5.2厘米，柄长12厘米，木柄两端箍有铁圈。出自托林寺遗址。玛哈嘎拉，藏传佛教噶玛噶举派的护法神，位居西藏众护法神之首，又称大黑天。玛哈嘎拉身躯矮小，面呈忿怒像，头发如火焰，三眼，带人头念珠项链，右手执金刚杵，左手执人皮鼓，脚踏一妖魔（代表降伏烦恼）。

藏传佛教认为，生命是轮回的。制作与供养擦擦，是一种善业修行的过程。将自己发愿的菩提心种进泥里，不求今生求来世，既是心理慰藉，也是积累善业。一些涉及佛造像的经典说道，寓意制作佛像其福无量，众生见佛形象即生恭敬心。

建寺、建塔、大型的宗教活动、宗教节日要制作擦擦供奉；家人生病，要请人制作擦擦祈福，如长寿三尊；亲人去世也要请人制作擦擦供奉的擦康。

制作擦擦，有比较严格的仪轨。从调和泥、脱模、装藏、供奉，整个过程每一道程序都要请僧人念颂相关经文和发愿文。

擦擦的源流

擦擦，主要说法是来自古印度，其历史源头可能出于古印度孔雀王朝阿育王时期。

意大利考古学家杜齐认为，tsha-tsha 这个词是古印度北部的方言，也可能来自梵文或巴利文，意思是“真相”或“复制”。“擦擦，起源于印度古代及中世纪中部和北部方言中的一个词汇，与塔有密切关系。‘擦擦’种类繁多。最早这个词专指小型佛塔。佛教在印度盛行时，僧俗有制作擦擦的习俗。后来经印度、巴基斯坦、阿富汗、克什米尔北传至西藏、西北，最远到了东北，东南传则至缅甸、泰国等。”[3]

现在，制作擦擦最普遍的也就是以西藏为主的藏传佛教地区。擦擦包罗藏传佛教世界万象，从制作、祈愿、施咒、装藏到供奉，是西藏民间信仰及宗教活动独特的方式。作为由印度传播开来的一种宗教活动程序、行为艺术，唯独在西藏得到完整的保留，这是人

意大利考古学家朱塞佩·杜齐（Giuseppe ·Tucci 1894—1984）先后8次进藏考古。他1932年带考古队到达阿里，再由阿里去了山南地区的藏王墓（资料）

杜齐在西藏阿里发现的泥塑佛像，佛像腹部里面有擦擦装藏（资料）

类学科的大幸，也是我们这个社会文化遗存的大幸。

擦擦的效用

旅居德国的藏族学者扎雅·诺丹西绕（又称“罗丹西饶”）著有《西藏宗教艺术》，他在论及宗教雕塑和绘画的功用时，认为宗教艺术雕塑是最上等的艺术品，主要供信徒崇拜。崇拜者认为宗教艺术造像体现了他们的修习功德，因而他们可以通过宗教艺术造像进入善业功德之中。善业功德就是在佛教徒的心中生出对佛法的极大热忱。他在此书中专门列有泥塑艺术一章。写到擦擦字数不多，我照录于下：

擦擦是塑造一些上师、神灵、佛陀、菩萨、佛塔、神灵等象征性供品浮雕，或者是塑造一些小型的佛像和带有佛塔的“佛塔小山”。“擦擦”的浮雕是用硬模挤压而成，或用单面凸凹板模压成，小型泥佛和“佛塔小山”则是用在很大程度上类似于软模的一种模子做成的。

在西藏，人们为积善业而大量制作“擦擦”这种小型泥塑是相当普遍的。有一种叫作“擦康”的类似民间房屋的建筑便是为了盛放“擦擦”而建造的。在“擦康”放满擦擦之后，再用墙把它围起来。“擦擦”一般坐落在大路中央或者交叉路口，在去朝佛的路上，也可以看到沿途都摆着一行行“擦擦”，有时也可把“擦擦”作为放进佛像腹腔或佛塔中的圣物。[4]

擦康中供奉的擦擦（资料）

佛塔小山状擦擦（资料）

佛教初始艺术品种主要是塔。塔象征佛身，塔内置放经文，是佛语，置放石刻、木刻、绘画、佛像、经文及脱模泥塔泥佛像是佛意。身、语、意俱全，是为大功德。也有佛教信徒认为制作擦擦是表达观想、礼佛的大善业，是增长福报的方便法门。

擦擦一般分为素色、彩绘、烧制三大类。

印度有三个重要王朝在美术史上极有影响：孔雀王朝（公元前3世纪），佛教艺术初期，主要是佛塔；贵霜王朝（公元前1世纪），犍陀罗浮雕半圆雕人物、衣饰有鲜明的希腊、罗马风格。笈多王朝（公元4世纪），主要是阿旃陀、湿婆女神。孔雀王朝最著名的是阿育王。阿育王的统治长达40多年，早期征战四方。在攻占羯陵迦城时，15万人战死，10万人被俘。巡视死尸遍野的战场，阿育王深感痛心，下了一道敕令，从此放下屠刀，皈依佛教，广发善愿，践行善业。他向各地佛教徒分发佛舍利，建84000座佛塔，纪念佛陀。

西藏目前发现最早的擦擦在阿里托林寺旧址及古格遗址，数量也最多。20世纪90年代末，经西藏考古队整理，有万余片，分塔、佛、菩萨、护法神等9类品种，其中塔有5个品种。

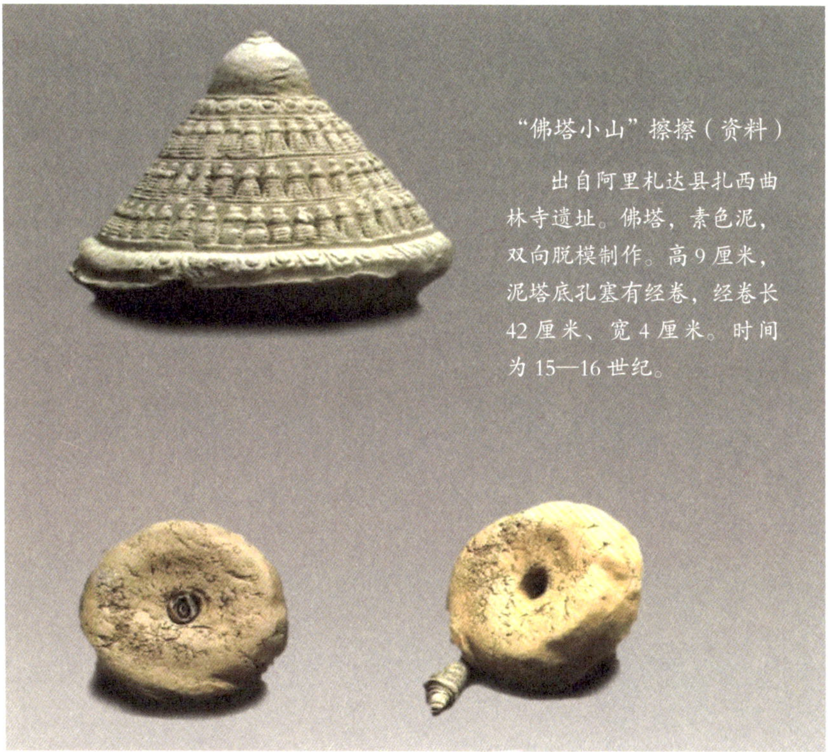

“佛塔小山”擦擦（资料）

出自阿里札达县扎西曲林寺遗址。佛塔，素色泥，双向脱模制作。高 9 厘米，泥塔底孔塞有经卷，经卷长 42 厘米、宽 4 厘米。时间为 15—16 世纪。

素色泥三怙主：密宗三怙主，分别为四臂观音、文殊、金刚手　刘伟收藏

彩绘泥释迦牟尼　刘伟收藏

烧制泥十一面观音
刘伟收藏尺寸最大的擦擦

遗有红色印迹（高 33 厘米、宽 19.5 厘米、厚 3.8 厘米），赤脚立于莲台，戴佛冠、耳环，着短裙，腰系璎珞，双手合十说法状；其他手执净瓶、法轮、弓、金刚杵等法器。左下是文殊，右下是金刚手，构成三怙主。背面有布纹。

古格是吐蕃以后存在于西藏西北部的一个王国（公元 10 世纪至 17 世纪），都城在今西藏札达县。由于地理位置十分偏远，鲜有外地人到达。最早对古格遗址进行考察的是英国人麦克沃斯·杨。1912 年，杨由印度到达古格，撰写了《到西藏西部的托林和扎布兰的旅行》一文（发表于印度旁遮普邦历史学会杂志）。到古格较详细考察的则是意大利学者杜齐。他们都还没意识

度母　刘伟收藏最小的擦擦

红泥，色泽纯正（高 2.2 厘米、宽 1.8 厘米、厚 0.3 厘米）背面有供养、祭祀者的名字。红泥擦擦大多直接由印度及尼泊尔进藏的僧人携带（待考）。

到扎布兰废墟曾是古格的都城。1957 年、1979 年、1981 年，西藏和新疆文物部门前后三次对古格做过小规模考察。1985 年西藏文物管理委员会组织陕西、四川的文物保护专家、画家、摄影师、考古学家等联合考察古格。这是对古格遗址最全面、最深入的一次考察。1991 年，西藏文物管理委员会将此次考察的成果报告《古格故城》（上下册）出版，上册是文字，下册是图片。

公元 9 世纪，朗达玛灭佛，吐蕃瓦解。吐蕃王室的嫡系西迁阿里象雄一带，先后建立了三个小国，即古格、布让（普兰）、拉达克。

1985 年的考察，重点关注的是建筑和壁画，对极其特殊的小泥像“擦擦”则重视不够。不过在《古格故城》第五章“佛教艺术的分类及研究”的第四节，介绍了模制泥造像。其中记载：“古格

佛陀坐像，5 世纪，印度笈多王朝
德国学者赫尔穆特·吴黎熙所著《佛像解说》一书插图

2007 年，刘伟在尼泊尔蓝毗尼购买的释迦牟尼红泥擦擦

故城采集的模制泥造像，均出自塔身、殿堂和一些窑洞内，以窑洞和塔身内采集的数量为最多，仅窑洞内堆积的小泥像就达万枚以上。依形制、题材不同，我们采集了大量标本，经整理共分为 37 种，其中又可归为佛、菩萨、天王、度母、佛母、金刚、高僧、塔、其他等九个类别。”[5]

宗教艺术研究的学者张建林、张鹰、李逸之等，根据古格及西藏其他地方的擦擦形状，做了专题研究。

1989 年《西藏研究》上曾有一篇研究擦擦的短文章《十一世纪来自卫藏的印度佛教“擦擦”》，主要分析了 1987 年扎叶巴寺发现的带有北印度文字的两个擦擦。此文是新西兰学者托尼·呼伯尔撰写。（我在 1990 年去过扎叶巴寺，是个修行地，崖壁上开凿有寺庙殿堂和若干修行洞。）他在文中引用了达得的《阿富汗加兹尼发现的印文泥擦擦和小塔》一文和杜齐的《印度—中国西藏》一书的研究成果。他认为：“从可资利用的考古学材料来看，佛教流行于印度中亚期间，‘擦擦’的制作和使用是大乘佛教仪轨修习的

古格（公元 10 至 17 世纪）王城遗址位于西藏最西端的札达县　刘伟摄

一个共同特征。……据达得所记：……恒河平原是这类物品（指擦擦）主要集散地的中心，如果用恒河重要遗迹发现的材料和杜齐教授书中发表的，显然是源于印度的西藏‘擦擦’与扎叶巴寺的‘擦擦’进行比较，就会找到一个很好的证据说明这些‘擦擦’或者‘擦擦’模子是源于东印度的，随后被带到了西藏。”[6]

古格遗址擦擦，11 世纪四面十二手胜乐金刚　刘伟收藏

素色（高 7.5 厘米，宽 5 厘米，厚 2 厘米）外形呈椭圆形。胜乐金刚，藏传佛教密宗五大本尊之一，头戴佛冠，有背光，拥抱明妃，立姿。手执金刚杵、金刚铃、人头、颅碗、金刚索、三股叉、金刚钺等法器。腰缠虎皮，挂五十人头串，双脚各踏一降伏魔。

古格素色泥，欢喜金刚残片　刘伟收藏

擦擦背面有古藏文及制作者指印　刘伟收藏

因为便携性和大量制作，擦擦是一种重要的祭祀和还愿载体。

我们知道，大约公元7世纪松赞干布时期，佛教传入西藏。到公元9世纪，为藏传佛教前弘期。朗达玛灭佛之后的100多年，佛教在西藏几乎绝迹。西藏著名的高僧波米·强巴洛卓认为，到公元10世纪，退避在边远角落的佛教潜伏势力，加上印度与中原汉地佛教流入的影响，重新从东西两路向西藏高原中心地区——卫藏传入。阿底峡等从阿里方向传入称为“上路弘法”。因阿里地处冈底斯西端高地，俗称“上路”；中原的和尚和一些印度高僧由西北入安多、多康地区，再入卫藏，俗称“下路弘法”，因多康为青藏高原末端，为低段地位，人称“下路”。由这两股势力双管齐下，西藏佛教再度复兴，史称后弘期。[7]

此图转载李逸之《西藏古代擦擦艺术》

新西兰学者托尼·呼伯尔1989年在《西藏研究》杂志上发表《十一世纪来自卫藏的印度佛教“擦擦”》论文。1987年扎叶巴寺维修时，工人在一座华塔座基下发现了两片比较完整的擦擦，有多个北印度经愿文字。印度的擦擦大多是陶质，当地多红土，习惯烧制。

阿底峡尊者，是印度高僧（现孟加拉人），受邀到阿里传法，担任托林寺主持，后来又到西藏腹地传法，担任过夏鲁寺、扎叶巴寺主持。后来圆寂在卓玛拉康。

托尼在文中认为，公元10世纪后的后弘期最初阶段，擦擦的使用已经系统地传入西藏。印度风格的擦擦还在公元11世纪早期的藏传佛教三个主要道场被发掘，即托林寺、夏鲁寺和扎叶巴寺。阿底峡在引进擦擦入藏中起了作用。布敦在传记中记载有，在夏鲁岩窟有小佛龛，内有誓愿法力的泥擦擦，阿底峡曾驻锡于此。

《元史纪事本末》中记载："西僧有所谓擦擦者，以泥做小塔，或十万、二十万、至三十万云云。藏有擦擦寺，万塔林立，云镇压邪，尚旧俗也。"《元史·释老传》又云："擦擦者，以泥作小浮屠也。"

唐时期，对擦擦也有记载，称之为"善业泥像"。有学者认为擦擦和善业泥没有关系。我倒是认为从内容到表达形式，还是有关系的。据说是唐玄奘、义净从印度回国以后推广的。《大唐西域记》："印度之法，香末为泥，作小窣堵波（梵文音译，佛塔），高五六寸，书写经文，以置其中，谓之法舍利也。数渐盈积，建大窣堵波，总聚于内，常修供养。"义净法师也说："归东印度，到三摩呾吒国……每于日日造拓模泥像十万躯。"[8]

中国艺术研究院美术研究所研究员金申在《历代佛像真伪鉴定》一书中专述"泥模佛像"："以模压而成的泥制浮雕佛像，也称'善业泥像'，所见多为唐代所造。因唐代有的佛砖背后有'大唐善业泥，压得真如妙色身'诸字而得名，于是凡是这种小型泥模制佛像都可统称为'善业泥像'。"[9]

清乾隆、嘉庆年以后，善业泥像被成为金石考据学研究对象。清道光十九年（1839）初，刘燕庭在西安慈恩寺发现善业泥，后为鲍昌熙临摹以后收入《金石屑》，专家认为此为善业泥著录之始。公元20世纪50年代以来，在西安西明寺遗址、太平坊温国寺、义宁坊积善尼寺等地均有出土善业泥像。

《金石屑》一书引用图片将善业泥像与擦擦做了比较。

藏族人认为人类知识分五大类，即大五明：工巧明（工艺学）、医方明（医学）、声明（声律学）、因明（逻辑学）和内明（佛学）。西藏的宗教载体如建筑、雕塑、绘画，凡涉及佛教的内容，都有准绳可循，有严格的尺寸规范。比如工巧明有《造像度量经》《佛度量明镜》《彩绘工序明鉴》等，无论佛像、护法神像大小，身、头、眼、臂、指、脚等都有构图度量尺寸，色彩亦有比例要求。就其内涵表达而言，波米·强巴洛卓说：“藏族人民的宗教感情，着重于象征性的心意表达，是情重于理，神优于形。所以，人们在观赏这些雕刻作品时，往往忽视了对其技法、手段、材料上的挑剔。而更多的则侧重于表现藏族民间的古朴、粗犷、雄浑之风，表现心灵的扬善弃恶、以正克邪的美好愿望。藏族更讲究‘日久见人心’的耐

善业是积善；“真如”，意为最真实的佛像；“妙色身”，佛像散布祥瑞气氛感染人（资料）

力，象征长存于人民心灵深处的祝愿。所以把富有永久纪念意义的印象与心愿刻在岩石或石片上，表示历史性的永存，更主要表现着刻者积永恒之功德，帮助见闻者起温习默诵的功效，有益于反复咏诵，将会累积下祛污积善的功果。”[10]

这种善业泥佛像，意为祈求善业，禳除恶业。善业是积善，“诸恶莫作，众善奉行，自净其义，是诸佛教”。与西藏的擦擦一样，因制作简单，有了好的模子即可大量复制，是供养的方便法门。

擦擦大致分为泥擦、骨擦（掺有香灰）、布擦三种，身上携带的擦擦大都在泥中掺和进一些药面，身心疲惫或身体不适时，拿出来嗅一下。

我原来保存有一种糌粑擦擦，是扎什伦布寺佛事活动以后用糌粑制作的。带回北京后出现了小虫子，多次用胶水修补，后来腐蚀严重，不得已埋之树丛下。

清末光绪年间，查骞曾在川西理塘、邓柯等地任职，他在笔记中写道：“夷人身旁，各系小泥佛，或范金，或糌粑捏之，云可护身，刀枪不入，大喇嘛赐之，不易得也。又多小塔，名擦擦，亦长系身。”[11]“喇嘛高行者，恒多铸金银铜铁塔佛，高愈寻丈，细不愈指，分以赠人，珍过瑰宝。别有铜泥两种，铸工粗劣，万像一模。又有大喇嘛涅槃焚烧后，以其血肉骨灰，杂合朱砂泥，印成佛塔像者，或佛塔内藏值得一枚，则无上等等矣。”[12]

擦擦的价值

再说意大利考古学家杜齐。他在 1929 年至 1948 年，先后八次到过西藏，主要在阿里及后藏寻访古迹及搜集稀有文物。他著有十几本藏学专著，1973 年出版的《西藏考古》一书有很高的学术价值，可能是有关西藏考古的第一本专著。他书中有几张在阿里托林寺搜集的擦擦图片十分珍贵，其中有神降塔，我有幸也收藏有相似的神降塔擦擦（1990 年去阿里采访，在托林寺坍塌的土塔里拾到）。杜齐认为，在塔内存放擦擦的习俗起源于印度的石板塔肚存放圣物的风俗习惯。[13] 塔，代表了佛陀弘扬的教法，代表了理想、真谛及大量的训诫。在人们奉为神明的喇嘛们去世时，也要候选灵塔。喇嘛的骨灰与土掺混在一起，用来制作"擦擦"，然后装进塔里。（十世班禅法身安放进灵塔以后，扎什伦布寺里曾赠送我一块擦擦）

杜齐评价道："擦擦都具有十分重要的意义，这不仅仅是由于这种依然存在的习俗由此开始，而且它们也给西藏人传入了图像学的各种形式及混杂着其他影响的各种艺术灵感之模式，由此而产生了颇具特色的西藏艺术效果。"[14] 而在公元 13、14 世纪以后，被视为珍品的艺术品从西藏以外的地区传入西藏，它们被看成是把其精神、哲学和宗教文化献给佛教的那个国家的宝贵遗产。[15] 那些在不同时期由各国工匠和雕塑师带入西藏的雕像、绘画和佛塔开始对西藏艺术产生积极的影响和促进作用。庞大的寺院也因拥有这些艺术品而成了巨大的艺术宝库。在找到这一独特的表达方式之后，除在极少、转瞬即逝的情况下，西藏艺术再也没摈弃这一独特的方式。

我赞同杜齐先生的观点，从早期的擦擦中，可以看到来自印度、巴基斯坦、阿富汗、尼泊尔、克什米尔等地的宗教信仰、艺术风格的影响，晚期的擦擦大都已西藏本土化。但仅从擦擦的这个艺术品类，还有特殊的心灵寄托的方式来看，可以这么说，多种文化艺术在西藏交汇，以一种独特的方式得以延续。

杜齐在古格发现的一处藏有擦擦的洞窟

对擦擦的研究，主要在内容，其次是形式。它传达给我们的是藏族的哲学思考、心理活动、文化倾向、艺术追求等。

一个民族，没有精神，也就麻木了；
一个民族，没有文化，也就僵死了。

杜齐书中古格擦擦的照片

自在观音擦擦，刘伟收藏

这一尊出自托林寺，自在观音（又称静息观音或闲坐观音）。（高7厘米、宽6厘米、厚2.2厘米，背面还有匠人捏制的手印）此观音像长眉长目，轻松微笑。头部有背光，戴耳坠、宝石珠项链，饰有臂钏、手环，右手做施予印，肩上方有一座佛塔。持有莲花的左手搭在莲台边沿。着紧身束腰纱质花长裙，一条腿随意绻起，呈休闲状，姿态优美自然。梵文清晰。

托林寺一块印有祈愿经文的方形泥擦擦

杜齐在释读古藏文经文

此外，我们研究擦擦，除其艺术层面，还可通过金属模具制作了解到西藏不同时期的金属冶炼技术水平；通过西藏先建塔后建寺，亦可通过寺院建成日期大体得出擦擦制作的年代；从擦擦的制作过程、表现形式也可了解当时的生活习俗、文化形态、造像艺术的演变，还可从一个侧面了解藏族人民的精神世界。

参考文献

[1] 扎雅·诺丹西绕著，谢继胜译：《西藏宗教艺术》，西藏人民出版社，1997 年，第 2 页。

[2]〔法〕石泰安著，耿昇译：《西藏的文明》，中国藏学出版社，1999 年，第 223 页。

[3]〔意〕杜齐著，向红笳译：《西藏考古》，西藏人民出版社，2004 年，第 42 页。

[4] 扎雅·诺丹西绕著，谢继胜译：《西藏宗教艺术》，西藏人民出版社，1997 年，第 119 页。

[5] 西藏自治区文物管理委员会：《古格故城》（上册），文物出版社，1991 年，第 303 页。

[6]〔新西兰〕托尼·呼伯尔著，张岩译：《十一世纪来自卫藏的印度佛教“擦擦”》，《国外藏学研究译文集·第 12 辑》，西藏人民出版社，1995 年，第 195 页。

[7] 西藏自治区文学艺术界联合会：《西藏艺术·雕刻卷》，上海人民美术出版社，1991 年。

[8]《钦定元史语解》卷 24《大唐西域求法高僧》。

[9] 金申著：《历代佛像真伪鉴定》，紫禁城出版社，2008 年，第 21 页。

[10] 西藏自治区文学艺术界联合会：《西藏艺术·雕刻卷》，上海人民美术出版社，1991 年。

[11]〔清〕查骞著，林超点校：《边藏风土记：卷一》，中国藏学出版社，1987 年，第 52 页。

[12]〔清〕查骞著，林超点校：《边藏风土记：卷二》，中国藏学出版社，1987年，第26页。

[13]〔意〕杜齐著，向红笳译：《西藏考古》，西藏人民出版社，2004年，第40页。

[14]〔意〕杜齐著，向红笳译：《西藏考古》，西藏人民出版社，2004年，第44页。

[15]〔意〕杜齐著，向红笳译：《西藏考古》，西藏人民出版社，2004年，第61页。

第三讲

西藏唐卡的魅力

——兼谈藏传佛教“三”的哲学意境

一

小时候，我在拉萨八廓街生活时，与街区藏族小伙伴玩耍，经常要说到“贡觉松”。这个词常常用在发誓赌咒的时候，表示“真的”“没有说谎，没有骗人”。

“贡觉松”，原意是佛教佛、法、僧三宝，说这个词时，表情极认真，态度极诚恳，意为向三宝起誓。

位于雅鲁藏布江北岸的桑耶寺，是西藏第一座佛、法、僧三宝俱全的寺庙。旧西藏人口中，农民、牧民、半农半牧民占相当大的比例，新西藏虽然城镇人口增加很多，但基本信仰宗教的特点没有变，无论是城市居民、农村农民，还是牧区牧民，寺院是必去之地。虔诚的信徒，无论远近，更是都要去朝拜。西藏的寺院除了佛像、经书以及修持的僧尼“三宝”之外，还有三个重要的组织结构：措钦，意为大殿堂，为上师说法、僧人听法诵经之地；扎仓，意为修行学院，为寺院僧尼的宿舍，也是学经修行的地方；参尼热瓦或曲热，意为辩经院，僧人定期在此就佛学内容进行辩论的地方。在寺院的建筑内，几乎是有墙就有壁画，柱头、廊道和僧舍多有唐卡悬挂，内容大多是展示佛本生、教派流变、佛和菩萨、护法神善恶变相等。西藏寺院的壁画题材一般较宏大，如佛本生、教派流变、历史事件、上师生平、山川河流、飞禽走兽，几乎无所不包。唐卡的题材相对小一些，但壁画和唐卡均具足藏传佛教的“三根本”，即：

上师、本尊、护法（也有说空行母）。本尊就是主供佛，是成就的根本；上师是加持的根本；护法是维护佛教事业的根本。壁画主要存在于寺院，而唐卡则便于携带，广泛地存在于村镇居民之家。也可以这样认为：唐卡的作用和效应像是“流动的寺院”，是供奉者自身观照、随时虔诚朝拜的方便法门。

唐卡，即卷轴画，是西藏特有的绘画艺术形式，脱胎于西藏寺庙的壁画。随着社会变革及发展，和壁画、雕塑等一样，唐卡除了保持佛教圣物的本性之外，也成为社会各界人士十分热爱的艺术品。唐卡在西藏丰富的艺术宝库中堪称艺术王冠的明珠，有人甚至称唐卡是西藏艺术的灵魂。

1985 年，在藏东横断山区的小村庄，我初窥西藏唐卡艺术之殿堂。那年 7 月，我在西藏广播电台当记者，到藏东昌都采访时，了解到在瓦寨乡有个村子以画唐卡闻名，女村民种地，男村民几乎都是唐卡画师。对于唐卡，我之前只有粗浅的认识，以为唐卡绘制需要深厚的工笔画技巧，其技艺非常人可掌握，何以深山出了个唐卡村，而且村民大多是唐卡画师？出于好奇心，当然还有职业习惯，我乘车、骑马、走路，来到地处偏远山区的比如村采访。以现场录音方式进行，报道在中央人民广播电台播出。这个采访可能是中央媒体对西藏唐卡艺术及艺人的首次介绍。

比如村坐落在半山腰，山下一条不大的河流在山谷蜿蜒。村子很小，仅有 19 户人家，但是能制作唐卡的就有 11 户，是名副其实的“唐卡画村”。我有幸去了“翁孜”嘎玛德勒的家。翁孜，是对画师的尊称。嘎玛德勒当时正盘腿坐于院子中间，在一幅画架上仔细地绘画，画面是宗喀巴①师徒三尊。那是我第一次近距离接触唐卡，对唐卡艺术一无所知，当时不知道，就在这个小院落，阳光灿烂，山风习习，我面对的是世界级的西藏唐卡大画家，西藏的大寺庙几乎都收藏有他绘制的唐卡。虽然我写的报道1985年8月在中央人民广播电台专题节目中播出过[1]，但直到20年后，当唐卡列入国家级非物质文化遗产，嘎玛德勒被授予西藏自治区唐卡艺术大师和国家级非遗传承人称号，这个横断山区的小村落及村民画师才被更多的世人知道。

嘎玛德勒给我简单地介绍说，西藏唐卡主要有三大画派：勉宁、勉萨、噶瑞（这是我当时根据康巴口音做的笔记。现在统一译作勉塘、钦则、噶赤三大画派），勉塘画派流行于前藏；钦则画派流行于后藏和山南地区；噶赤画派产生于16世纪，画师最初都是噶玛噶举派的僧人，又称"噶玛噶赤"，流行于藏东与四川甘孜、阿坝及云南迪庆等地区。嘎玛德勒说，自己就是噶赤画派的传承人。他5岁开始学习唐卡绘画，师从他家乡附近噶玛寺的一个噶玛噶举派僧人。那个僧人就是噶赤画派的直接传人，从小他就铭记师尊教诲："虔诚信仰佛法僧三宝，时刻修持身语意所依。"初期他严格按照《佛说造像度量经》，从反复绘制释迦牟尼师徒三尊入手，绘图数百遍，最后熟记在心。

---

① 宗喀巴（1357—1419年），藏传佛教格鲁派创始人、宗教改革家、活动家。本名洛桑扎巴，出生于青海湟中，因当地自古称为"宗喀"，故又尊称"宗喀巴"，意为"宗喀地区的人"。其座下最有名两大弟子是克珠杰和贾曹杰。见《西藏百科全书》"宗喀巴"条目，第539页。

二

我观察到这么一个现象：佛教，尤其是藏传佛教，“三”的概念广泛地存在，从哲学的角度解读唐卡，可能会得到一些收获。前面我提到的口语三宝起誓“贡觉松！”就是一例。

源于印度的藏传佛教如此认识世界：世是时间，界是空间，合而为世界。世界从哲学意义上讲混沌无界，是“空”。佛有“三身”“三世”。法身毗卢遮那佛（藏族称大日如来），报身卢舍那佛，应身释迦牟尼佛。佛的三身在不同空间显现，如果进到寺院或佛教场所，可以看到，有的主供毗卢遮那，如法源寺；有的主供卢舍那，如龙门石窟；有的主供释迦牟尼，如大昭寺。大乘佛教寺庙的主殿一般供奉时间意义的三佛像，如三世佛：过去燃灯佛、现在释迦牟尼佛、未来阿弥陀佛；空间意义的三佛是中央释迦牟尼佛、东方药师佛、西方阿弥陀佛。藏族藏传佛教格鲁派寺院一般还供有宗喀巴师徒三尊[2]；汉地寺庙正殿有的供奉华严三尊：中间毗卢遮那佛，左侍文殊菩萨，右侍普贤菩萨；有的寺庙供奉东方三圣：中间是药师佛，左侍日光菩萨，右侍月光菩萨；还有净土宗寺庙的西方三圣：中间阿弥陀佛，左侍大势至菩萨，右侍观音菩萨；等等。

公元前5世纪左右，北印度的释迦牟尼经历了出家、寻道、悟道、传道，35岁时在菩提树下经过七天七夜苦思冥想，悟得苦、集、灭、道“四谛”①的真理。觉悟正道之后，在斯里那他的鹿野苑向

① 四谛，又云四圣谛、四真谛。圣者所见之真理也。一苦谛，三界六趣之苦报也。是为迷之果。二集谛，贪瞋等烦恼，及善恶之诸业也。三灭谛，涅槃也。涅槃灭惑业而离生死之苦，真空寂灭，故名灭。是为悟之果。四道谛，八正道也，此能通于涅槃故名道。是为悟之因。见《佛学大辞典》第806页。

随他修行的弟子解释“四谛”之十二因缘，因为这是佛陀首次说法，佛教史称初转法轮；二次转法轮是在灵鹫山讲说般若无相之法，缘起性空；三转法轮是在毗舍离城讲解深密，阐释有空有不空的诸法实相。轮，包含佛法的全部。轮由轮辐、轮圈、轮轴三部分组成，分别代表智慧、禅定和伦理。佛教八宝之一金法轮的八条轮辐象征“八正道”的佛法传播至八方。

佛陀生前传法是耳提面命，不著文字。寂灭以后，佛弟子经过三次结集，尤其是在阿育王的鼎力支持下，佛学向世界传播，逐步形成了世界三大宗教之一的佛教。太虚大师精辟地总结说：“盖佛学皆流出于正觉之心境者也。”[3]释迦牟尼获得的正觉即观照到了宇宙真相：宇宙无始无终，无内无外，常缘常新；由宇宙真相而观照到生命真相：诸法无常，诸法无我，涅槃寂静。佛学庞大的理论体系皆缘于此正觉，谓之佛教三法印。进入佛门者，无不循序渐进，皈依三宝佛、法、僧；勤修三学戒、定、慧；息灭三毒贪、嗔、痴；净化三业身、语、意。

“三”在佛教中的哲学意义真是奇妙无穷，本人学识力有不逮，难以在理论上厘清。

佛教传入西藏大约在7世纪中叶，之前西藏高原广泛存在的原始宗教，称为“苯教”。苯教把宇宙分为三重境界：最高境界是天神的地方；中间境界是人类居住，赞普是天神之子，统驭人间；第三重境界在地下，居住着龙、精灵和鬼怪。[4]而由婆罗门教至藏传佛教对三界①的认识则是，欲界、色界和无色界。[5]这是基于对轮

---

① 三界：欲界、色界和无色界。欲界，有淫欲与食欲，此界为有情之住所。色界，色为有形之物，有质碍之意，此界在欲界之上，为无淫、食二欲之有情住所。无色界，此界无一色，无一物质，无身体，亦无宫殿、国土，唯以心识位于深妙之禅定。见《藏族传统文化辞典》第53页。

回在六道的芸芸众生划分的生存环境，而六道轮回①也是由三善趣和三恶趣组成。[6]佛教传入西藏以后，佛教大师寂护、莲花生、阿底峡等②将佛教教义与苯教的仪轨相结合，形成了藏传佛教的特色。特别是经过吐蕃时期享有“三贤王”美誉的赞普③松赞干布、赤松德赞、赤祖德赞[7]鼎力推动，佛教在西藏宏传，逐渐形成宁玛、萨迦、噶举、格鲁等教派。

藏传佛教最重要的经典是《大藏经》，分为《甘珠尔》《丹珠尔》两部分。其中从梵文译成藏文的佛陀所说佛法教义全部收入《甘珠尔》（德格版《甘珠尔》有1108种），内容分三大部分，简称为“三藏”，即经藏、律藏、论藏。印度和中国西藏佛教高僧对佛陀教义的解读、诠释以及有关西藏天文历算、藏医藏药、建筑工艺、语言文学等论著收入《丹珠尔》（德格版有3461种）。《大藏经》成为西藏僧人必修之经典。

---

① 六道轮回：根据生死轮回之说，生的形态可分为六种，称六道轮回。这六道轮回分别是天、非天（阿修罗）、人、畜生、恶鬼、地狱。前三种称三善趣，后三种称三恶趣。见《藏族传统文化辞典》第53页。

② 寂护，佛教大成就者，那烂陀寺首座，8世纪应吐蕃赞普赤松德赞邀请进藏弘扬佛法，主持翻译佛经，并首次为贵族子弟剃度。莲花生，佛教大成就者，8世纪应吐蕃赞普赤松德赞邀请，进藏传播佛教，创建宁玛派，主持修建了西藏第一座佛、法、僧三宝俱全的寺院。阿底峡，印度高僧，超岩寺首座，11世纪由西藏大译师仁钦桑布邀请到阿里帮助翻译佛经，后来再由大译师仲敦巴邀请到卫藏弘法译经，后来在聂塘卓玛拉康圆寂。见《西藏宗教艺术》第8页。

③ 赞普，君长之意。松赞干布，雅砻悉野部落第三十一代赞普、吐蕃政权第一代赞普；赤松德赞，吐蕃政权第六代赞普；赤祖德赞，吐蕃政权第十代赞普。祖孙三人合称“三法王”。见《西藏宗教艺术》第8页。

三

我们再回到唐卡艺术。关于造像学，藏族人有自己的观点：“这种观点要求进行深入的研究，寻找、探求隐匿在每一件艺术品背后深奥的宗教意义，而不是驻足于每个微小的细节本身，探究一些并不经常存在的细节释义。”[8]“三”的理念在唐卡中通过画师的构图经常呈现，一般中间绘佛或本尊，上部为圣界，绘三世佛或上师，下部绘护法、侍者等。唐卡造像大致也分三类，寂静像、忿怒像、寂忿像。寂静像一般用于佛、菩萨，如释迦牟尼、观音菩萨等，面相庄严，给人以沉寂美妙之感，使人心情得到慰藉。忿怒像一般用于护法神，如藏传佛教三大本尊：金刚手是释迦牟尼之忿怒化身，大威德金刚是文殊菩萨之忿怒化身，大黑天是观音菩萨之忿怒化身。以忿怒之像威震妖魔鬼怪，慑服魔障，消除烦恼。寂忿像一般是双身像。

唐卡画师作画，所绘佛、菩萨、本尊、上师、护法等，从佛学的抽象表达，到画面上祥瑞的具象表现，都在唐卡中得到淋漓尽致的展示。壁画面积大，画师可以有很大的空间展示佛本生、教派创始人、大活佛、上师的生平故事和历史事件，画面人物众多，情节丰富，技法亦可在宽阔的墙面上恣意展现，空白之处，还可加之祥云、山水、奇石、花卉、鸟兽等。由于唐卡大多是施主虔诚地献给寺庙或高僧大德的圣物，或是施主根据信仰需要定制，带到家中经堂供奉，画师需根据施主的意愿，在画面中或是突出上师，或是突出本尊，或是突出护法。也有画面繁复的唐卡，画面中央单一的主佛或菩萨或护法神，周围环绕诸多弟子、飞天及大成就者。但是，由于唐卡面积小，且画面多是长方形，内容大多以三尊为主，画面呈“品”字型，形象排列是对称的，视觉上是稳定的。

“喜马拉雅唐卡”是一个非常受欢迎的介绍西藏唐卡艺术的微信公众号。其中有一个专题“十世班禅亲题诗偈并主持绘制的唐卡”，文中说，“1985 年第十世班禅大师命其画师，用标准的唐卡画风，绘制了祖师、诸佛、菩萨、本尊、唐卡画像十一幅，惠及信众。”

十一幅唐卡有九幅画面是三尊，只有两幅是五尊。每幅唐卡下面都有班禅大师题写的祈愿文和颂偈，并盖有红色圆印。九幅三尊内容分别是释迦牟尼师徒三尊、宗喀巴师徒三尊、密宗三怙主、长寿三尊、三方佛尊、最胜三尊、君师三尊、噶举三祖师、噶当三祖师。两幅唐卡五尊分别是萨迦五祖和觉囊五祖。①

释迦牟尼师徒三尊唐卡（资料）

① 密宗三怙主：四臂观音、文殊菩萨、金刚手菩萨。长寿三尊：无量寿佛、白度母、尊胜佛母。三方佛：汉地寺院供奉的三方佛一般是西方阿弥陀佛、中央释迦牟尼佛、东方药师佛。藏传佛教三方佛一般由西方阿弥陀佛、中央供释迦牟尼的法身毗卢遮那佛即大日如来佛、东方药师佛组成。最胜三尊：金刚萨埵、龙尊王佛、叶衣佛母。君师三尊：莲花生、菩提萨埵、赤松德赞王。噶举三祖师：玛尔巴、米勒日巴、冈波巴。噶当三祖：阿底峡、仲敦巴、雷白希饶。萨迦五祖：贡噶宁布、索南孜摩、扎巴坚赞、贡噶坚赞、八思巴。觉囊五祖：弥久多吉、吐吉尊追、笃布巴、多罗那他、南杰南卡。

下面我们先看“释迦牟尼师徒三尊”唐卡，这是藏传佛教中常见的唐卡绘画题材之一。

这幅释迦牟尼师徒三尊唐卡，中央释迦牟尼跏趺坐在狮子托举的莲台上，左手托钵，右手施触地印，是典型的佛陀说法相，两边站立两大弟子：左下为舍利子，右下为目犍连。舍利子为佛弟子中智慧第一，目犍连为佛弟子中神通第一。画面中，佛与两大弟子是主角，形成稳固的三角形。在唐卡中，释迦牟尼佛皆为金身，以示庄严。背光周边是莲花和祥云，前方是法轮及供品。画面庄重简洁，品字型结构稳重。唐卡下黄色部分是十世班禅所题写的祈愿偈文。偈曰：

释迦牟尼师徒三尊唐卡　北京西藏文化博物馆收藏

千万圆满妙善所成身
满足无边众生所愿语
如实能见一切所知意
释迦至尊吾等诚礼敬

有些释迦师徒三尊唐卡，虽以三尊为主，但画面要繁复一些。我见过一幅释迦牟尼师徒三尊唐卡，色彩黑红两色，画面形成三围：以佛陀师徒三尊及五方佛为中央，两围绘有三十五

四臂观音唐卡（资料）

佛及十六罗汉，三围则是佛本生故事。这幅绘于 15 世纪的布面唐卡，收藏在北京的西藏文化博物馆。

再看十世班禅亲题颂偈的“雪域三怙主”唐卡。

藏传佛教分显密二宗，修菩提道，由显入密，循序渐进。密宗续事的三部是佛部、莲花部、金刚部。三怙主代表藏传佛教诸佛菩萨智悲力总集。这幅三怙主唐卡主尊是四臂观音。身体为白色，表示洁净无瑕，面容端庄，微笑慈祥，跏趺坐于莲台。头带五佛冠，冠中央是阿弥陀佛。四臂分别代表慈、悲、喜、舍，当胸双手合十。一手持念珠说法；一手持三朵莲花，一朵含苞，一朵半开，一朵怒放，象征佛、法、僧俱全。

四臂观音右下是文殊菩萨，金身，象征般若无限。跏趺坐莲台，右手持智慧利剑，能断一切烦恼；左手持青叶莲花，花上托般若经卷，象征所有智慧皆源于此经。

左下为金刚手菩萨，蓝色身，红发飞扬，头戴五骷髅法冠，下身围虎皮。右手持金刚杵，为密宗所向无敌之法器；左手持金刚绳，为收服一切恶魔之法器，威猛立于莲座。

十世班禅大师题颂偈道：

诸佛之父至尊智慧藏
悲心本性至圣观世音
威势自在秘密持有者
三部怙主足下诚礼敬

著名的西藏民俗学家廖东凡认为："从吐蕃初年佛教传入雪域开始，西藏便盛行对三怙主的信仰和崇拜。所谓三怙主，指的是文殊、观音和金刚手菩萨。从密宗事续部的角度来讲，文殊是佛部的部主，观音是莲花部的部主，金刚手是金刚部的部主。从利乐众生的角度来讲，文殊给人以智慧和文明，观音给人以仁慈和悲悯，金刚手给人以勇敢和无畏。说他们是护佑雪域众生的救主，那是最合适不过的了。"[9]

拉萨市区的三座山：布达拉宫之红山（藏语称"玛波日"）、药王山（藏语称"加波日"）、关帝庙之磨盘山（藏语称"巴玛日"），就是三怙主的坛城。红山是观音菩萨之坛城，磨盘山为文殊之坛城（格萨尔是卫护文殊菩萨的武神，关羽在藏地被尊称"汉格萨尔"），药王山则是金刚手之坛城。汇聚智、悲、力的三怙主在藏传佛教中有着重要的象征意义，地位十分尊崇。三怙主的壁画及唐卡，大多出现并供奉在寺院及活佛、高僧的修行场所。

我们再看十世班禅亲题颂偈的"长寿三尊"唐卡。

长寿三尊指白度母、无量寿佛、尊胜佛母，是福寿吉祥的象征，也是西藏壁画和唐卡广泛采用的"三尊"的组合，由于其吉祥的含义且迎合了百姓的世俗愿望，在西藏社会僧俗群众中广受欢迎，是西藏佛教信徒家庭中经堂的主要供奉品。

这幅长寿三尊组合，中央是无量寿佛，其寿数无限亦可赐众生

长寿三尊唐卡（资料）

长寿。肌肤为红色，戴五佛冠，跏趺坐莲花台，双手结禅定印，托捧长寿宝瓶。左下方是白度母，面容恬静，肌肤白色，头戴宝珠冠，面部有三眼，手足掌心均有一眼，又称七眼佛母。左手拈三朵莲花，一朵含苞未开，一朵半开，一朵怒放，意为佛、法、僧三宝俱足。右下方是尊胜佛母，面有三眼，八臂三面，三面三色，中间白色，以示灭障，左面金色，以示庄严，右面蓝色，以示降服。主面像头戴宝珠冠，右手托十字金刚杵于胸前，左手托甘露净瓶，其余手或托阿弥陀佛像，或持索、弓、钩等法器。我想，藏传佛教认为阿弥陀佛的化身是无量光佛，而班禅喇嘛就是无量光佛在俗世之化身，无量寿佛是阿弥陀佛的报身。这幅长寿三尊唐卡是十世班禅亲题颂偈，所以此幅长寿三尊组合的唐卡中央主尊是无量寿佛。

十世班禅题颂偈道：

天人导师胜者无量寿
制魔止疾顶髻尊胜母
延寿解脱轮回圣度母
最胜长寿三尊诚礼敬

度母因显女相，得到广大妇女的尊崇礼敬，成为她们心灵的皈依寄托之处，并多以“卓玛”命名。度母的形象，无论是雕塑，还是绘画，皆显得恬静、柔美，极富女性的魅力，给人以和蔼亲切之感，绝无森严的气象，是藏传佛教中的美神。[10]

在西藏，据传度母是观音菩萨的化身，受到广泛信仰，而度母又有二十一种化身，最常见的就是蒙古族的女保护神绿度母和藏族的女保护神白度母。信奉藏传佛教的藏族女性一般常念诵《救度佛母二十一种礼赞经》，家庭中也大都悬挂以白度母为主尊的长寿三尊唐卡。

我收藏有一幅唐卡，主题也是“长寿三尊”。这是西藏唐卡中少有的刺绣唐卡。其中央主尊就是白度母，左下是无量寿佛，右下是尊胜佛母。中原的刺绣传入西藏以后，受到藏族僧俗喜爱，手工刺绣相当珍贵，但现在的机织就另当别论了。布达拉宫红宫主殿藏有一对锦缎绣幔，上面用金丝绣有宗喀巴和五世达赖喇嘛像。此巨幅绣幔是清康熙皇帝为纪念五世达赖喇嘛圆寂专门织造，为此，清廷宫内织造厂用时一年整。

长寿三尊唐卡　刘伟收藏

在藏传佛教传播的地方，无论寺院壁画、唐卡，还是塑像，宗喀巴师徒三尊是常见的组合。

宗喀巴，藏传佛教格鲁派的创立者。先后入噶当派、萨迦派学习。他见闻一些教派的僧人酗酒、贪财、纵色等，决心倾力进行宗教改革。明永乐七年（1409），宗喀巴召开传召大法会，提倡严格遵守戒律，精心研读佛法，著作《菩提道次第广论》等，在藏传佛教中被信徒尊称为“佛陀第二”。格鲁派（格鲁，藏语意“守戒”）在他及一众弟子推动下，发扬光大，后来，宗喀巴弟子中派生出达赖、班禅两大活佛体系，成为西藏第一大教派。

“宗喀巴师徒三尊”下方两大弟子，右边是首座弟子贾曹杰、左边是大弟子克珠杰。宗喀巴圆寂以后，贾曹杰为衣钵传人，成为甘丹寺首任法台。克珠杰创建扎什伦布寺，为首任法台，后来被追认为 世班禅；宗喀巴的另一个大弟子根敦珠巴，在宗喀巴去世以后，继续以克珠杰为师，后来被追认为一世达赖。

宗喀巴师徒三尊唐卡（资料）

十世班禅大师颂偈云：

雪域教派创始宗喀巴
事势论理自在贾曹杰
显密教法主尊克珠杰
胜者父子三尊诚礼敬

四

对唐卡的认识，应该一分为二：在寺庙及宗教场所，唐卡是佛教世界的形象展示，是布施者对佛的供品，是修行者纯净的观照圣物；在社会世俗场所，如展览、商店、办公室包括家庭等，一般则当作艺术品欣赏和收藏。西方收藏唐卡以欧洲和美国为数量最多，质量最为上乘。我曾在美国的一些博物馆看到过唐卡藏品，大多是公元 15—16 世纪甚至年代更早的唐卡，画面中的形象之丰富、色彩之精美，令人惊叹。

西藏自治区和中国民族博物馆都有精美的唐卡藏品，我有一位唐卡大师朋友，名多吉顿珠，不仅倾心于唐卡制作，而且热心收藏唐卡。他是西藏自治区政府参事，多次呼吁要建一座西藏唐卡博物馆，把民间的、画师手中的唐卡精品收集起来。有一次，多吉顿珠和他的弟子扎西到北京看我。扎西是甘肃武威的唐卡画师，绘制有藏传佛教流布长卷唐卡，长卷囊括了藏传佛教重大历史事件和有关活佛高僧，技法精湛，画面精美，大有青出于蓝之势。多吉顿珠带来他设想的西藏唐卡博物馆规划图，到北京找专家征询意见，他说已开始私人募款募物，并启动筹建工作。未想 2017 年 12 月，多吉顿珠壮志未酬，积劳成疾，英年早逝。

唐卡是以藏传佛教内容为主的卷轴挂画，现在除了西藏的三大画派，青海的热贡唐卡也发展起来，在国内外有广泛影响。

唐卡都有红黄双色的纱布垂帘及两条红色飘带，象征着吉祥的彩虹，不展示时帘布垂下覆盖画面。展示时，帘布需上推掖到顶端，形成花朵样。画面材料多是布帛，主要是彩绘，技法一般是用工笔在白布帛上细线勾描，再施之深浅不一之晕染，用色十分考究。如

十四世纪唐卡：噶举派上师 美国大都会博物馆藏

布施给寺院和活佛的唐卡，颜料多用矿物质原料，如黄色用金汁金粉，白色用银汁银粉，红色用朱砂、玛瑙，绿色、蓝色用绿松石或翡翠。除了彩绘，还有唐卡织锦、堆绣、缂丝等方法。现在商店里的唐卡，因市场流通，很少当作献给寺院或高僧的圣物，仅当作艺术品，因而多是用现代化学颜料。我在藏东比如村嘎玛德勒的院子里，看到过唐卡的制作过程。木质画架上绷着涂了白垩灰、上了牛骨胶的白棉布，嘎玛德勒用一块圆状卵石在布面上不停地打磨，然后作画。用的颜料有天然的矿物颜料，也有现代化学颜料。笔是很细的小毛笔，为西藏唐卡艺术所专用。

由于广泛信仰佛教，西藏社会历史中交织着神话与传说，如同牛奶，水乳交融。我曾在一本书中感慨道：这是一个众神与凡人共同生存的世界，生命的短暂与永恒在此间达到一种美妙的和谐。德国哲学家恩斯特·卡西尔认为，“人不再生活在一个单纯的物理宇宙中，而是生活在一个符号宇宙之中。语言、神话、艺术和宗教则是这个符号宇宙的各部分，它们是织成符号之网的不同丝线，是人

西夏唐卡释迦牟尼　俄罗斯冬宫博物馆藏

类经验的交织之网。……所有这些文化形式都是符号形式。因此，我们应当把人定义为符号的动物来取代把人定义为理性的动物。”[11]我认为他的这个认识，特别适合西藏。这是哲学的层面，那么，艺术层面呢？旅德藏族学者扎雅·诺丹西绕著作颇丰，在其《藏族文化中的佛教象征符号》一书中对西藏绘画色彩的象征意义这样解读：“单从白色作为一种象征符号来讲，它既代表吉祥又代表痛苦。因此，在不同的文化环境中，白色所象征的内容也不同，即离苦得乐和痛苦失乐的两种可能性都可以存在。”[12]他继续解读道：“白色作为佛之息业本色，是和平、纯洁、清净、无污、吉祥的象征，素有纯洁（洁白）、忠诚、洁白善心、洁白善业等的说法。”“黄色作为佛之增业的本色，是福、禄、寿、教证（教法是十二部契经，证法是指戒、定、慧三学）兴旺发达的象征。红色作为佛之怀业的本色，是权势、博爱、慈爱等的象征。绿色作为佛之伏业的本色，是一切羯磨的象征。蓝色和黑色作为佛之伏业的本色，是凶恶、恼怒等的象征。”[13]

因而我认为，藏传佛教对“三”的表达，显现出美丑、善恶对立的统一，显现出平和寂静之美。哲学的意境十分美妙。不是简单的表达善与恶、美与丑，而在美丑、善恶的形象之外派生出忿怒相，忿怒以威猛慑服恶鬼、斥退邪念，是否也有“狮子吼”的作用呢?

无论壁画还是唐卡，涉及佛教内容的绘画都有严格的规定。1991—1995 年，国家拨巨资维修布达拉宫，我参与整个维修过程。其间在布达拉宫壁画修复时，采访过时年 74 岁的扎西次仁，也见识过他在脚手架上修复壁画的过程。扎西次仁是旧西藏最后一任乌钦（“乌钦”即旧西藏绘画匠人中最高品级），他在《西藏绘画的缘起和流变》一文中介绍道：“藏文大藏经工巧明部有三经一疏：《佛说造像度量经》《绘画度量经》《造像度量经》《佛说造像度量经疏》。这些经典为传统的西藏绘画提供了基本的规范和理论依据。”[14]

虽说唐卡在造像方面，严格按度量经尺寸，确有程序化、刻板之处，不过，在与印度、尼泊尔、中亚以及汉地交往中，也逐渐形成了自己的特色。公元 15 世纪西藏大画师多瓦扎杰门下有两个技艺超群的弟子，一是生于洛扎勉塘的勉拉顿珠，他后来创立了勉塘画派；一是生于贡噶岗堆的钦则钦莫，他创立了钦则画派。十世噶玛巴曲英多吉对噶赤画派有重要贡献。18 世纪西藏的藏医药和绘画色彩大师丹增彭措在《彩绘工序明鉴》一书中记述了西藏主要画派的特点：“上身宽大，舞姿优美，大凡是东方派的传统。色彩与汉地相似，但稍鲜明，整个画面明快柔和，眼睛有神，四肢伸展，上身圆，帽子小，整个塑像与汉地风格吻合，这就是西藏噶玛的噶尔派。……佛像后面的伞幢大而高，服饰款式较少，色调以红色为主，远处看去红色很强，这在西藏称为南方画派。体态圆润较胖，四肢较短，伞幢也较小，姿势多样而精美，彩色方面比噶尔派之服饰整齐丰富多彩，而且不发光，此派称为齐乌（冈巴）活佛派。色彩较重与汉地丝氏唐卡派相近似，但容貌较凶，体态肥胖而舒展，造型和肌肤较美观，肩颈细而长，色彩鲜艳细腻光润，以蓝、绿色调为主，远处看为青绿色，近处看才较细致，但其他生物与佛像不相称，颜色各类虽多但不如汉地多，百神之中多数具有油光，故画面较有光泽，此派被称为门塘派。”[15] 西藏大学教授丹巴饶旦在《西藏绘画》一书中谈到西藏佛教造像艺术，他这样认为：“西藏优秀的工匠们善于把印度、汉地和尼泊尔等地的艺术特点进行研究、解剖、吸收，最后创立自己的独特绘塑艺术。如佛像的比例和量度上吸取了印度的度量法则，在造型上吸取了尼泊尔的风格，而在绘制风景等方面，吸收了汉地的一些方法，使之形成自己完整的艺术体系。”[16]

的确，西藏各画派有自己的独门秘籍，如15世纪勉拉顿珠所著《如来佛身量明析宝论》和18世纪丹增彭措所著《彩绘工序明鉴》，以及现在的《西藏绘画》，都是西藏画师必备的教科书。西藏大学艺术系教授丹巴饶旦为学生编撰的绘画教材《西藏绘画》，根据度量经对画像量度及图样这样表述：藏族传统绘画中的计算尺寸标准主要有以下几个，“庹”是一头长或一掌长，也叫“恰庆”等。“缩”是一指宽（也就是拓的十二分之一），又叫“恰穷”。“刚巴”是“缩”的四分之一，“乃”是刚巴的二分之一，以上是四种大的计算尺寸名称。[17]

近年来西藏自治区文物局在萨迦寺进行文物普查时发现了勉拉顿珠所绘唐卡真迹。唐卡正面画面为释迦牟尼师徒三尊。背面是藏文，上书：

> 忍受艰难忍受圣贤是，殊胜涅槃佛陀教导之，
> 出家戒律避免妨碍人，伤害他人就非比丘僧，吉祥！善哉！

背面下方藏文铭文：

吉祥！天及世间一切唯一皈依处，释尊十六罗汉诸位部属众，就似翠绿宝石光泽无限美，天界宝物丝绸底料也丰富，精心绘制佛像唐卡整九幅，有如帝释天弓优美绫罗上，绘画无量寿佛文殊观自在，白度母护法五幅绢丝唐卡，释尊十六罗汉度母毗沙门，'是三幅布料绘制佛像唐卡，都为生生世世积起善资粮，精心绘制求得上善高境界。生于卡菍国王家族乐善施，财富就似迎请毗沙门到家，就是人众领袖官人扎喜佳，勾人魂魄天女见识也汗颜，犹如邀请大地荣华富贵之，具有利他菩提心贝拉主持，父母彻底生起热忱爱心中，为了珍贵人生能够有意义，一切众生获得佛位而绘画。善哉！

转载《西藏珍宝——国宝大调查图录集粹》

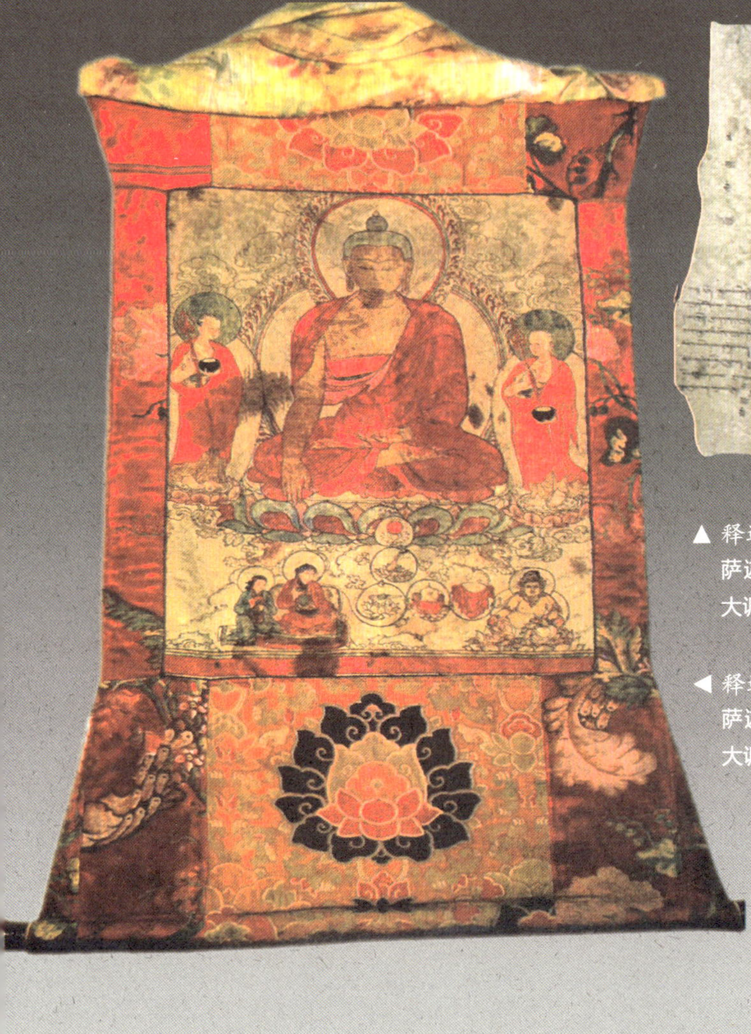

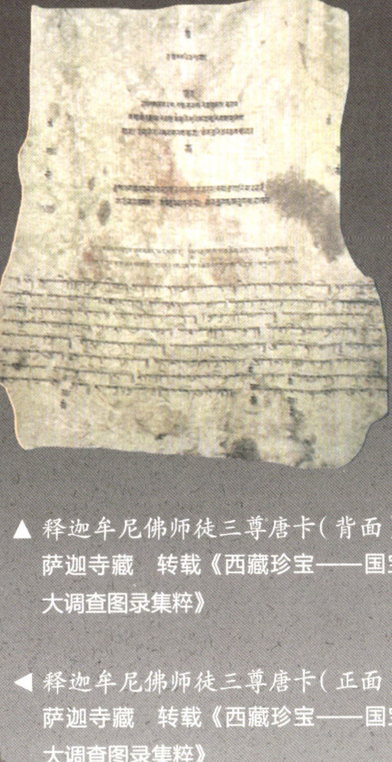

▲ 释迦牟尼佛师徒三尊唐卡（背面）
萨迦寺藏　转载《西藏珍宝——国宝大调查图录集粹》

◀ 释迦牟尼佛师徒三尊唐卡（正面）
萨迦寺藏　转载《西藏珍宝——国宝大调查图录集粹》

释迦牟尼佛画像度量图样（资料）

千手观音画像度量图样（资料）

造像度量对画像初稿的比例、绘制方法有严格要求，如先打顶线和中线，然后再中分或左右分。按度量起完图样，再一步步着色。

民谣曰：天有三宝日、月、星；地有三宝水、土、火；人有三宝精、气、神。在中华传统文化中，对“三”的表述非常具体，如成语所述之三足鼎立，表达的是政权的稳定；绘画上的三角构图，展示的是视觉的稳定。三人行必有我师、事不过三、三阳开泰等。道家用“三”来表达对世界的认识更是深入人心：“道生一，一生二，二生三，三生万物。”

可见，“三”既是数学概念，也是哲学概念，它可能是认识世界的一个方便法门。恩斯特·卡西尔认为：“有机物绝不定位于一个单一的瞬间。在它的生命中，时间的三种样态——过去、现在、未来——形成了一个不能被分割成若干个别要素的整体。莱布尼茨说过‘现在包含着过去，而又充满了未来’。”[18]

扎雅·诺丹西绕认为：“藏族的象征文化，应该归属于藏族传统的五大明之一——工巧明当中。工巧明分为身、语、意三大系统。象征文化跟这三大系统有关，因此，象征文化在藏传佛教和文化领域中占有一席重要之地。”[19]

前面我谈到唐卡是随时可以敬拜和观照的方便法门，正是由于信仰虔诚之所在，唐卡绘制过程也就是敬佛之过程。捷克藏学家卢米尔·吉赛尔在其《西藏艺术》著作中认为，西藏绘画的制作完全是为了宗教目的，是作为圣物供奉。他写道：“艺术对僧侣而言，是使其集中精力、摆脱尘世的思绪，达到禅定与神秘境界的工具与手段。凡是欲想竭力发挥其自身内在潜力的僧侣，就需要借助某种帮助，借助某种能照此依法炮制的楷模，就需要携带某个神的画像，也许此神是他的本尊。僧侣们在绘画和雕刻中终于找到了这种帮助。

西藏艺术不单纯是僧侣顶礼膜拜的对象，而且也是人格化的某种力量，在其帮助之下僧侣就可以成为神之化身。”[20]绘画之前，画师要洁净身体，以身、语、意顶礼发愿；绘画完成，要双手合十虔诚地祈请三宝佛、法、僧加持，让所完成之唐卡成为施主顶礼供奉之依托，成为佛、菩萨化身真实显现之处所。勉拉顿珠认为：“对大唐卡请问的智者，其福德无边；跪拜中幅唐卡，可得中等福德；跪拜小幅唐卡者，于千万劫之间受不忍苦，只瞻仰小幅唐卡片刻即可从苦中解脱；对唐卡生心敬仰，将于唐卡前在同获得成就。”[21]也正是造像度量经对佛、菩萨、护法、法器等有严格的规制，看一两幅唐卡，对其工笔之细腻，色彩之丰富，会有叹为观止的感动，多看几幅，则可以感觉到，虽然画师在色彩、布局、山水河流及云彩花卉方面发挥了自己的艺术才华，但唐卡涉及的内容主题和表现的形象，总体上感觉还是程序化，千篇一律。不过，也要看到，唐卡画师的绘画作品，虽然严格遵循工巧明之身工，但在意工方面对佛教之意义、哲学之思考，在构图、画面色彩表达方面的确也有独到之处。

大译师仁钦桑布局部（具有克什米尔风格的唐卡彩绘） 转载《西藏珍宝——国宝大调查图录集粹》第62页

“藏族画师作画不同于一般的创作行为，并非为了表现某种世俗的趣味，更不为贪图钱财把作品当作商品出售，壁画和‘唐卡’都是宗教信徒供奉的神圣崇拜对象，或是依据占卜为超度死者而画的神佛。所以西藏绘画的主题乃至构图、形象、比例、色彩都是不容随意发挥的，造像经还就画师的品行修养规定了严格的戒律，一幅画从起稿到完成自始至终要遵守一定的宗教仪轨和程序，这样的艺事等于作者厚积功德，酬资是施主奉赠的施舍。起稿时，施主赐贵重施舍，奏乐，表示佛的心已印在画上。德高望重技艺超群的画师深受僧俗民众的崇敬，他们的作品在佛教法门被当作无价之宝予以供奉。”扎西次仁如是说。

参考文献

[1] 刘伟：《西藏脚步声》，西藏人民出版社，1994 年，第 51 页。

[2] 《西藏百科全书》编辑委员会:《西藏百科全书》,西藏人民出版社，2005 年，第 538 页。

[3] 太虚：《佛学常识》，中华书局，2010 年，第 11 页。

[4] 王尧：《王尧藏学文集（卷五）》，中国藏学出版社，2012 年，第 229 页。

[5] 谢启晃等：《藏族传统文化辞典》，甘肃人民出版社，1991 年，第 363 页。

[6] 扎雅·诺丹西绕著，谢继胜译:《西藏宗教艺术》,西藏人民出版社，1997 年，第 3 页。

[7] 谢启晃等：《藏族传统文化辞典》，甘肃人民出版社，1991 年，第 363 页。

[8] 扎雅·诺丹西绕著，谢继胜译:《西藏宗教艺术》，西藏人民出版社，1997 年，第 3 页。
[9] 廖东凡：《雪域众神》，中国藏学出版社，2008 年，第 34 页。
[10] 才让:《藏传佛教信仰与民俗》，民族出版社，1999 年，第 48 页。
[11] 〔德〕恩斯特·卡西尔（Cassirer，E.）著，甘阳译：《人论》，上海译文出版社，2013 年，第 33-34 页。
[12] 扎雅·罗丹西饶著，丁涛、拉巴次旦译：《藏族文化中的佛教象征符号》，中国藏学出版社，2008 年，第 3 页。
[13] 扎雅·罗丹西饶著，丁涛、拉巴次旦译：《藏族文化中的佛教象征符号》，中国藏学出版社，2008 年，第 5 页。
[14] 西藏自治区文学艺术界联合会：《西藏艺术·绘画卷》，上海人民美术出版社，1991 年，前言。
[15] 勉拉顿珠、杜玛格西·丹增彭措著，罗秉芬译：《西藏佛教彩绘彩塑艺术论》，中国藏学出版社，2005 年，第 60 页。
[16] 丹巴饶旦:《西藏绘画》，中国藏学出版社，2006 年，第 107 页。
[17] 丹巴饶旦:《西藏绘画》，中国藏学出版社，2006 年，第 114 页。
[18] 〔德〕恩斯特·卡西尔（Cassirer，E.）著，甘阳译：《人论》，上海译文出版社，2013 年，第 63 页。
[19] 扎雅·罗丹西饶著，丁涛、拉巴次旦译：《藏族文化中的佛教象征符号》，中国藏学出版社，2008 年，第 2 页。
[20] 王尧、王启龙：《国外藏学研究译文集：第一辑》，西藏人民出版社，1985 年，第 328 页。
[21] 勉拉顿珠、杜玛格西·旦增彭措著，罗秉芬译：《西藏佛教彩绘彩塑艺术》，中国藏学出版社，2005 年，第 17-18 页。

第四讲

布达拉宫记

建筑之美给人的感动，是无法言传的。那是发自内心的赞叹！人类之所以伟大，不就是因为美妙无比的艺术创造吗？但凡初到拉萨之人，当汽车沿拉萨河谷进入市区，远处，高耸山巅之上的布达拉宫映入眼帘，不得不为其构造巧妙而惊叹，为其磅礴气势所震撼。

清晨布达拉宫　刘伟摄（2009 年）

在西藏，布达拉宫有“天上的宫殿”之称。

在中国，布达拉宫有中国最宏伟城堡建筑之美誉。

在全球，布达拉宫是世界文化遗产，是全人类的文化瑰宝。

我在西藏工作生活近30年，去过无数次布达拉宫，但直到现在，我也不知道布达拉宫有多少房间，说不清具体的建筑布局，道不明这座举世罕见的城堡宫殿式建筑是如何修建而成的。

对这座宏伟建筑有比较详细了解是一次机缘。1989年10月至1994年3月，国务院拨巨款对布达拉宫进行了历史上最大规模的一次全面维修。维修历时5年，我时任人民日报社驻西藏记者，有幸参与报道全过程。

布达拉宫，是雪域高原各民族工匠的伟大杰作，也是中华民族乃至全人类的文化瑰宝。布达拉宫初建于吐蕃赞普松赞干布时期，大规模扩建于清康熙五世达赖时期，至今已有1300多年的历史。1961年名列首批全国重点文物保护单位，1994年入选《世界文化遗产名录》。

天上宫殿的魅力

公元7世纪，藏民族最伟大的赞普松赞干布征服雪域高原若干部落，建立了西藏历史上第一个统一的政权——吐蕃以后，设想将都城从冈底斯山麓的雅砻河谷迁移到拉萨。这里有河谷湿地和广袤的田野，吉曲（幸福河）在两条山脉之间流淌，河面宽阔，绵延数百里，地理位置优越，适合建都。

拉萨河谷有三座大小不一的山峰，蜿蜒如盘龙，中间最高者曰“加波日”，藏语意“山角”，因供奉有药王菩萨，又称药王山；

北边是“玛波日”，藏语意“红山”，即布达拉山；往西是“巴玛日”，藏语意“磨盘”，又称磨盘山，山上建有一座关帝庙。庙中石碑上文字记载，清乾隆时，福康安大将军率清军入藏，驱逐了入侵西藏的廓尔喀人，清军打仗有供奉武神关公的习惯，进藏清军驻扎拉萨时，修建了这座关帝庙。

传说某日松赞干布走进药王山下的查拉路浦山洞，听见细微的诵佛声，凝神观望，只见一面青色的石壁上，渐渐呈现出释迦牟尼、观音菩萨、马头金刚像和六字真言。松赞干布大为惊讶，原来石壁上的佛像，竟和文成公主从长安带来的佛像一模一样，石佛的嘴还轻轻地一张一阖。松赞干布坐下来，当即感觉如净天甘露灌顶，千百种智慧光明闪现。据说，石佛从见到松赞干布那天起，就天天在长，石壁上最终凸现出来的不再是释迦牟尼佛，而是未来佛。佛经上说：“松赞王同妃眷等渐次来到布达拉山，他们在那里修建了王宫，此宫好比是把那帝释天宫搬到人间一样的雄壮悦目，又如日宫天女的月台那般华丽高贵。”[1]

拉萨，藏语意“圣地”，海拔3670米，全年日照时间3700多小时，又称之“日光城”。布达拉宫，矗立在市中心的红山之巅。俗话说，高楼万丈平地起，但布达拉宫却是因地制宜，拔山而起，基础起于山腰，庞大的建筑群，随着山势层层垒砌，鳞次栉比的建筑群覆盖整个山峰。从下往上，花岗岩石的墙体厚度由12米依次收至1米，13层主楼高达115.7米，数百米白色墙面宽阔厚重，红色的宫殿庄严肃穆，金顶在阳光下闪烁光芒，城堡、宫殿与山体凝为一体，借助山势，巍峨挺拔。蓝天白云之下，白墙红宫金顶的布达拉宫，像是天上的宫殿降落人间。

布达拉宫的布局、佛像、供物等，与其他寺庙并无差别，为什么称之为“宫”，而不是“寺”呢？布达拉宫始建于吐蕃时期，那时西藏还不是政教合一的社会，布达拉宫只是作为王的宫殿而存在，并无香火。但自从五世达赖受顺治皇帝册封，成为西藏政教首脑之后，布达拉宫不仅是政权机关所在地，也是西藏佛教的大活佛所在地，自然而然就成为顶礼膜拜、供奉香火的圣地了。[2]

1640年固始汗率蒙古兵由青海入藏，驰援五世达赖喇嘛和他的老师班禅喇嘛的格鲁派，此后，经顺治皇帝册封，五世达赖喇嘛获得西藏最高的宗教权力，而固始汗则把持了西藏地方政权。青藏高原局势稳定以后，一些欧洲人也开始进入西藏。最早进入拉萨的可

布达拉宫速描图 〔奥地利〕白乃心绘

能是奥地利天主教传教士约翰·格鲁贝（汉名白乃心）和比利时传教士阿尔伯特·道维尔（汉名吴尔铎），他们结伴在1661年到达拉萨，白乃心绘制了布达拉宫草图，这是布达拉宫白宫扩建后留下的唯一的珍贵图样，收录于基歇尔编写的《中国图说》。白乃心在笔记中留下他的印象："他（五世达赖喇嘛）不仅被当地居民作为神一样崇拜，而且鞑靼地区的其他那些服从他的诸旗王公们也很乐意前往朝拜，向他表示他们的崇拜心情。……他置身于其宫中的一个昏暗和秘密的地方。该宫殿完全被黄金、白银和宝石覆盖，由大量的灯照耀，他高高地置身于一个很显眼的地方，坐在一个细绒垫子上，脚踏铺着珍贵地毯的地面。"[3]

清顺治二年（1645），五世达赖喇嘛决定在公元7世纪布达拉宫旧址上扩建布达拉宫，保留了法王洞，新修了白宫和周边四个城堡。清康熙十二年（1682），五世达赖喇嘛圆寂，摄政第巴主持修建了五世达赖喇嘛灵塔殿并又一次扩建了红宫，即为现在布达拉宫的规模。

布达拉宫建筑群由三部分组成，占地面积37公顷，建筑面积达13.8万平方米。

第一部分是覆盖整座红山的布达拉宫，坐北朝南，东西长达370米。第二部分是山脚下附属的宫院，背靠红山，三面围以城墙，花岗石城墙高6米，东南、西南两侧各有高大的碉堡式角楼，南面正中是三层石砌门楼，为布达拉宫主宫门。如果布达拉宫的南北宽从南宫门算起，正好也是370米。宫院内分布有西藏地方噶厦政府的办事机构，如藏军司令部、制币厂、印经院、仓库、缝纫酿酒金银铁匠作坊、骡马厩、噶厦工作人员及杂役的住宅等。第三部分是布达拉宫山后的园林，密集的树林围绕一片湖泊，湖心小岛建有"宗角禄康"，藏语意为"龙王殿"。

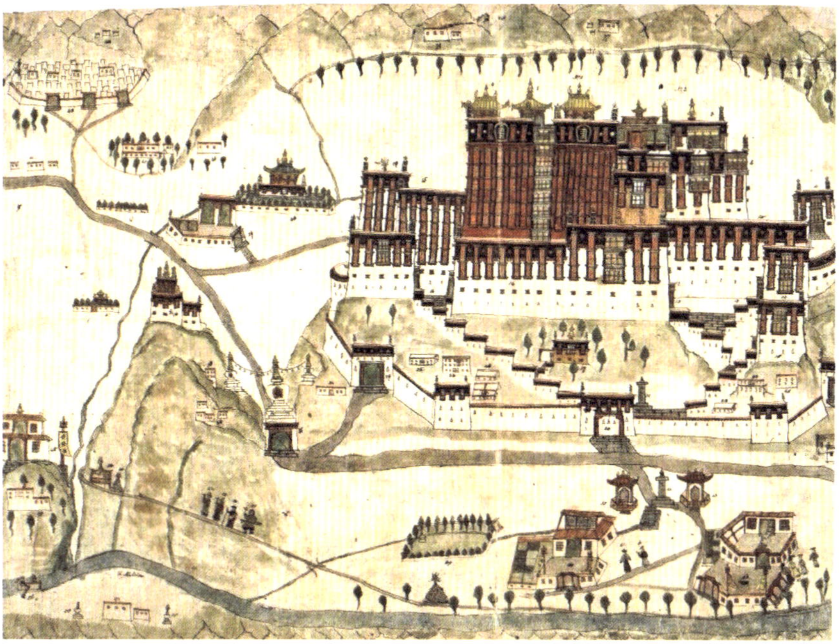

布达拉宫彩绘　伦敦大英图书馆藏

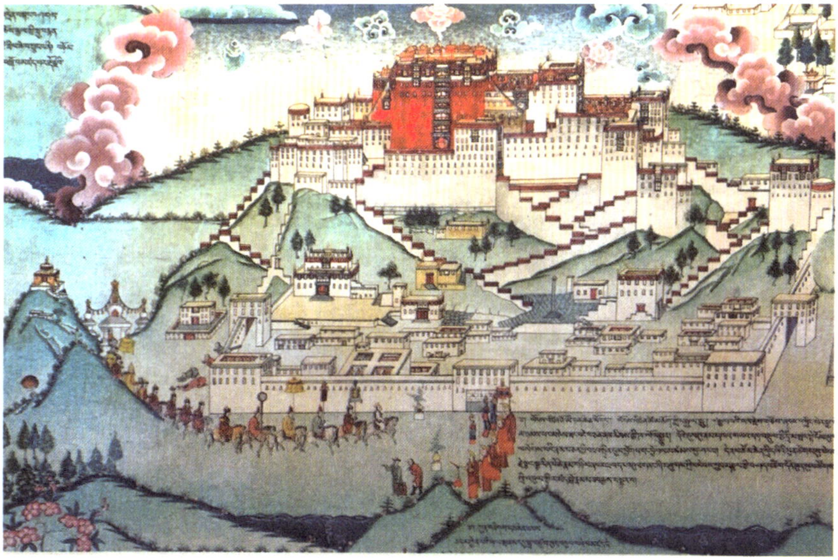

九世达赖喇嘛前往布达拉宫　罗布林卡壁画

以前，达赖喇嘛、驻藏大臣、各教派大活佛、地方政府的噶伦进宫走前面宽大石阶，一般的官员则走后山，经过半圆形拱堡时，留下马匹，再徒步上山，从后门进宫。

我记忆中的20世纪80年代，布达拉宫没有围墙，正面宫墙内是庞杂的居民区，后面是树林茂密的龙王潭。我和几个伙伴，无所事事时，就顺着后山长满杂草的石径，到半圆形拱堡中玩耍，许多平房空无一人，被日光晒得干燥的木质门窗上面残存斑斑驳驳的彩绘。有一次，我和几个小伙伴在山下闲转，发现了一个洞，看样子直通山上。这个洞明显是人工挖掘的，呈方形，地面铺有青石板，可以爬进一个人。我们带了一盒火柴和几截蜡烛，向里爬行，非常黑，恐惧油然而生，不敢再往里进，于是退了出来。多年以后，布达拉宫山下修了一整圈围墙，墙外成了佛教徒的转经路。后来我找过几次，再也没找到那个神秘的石洞。记得1984年春节，我和一些进藏大学生马原、裴庄欣、李新建、蔡显敏等，夜晚在拉萨大街溜达，后来竟顺着宽大的石阶，走上布达拉宫，我们就躺在上山路上的石板地上，看着天上的星星。也就是几年之后，没有门票和证明，再也不能随意上布达拉宫了。

当时，站在空寂无人的布达拉宫后山宫门面前，我思绪纷飞。人类在文明的长河里艰难地跋涉，技术发明、文艺作品层出不穷。然而，人类也成为自己创造品的异化对象。人创造了机器、电脑，却受机器、电脑制约，有的甚至成为其奴隶；人创造了宗教，修建了安神的寺庙，反过来，却又拜倒在用自己双手造成的金属及泥石的造像面前，成为自己创造物最虔诚的信徒。神是人自己创造的，汉人心中的天神玉皇大帝满口之乎者也，法国天主教信徒心中的上帝讲的是法语，而穆斯林的安拉讲的则是阿拉伯话。古希腊一位哲人说得好：如果牛有宗教，那么，它们的神也会是牛。正是由于对宗教巨大的狂热，作为信徒的民间艺术家才在自己的创造物中投入满腔热情，把对幻想世界的痴迷、对神佛的无上敬仰融进壁画、塑像和建筑中，因此产生了几乎完美的宗教艺术品。

布达拉宫在建筑艺术上达到了登峰造极的地步。所有建筑的外墙几乎都是厚重的石墙，宫内建造为木结构和柱式，在体现了藏族碉楼风格的同时，也有所反映汉地古建筑的特色，如广泛采用了斗拱、椽子、立柱、梁架样式，金顶采用歇山顶和六角攒尖式。整个建筑群充分利用了山势广阔的空间，虽有分层、错层，却筑为一体，既有随意性，也讲究对称。东、西两个圆形碉堡，象征太阳和月亮；整体建筑红、白两色，象征西藏社会宗教与世俗，既有分，又有连，紧密融合，功能清晰，相互辉映。

布达拉宫金顶（局部） 刘伟摄（1994 年）

我在《苍茫西藏》的长篇散记里写过我的感受。有一次，我在布达拉宫五世达赖喇嘛灵塔祀殿，惊讶地看到一支供奉的米黄色象牙，象牙之巨大为我平生所仅见。但是，更让我惊讶的还是守灵塔喇嘛神秘地说：“那可是真正的佛牙啊。”据传，释迦牟尼在过去佛时，曾投生为六牙白象王，象王娶有两个王妃，尤其宠爱小王妃，大王妃甚妒，愤愤而逝，投生到另一国家做了王妃。一日，小王妃声称心痛，病卧在床。国王问她，怎样才能治好她的病？小王妃说，只有到森林中猎取六牙白象王，取来象牙，心痛病方能根除。国王遂派一猎人前去猎象取牙。待猎人到达六牙白象王的森林深处时，白象王已知其意，于是自拔长牙，布施给了猎人。当国王得到象牙后，浑身一激灵，方感悟此为佛牙也。国王追悔莫及，自弃王位和宫室，携带象牙寻找佛陀未果，就循迹深山修行。再后来，白象牙被印度超岩寺高僧获得并收藏供奉，佛教东渐后，白象牙辗转由阿底峡大师带到西藏。

布达拉宫内部楼梯和壁画　卡布摄

布达拉宫每个宫室都有传说，不能一一道来。

布达拉宫最核心的殿堂是“帕巴拉康”。殿的正门上

布达拉宫帕巴拉康门前　转载《布达拉宫》

方高悬同治皇帝亲笔题写的“福田妙果”匾额。殿内供奉着布达拉宫的镇宫之宝“鲁格夏热”观音站立像。值殿的喇嘛告诉我，这是“让均”（意为自然形成），是檀香木上自然生长出的观音像。我走遍西藏，到处都能发现“让均”，即一种自然生成的有神秘色彩的图像。如，夏鲁寺的镇寺之宝是一块自然生长的有白色六字藏经的黑卵石，拉萨查拉鲁普石窟寺里有自然成长的石佛。布达拉宫最神圣的“帕巴鲁格夏热”，我很近地看过，和其他地方的观音像都不同，脸型瘦削，神态安详。旁边作为神龛的木柜中，还供着几块有脚印的石块，据说是宗喀巴、邬坚大师和十二世达赖小时候踩在卵石上留下的印迹，也是“让均”。

参与布达拉宫修建工程的西藏古建专家木雅·曲吉建才曾对我解释道，藏民族喜爱白色和红色，这两个颜色在高原民居和寺庙建筑中广泛运用。白色象征藏民族日常生活必不可少的糌粑、奶酪、羊毛、氆氇等，民居建筑亦多用白色；红色代表宗教信仰，喇嘛的服饰、寺庙护法神殿、灵塔殿外墙多是涂上红色。白色衬托红色，对比鲜明。木雅·曲吉建才又说，黄色是藏传佛教格鲁派的主要色彩，因其僧众头戴黄冠、身披黄袍而俗你“黄教”，黄色殿堂因而地位崇高。

布达拉宫建筑的色彩，巧妙地表达了西藏世俗与宗教水乳交融的现象和旧西藏政教合一的社会特征。

建筑是历史的象征，是一个民族审美观念的最好体现。布达拉宫以其独特的建筑样式，体现了藏民族的审美观，形象地表现了博大恢宏、整体统一和深沉含蓄之美，反映了藏、汉等多民族文化交流融合的特点，是中华民族共创文明的见证。西藏谚语云：“梁椽齐备，美宅建成。”藏式建筑一般是柱、梁、椽三大构件，布达拉宫的整体由木结构、柱式和基石墙体构成，就是典型的藏式碉楼式建筑风格。

布达拉宫白色建筑部分面积最大，称为“白宫”。过去既是达赖喇嘛的起居室和政务活动中心，也是经师、喇嘛和旧西藏一些官员办公住宿的地方。白宫最大的殿堂是东大殿（藏语称“措钦厦司西平措”），面积达 717 平方米，殿内立柱 44 根，两侧二、三层偏殿各有立柱 28 根和 35 根。达赖喇嘛的起居室东西日光殿各有立柱 16 根。藏民族建筑一般以立柱大小、数量多少显示其地位，《西藏布达拉宫修缮工程报告》表述道：“布达拉宫的木结构和柱式集中表现了藏传佛教建筑凝重沉稳的风格和民族特点。宫内所有的灵塔殿、经堂、佛殿和一部分附属建筑，如扼守红、白宫的两座大门‘圆满汇集道’和‘北行解脱道’以及白宫入口大厅等，其木结构都是雕梁画栋，色彩艳丽，是令人叹为观止的上乘之作。布达拉宫的木结构分为檩椽结构、柱梁椽结构和近似抬梁式的结构。其中又以柱梁椽结构为主。”[4]

东大殿中央靠墙设有达赖喇嘛宝座，上方垂悬的匾额有“振锡绥疆”四个大字，落款为“同治御笔之宝”。1652 年五世达赖进京入觐，次年顺治皇帝颁给金册金印，册封五世达喇嘛为“西天大善自在佛所领天下释教普通瓦赤喇怛喇达赖喇嘛”。自始，历世达赖喇嘛均由皇帝或中央政府册封，乾隆时期又增加了由驻藏大臣主持坐床及亲政的制度。东大殿就是历世达赖喇嘛坐床、亲政、议政、会见等重大活动的地方。1940 年 2 月 22 日，在民国蒙藏委员会委员长吴忠信主持下，十四世达赖亦在此东大殿坐床。

红色建筑称为“红宫”，红宫主要由宗教活动殿堂和灵塔祀殿等组成，是从事宗教活动的场所。主要建筑有八座五世至十三世达赖喇嘛灵塔及祀殿（一至四世达赖喇嘛灵塔分别在扎什伦布寺和哲蚌寺。由于六世达赖喇嘛灵塔是衣冠塔，因而布达拉宫红宫建筑最顶端只有七座达赖喇嘛灵塔的金顶）。五世达赖喇嘛与十三世达赖喇嘛灵塔最为宏大华丽。据《西藏布达拉宫修缮工程报告》记载：“红宫内八座达赖喇嘛的灵塔全部用纯金

布达拉宫白宫大门　转载《布达拉宫》

布达拉宫戏宫西大殿（局部） 转载《布达拉宫》

包裹。五世达赖喇嘛的灵塔高 12.6 米。镶嵌金刚钻石、红绿宝石、翠玉、珍珠、玛瑙等奇珍异宝共计 15000 余颗，塔前还供奉着金灯、金水碗等各种供器、法器。十三世达赖灵塔高 12.97 米，为历世达赖喇嘛灵塔中造价最高的一座，仅灵塔前供奉的‘曼荼罗’就是用金丝将 20 万颗珍珠、玛瑙等串联而成。此外，宫中还保藏着各种材料制成的佛像、经藏典籍，明、清以来中央政府对西藏地方的各种封敕、诰命，皇帝册封达赖喇嘛的金册、金印、玉册以及皇帝御赐的金瓶和赐予历世达赖喇嘛坐床、亲政大典使用的幔帐。宫中还藏有历代的唐卡，明、清的锦缎、瓷器、珐琅器、玉器等，琳琅满目，价值连城。”[5]

红宫西大殿（藏语称“措钦努司西平措”），是五世达赖灵塔殿享堂，占地面积 725 平方米，有 44 根立柱，是布达拉宫面积最大的殿堂，也是最重要的宗教活动场所。据《西藏风物志》记载：“司西平措大殿内有一对巨大的锦缎绣幔，分别绣有宗喀巴和五世达赖像。为了织造这对锦幔，康熙皇帝特令建造了一座织造厂，用金线编织，费工达一年之久，耗银 16000 余两。公元 1696 年康熙皇帝特派札萨喇嘛登巴色吉将幔帐送到拉萨，作为红宫的落成赠品。”[6] 殿堂中间靠墙设有五世达赖喇嘛宝座，上方高悬乾隆皇帝御书“涌莲初地”匾额。殿内经书架上，还有一套雍正皇帝送给七世达赖喇嘛的北京版藏文《丹珠尔》经卷。

红宫还有三所重要的殿堂值得专门介绍。法王洞（藏语称“曲杰竹普”），是布达拉宫现存最早的建筑之一，内有松赞干布、文成公主、尺尊公主和大臣禄东赞、吞弥·桑布扎等数尊彩色雕像，墙上还残留一些吐蕃时期的壁画。

圣观音殿（藏语称“帕巴拉康”），主供 7 世纪的檀香木雕观音菩萨像，藏语称“帕巴鲁格夏热”，高 0.93 米、宽 0.1 米。这是松赞干布的本尊像，也是布达拉宫的主供佛，凡到布达拉宫的国内外信徒，必到此殿朝拜。

殊胜三界殿（藏语音译“萨松朗杰”），是红宫最高的殿堂，供奉有 13 米高、用 312 公斤纯银打造的十一面观音像。此殿北壁南向的佛龛内，还供奉着汉、满、蒙、藏四种文字写成的牌位，上面书“当今皇帝万岁万万岁”。这是清康熙时期，由七世达赖喇嘛供奉于殿内的，牌位后面墙上还挂

布达拉宫殊胜三界殿内的清朝康熙皇帝所赐“长生牌位”（资料）

着一幅八世达赖喇嘛供奉的乾隆皇帝画像唐卡。据《西藏风物志》所述："这是一座十分重要的殿堂，驻藏大臣、达赖喇嘛、噶厦政府的许多重大活动如金瓶掣签都在这里进行。每年藏历新年，达赖喇嘛率领噶厦官员和三大寺大喇嘛到这里跪拜，表明达赖对皇帝的臣属关系。"[7]

黄色的几处建筑是达赖喇嘛修行密宗和寄存宗教节庆活动信物如巨幅佛像唐卡的殿堂。

"从布达拉宫的外观形态看，依傍山势，利用地形，使其在空间上得到更深广的延伸，气魄宏伟，令人仰慕，透视出统治阶级的极度傲慢和至上权威，渲染了尊严和佛门的高深莫测……布达拉宫建筑，综合一切艺术手段，都是为了形容彼岸世界的富丽堂皇，佛境福泽的极乐胜事，用人间的财富诱惑人们向天国祈求幸福。"[8]西藏的历史，将经书内容、传说、神话、幻象融为一体，实际上就是一部人、神、王交织在一起的历史。建筑是历史的象征，布达拉宫由三部分组成，即宗教意义的红宫、世俗意义的白宫以及山下世俗意义的"雪"村。红白二色浑然一体，既体现了旧社会西藏政教合一的社会特征，同时也展示了西藏宗教和世俗文化合而为一的特色。布达拉宫建于山巅，凡人不得不仰望之、崇敬之。达赖喇嘛是观音菩萨的转世，班禅喇嘛是无量光佛的现世化身，然而他们的荣辱，却又由远在北京的大皇帝主宰，因为大皇帝不仅是"普天之下，莫非王土"的至高无上的"王"，同时也是天子，是文殊菩萨的现世化身，在佛教徒眼中是转轮法王。由此不难理解，当年十四世达赖进京呈送给毛主席的礼品，为什么是一座纯金的法轮了。

浩瀚的艺术宝库

布达拉宫堪称西藏最大的艺术博物馆，宫内藏有各种佛像、唐卡、经书、法器、帐幔、陶瓷、金银玉器等，中央政府封敕历世达赖喇嘛的金玉册印和文书，其中，用金汁银汁缮写的《甘珠尔》《丹珠尔》大藏经以及200多函具有5000多年历史的古印度贝叶经尤为珍贵……这些文物数量之丰富，种类之繁多，历史和艺术价值之高，令人叹为观止。

布达拉宫红宫二回廊壁画　转载《布达拉宫晒佛图》

据个人浅见，这座艺术宝库最有魅力、最令人着迷的当属壁画。

布达拉宫内壁画的年代由唐至清末，现存壁画总面积 2500 多平方米，遍布各殿堂、门厅及回廊，可以说，有墙就有画。《西藏布达拉宫修缮工程报告》评价道："这些壁画绘制于布达拉宫修建后的一千余年的历史之中，反映了绘画艺术在此间的发展轨迹；这些壁画又出自西藏各派著名画师之手，体现了西藏独特的绘画艺术风格。壁画作为一种记史的手段，人文、地理、政治、宗教、历史、科学无所不包。以画记史，寓史于画。从这个角度讲，布达拉宫的壁画不仅构成一座辉煌的艺术宝库，同时也呈现出一幅绚丽的历史长卷。"[9]

藏族历史记载的方式有两种，一是文字，二是壁画。布达拉宫壁画题材丰富，约可分为四类：宗教故事、人物传记、历史事件和风俗民情。

进入德阳厦宽阔的庭院，沿三排包铜木梯而上，就是白宫东大门。门厅三面绘有 130 多平方米的壁画，有四大天王、五世达赖诰令和十三世达赖手掌印。北壁绘有 7 世纪松赞干布修建的布达拉宫和王妃宫图、唐朝皇帝五试吐蕃婚使图、吐蕃大臣禄东赞迎请唐文成公主进藏图等。

在布达拉宫繁多的壁画中，宗教题材十分突出。宗教类壁画严格遵循佛教经典《绘画度量经》的规定尺寸，色彩广泛采用矿物质颜料，虽历经数年，依然色泽如新。藏传佛教不同变相的佛、菩萨、金刚、度母、护法神、本尊像以及各流派的上师、大活佛、印度高僧的事迹在壁画上都有生动的展现。

红宫西大殿即五世达赖喇嘛灵塔殿享堂，四壁绘画面积达 370 余平方米。北壁绘有无量光佛像、十一面观音像及五世达赖喇嘛事迹图，西壁绘有释迦牟尼像，东壁展现的是1652年五世达赖喇嘛赴京觐见顺治皇帝的场景。十三世达赖灵塔殿回廊内的壁画有175平方米，以人物传记形式，绘制了十三世达赖喇嘛从坐床到英印军入侵拉萨、赴京觐见慈禧太后和光绪皇帝、尔后又逃亡印度的一系列重要历史事件。

布达拉宫红宫回廊壁画　刘伟摄

然而，时间的风雨是无情的。就人们普遍关注布达拉宫珍贵壁画的保护情况，时任布达拉宫维修办公室主任的甲央对我曾肯定地说："布达拉宫壁画的抢救和保护，已是迫在眉睫，不能毁在我们这一代，应让它永久地保存下去，它不仅是西藏文化的智慧结晶，而且是形象的西藏历史画卷。"[10]

《西藏布达拉宫修缮工程报告》透露："在此次维修法王洞的工程中，我们有幸在被烟熏黑的墙壁上发现了早期珍贵的壁画。法王洞内的壁画未见文献记载，仅有历次重建、扩建以及维修的记录。由此可以断定，法王洞现存的壁画绘制于红宫修建以前。目前已清洗了东壁和南壁东侧的部分墙面，揭示出来的壁画有 10 余平方米。……法王洞壁画的发现，可谓这次维修中的重大收获。”[11]

300 多年前，五世达赖喇嘛和第巴桑结嘉措扩建布达拉宫，壁画师采用的涂料和颜料很讲究：黄色用金，银色用银，白色用珍珠

布达拉宫红宫西墙的长卷壁画　刘伟摄

和白海螺，绿色用绿松石，红色用珊瑚或朱砂。为了保持布达拉宫壁画、廊柱、斗拱等传统的色彩，让墙上的历史永存，中国人民银行特批给15千克黄金和40千克白银。维修工程还专门采购了珊瑚、玛瑙、珍珠、绿松石等。

在布达拉宫维修期间，我在坛城殿、白宫东大殿、红宫西大殿等处，起初看到许多壁画都有裂缝，有的出现大块污迹，有的画面还有剥落。后来，经过“整旧如旧”，这些壁画都基本恢复了原貌。值得一提的是，壁画保护难度最大的是揭取受损严重的壁画，其中有110多平方米，经藏汉专家采用独特的铲揭式和折墙式，再复位原处。

宏伟建筑的新生

我记得，当年布达拉宫维修期间，每次来到布达拉宫，我就先到维修办副主任王明星的办公室。王明星是陕西人，曾是西藏秦剧团二胡手，后担任自治区文化厅办公室副主任，最后在西藏自治区党委宣传部副部长岗位退休。有一次，王明星问我，你对维修进度感觉如何？布达拉宫的报道要客观，要有准确数据，数字拿不准就来问我。他说，布达拉宫维修要讲究科学，你们新闻报道也要讲究科学，就是准确。他的提醒我记忆犹新。

布达拉宫之所以称之为“宫”，是因为公元7世纪初吐蕃赞普松赞干布在红山上首次修建王宫。“贞观十五年，太宗以文成公主妻之……及与公主归国，谓所亲曰：‘我父祖未有通婚上国者，今我得尚大唐公主，为幸实多。当为公主筑一城，以夸示后代。’遂筑城邑，立栋宇以居住焉。”[12]

相传，初建的布达拉宫主楼高 9 层，华丽的宫室有 1000 间，在红山周围修筑起三道围墙，四座宫门。整座宫城规模宏大，气势磅礴。红山与药王山山体原本是相连的，松赞干布建吐蕃都城于拉萨，将红山与药王山低洼的连接部截断，修建了城门。五世达赖喇嘛时期，用三座白塔替代城门，中间最大的白塔底部开有门洞出入。

吐蕃时期的布达拉宫，没有完全保留下来，主要建筑陆续毁于战乱、雷电和火灾，现在仅遗存法王洞和帕巴拉康部分建筑。

前面我提到，在蒙古和硕特部首领固始汗的扶持下，五世达赖喇嘛建立了以格鲁派为主的甘丹颇章地方政权。1645 年，五世达赖决定扩建布达拉宫，历时 8 年全部完成。1682 年五世达赖圆寂以后，摄政第巴桑结嘉措为纪念五世达赖喇嘛，又主持修建了灵塔和红宫。据《拉萨文物志》的“布达拉宫”一项记载，修建红宫时，运用了各类工匠 7000 余人，耗银 213.4 万两。康熙皇帝专门派遣 114 名中原汉族和满族工匠进藏参加建筑工程，尼泊尔也派出一些工匠到拉萨，协同藏地工匠扩建布达拉宫。1693 年完工后举行了隆重的落成庆典，并在布达拉宫前立无字碑纪念。[13] 十三世达赖喇嘛圆寂以后，红宫再一次扩建，建造了十三世达赖灵塔及灵塔殿。

布达拉宫也有屈辱的纪录。1888 年，英印军队击溃藏军，次年在边城亚东签署所谓的《中英藏印条约》，承认原来西藏的藩属锡金为英国保护国，并享有在亚东的治外法权。1904 年，英印军队再次侵入西藏，用机枪大炮击败装备火枪和大刀的藏军，攻占西藏腹地江孜城堡，8 月长驱直入拉萨，十三世达赖喇嘛逃离西藏。被迫签约时，西藏地方原本提议地点在驻藏大臣衙门或噶厦，但侵藏英印军总指挥荣赫鹏断然拒绝，指定在布达拉宫签约。“9 月 7 日清晨，士兵们从英军营地一直排到布达拉宫。配有十磅大炮的炮兵分队占领了一个阵地。大炮是空的，但在炮前车里堆放着装有炸药的实弹。在阵地位置上发放礼炮或轰击大厦是同样方便的。人们对军界忧心忡忡。担心蛮横逞凶的喇嘛们可能会在最后关头采取孤注一掷的突然行动。中午时分，荣赫鹏和麦克唐纳（侵藏英印军司令）并肩策马朝主要入口走去。参谋们及骑马步兵尾随其后，护卫着他们。他们离蹬下马，准备跨入当时肯定是，现在依然可能是世界上最非凡的建筑物。”[14]

1989 年 10 月 11 日清晨，笔者在布达拉宫金顶大平台，有幸参加了这座古老而庞大建筑群的维修工程启动仪式。这是新中国最大规模的古建筑维修工程。伴随着低沉的法号声，来自色拉寺的年青喇嘛坚赞群觉挥动铁镐破土。按照传统，经高僧占卜，第一镐的喇嘛，时年 24 岁，父母健在，生肖吉祥，品行端正。

此前的 1984 年 6 月，布达拉宫强巴佛殿因电线老化失火，殿堂部分被焚，该事故警醒了自治区和有关部门。国家文物局随即派出以罗哲文为组长的专家考察组进藏，对布达拉宫隐患进行全面调查，结果表明：布达拉宫因年久失修，确实存在不少险情，而且宫内没有完善的消防设备，更无报警、避雷等装置，供电不能保证。1987 年 9 月，西藏自治区向国务院呈报了维修布达拉宫的请示，中央七部委联合考察组再次到拉萨考察并提出意见，1988 年 10 月，国务院正式决定对布达拉宫进行全面维修，次年 5 月，国家文物局组织全国 8 省市 30 多名古建专家进藏进行测量等前期工作。

国家对布达拉宫维修的重视从领导小组成员组成上可见一斑。维修领导小组名誉组长：时任中央政治局委员、国务委员李铁映；维修领导小组组长：时任西藏自治区主席多吉才让；第一副组长：

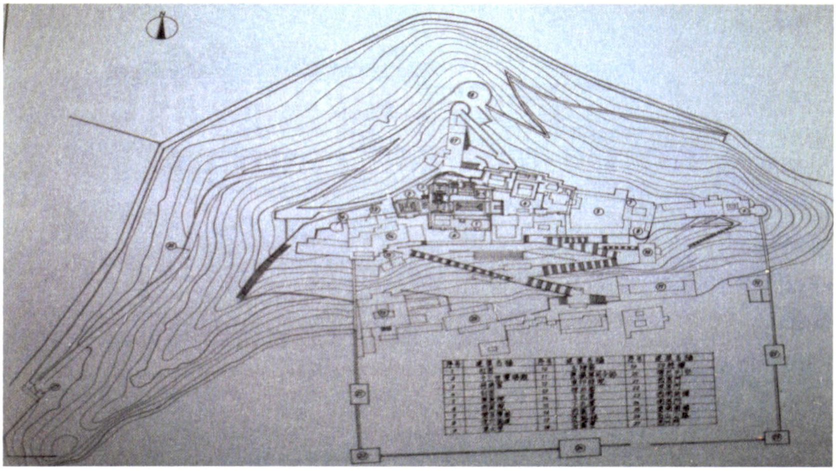

布达拉宫平面图　转载《西藏布达拉宫修缮工程报告》

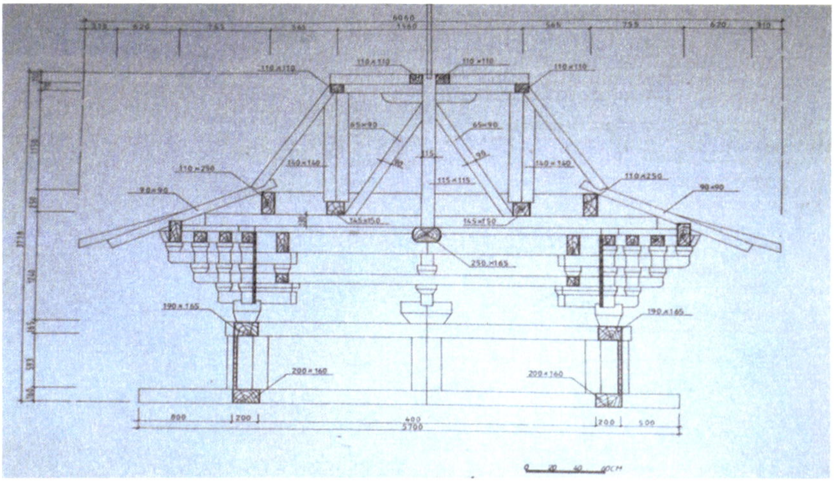

布达拉宫金顶结构图　转载《西藏布达拉宫修缮工程报告》

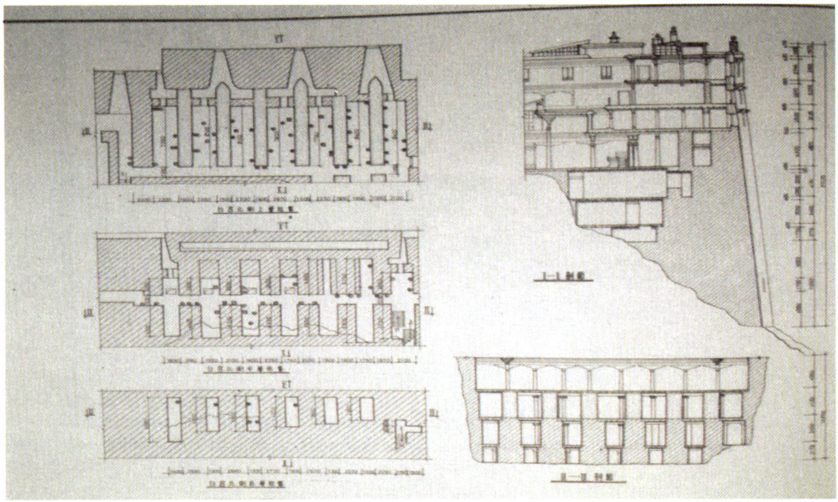

布达拉宫地垄结构图　转载《西藏布达拉宫修缮工程报告》

时任国家文物局局长张德勤。领导成员还有中央统战部、国家民委、国家财政部等七个部委的负责同志；时任自治区文化厅副厅长甲央为领导小组办公室主任，时任国家文物局高级工程师姜怀英为副主任。在拉萨召开的李铁映主持并有阿沛·阿旺晋美副委员长参加的现场办公会议上，维修领导小组提出了“精心设计、精细施工、加强领导、万无一失”和“尊重科学、尊重民族风格、尊重宗教需要”的维修指导思想和原则，确定由拉萨市城关区古建艺术公司承担维修此次任务。这个公司曾完成过对罗布林卡、大昭寺、桑耶寺、萨迦寺等西藏著名古建筑的维修任务，在古建筑维修方面颇负盛名。

我曾随中央领导同志和国家文物局专家钻进暗淡无光的地垄，真切感受到这座伟大建筑设计之巧妙，山体开出若干地垄以承重庞大的布达拉宫建筑。我在手电筒光照射中看到，地垄有的承重墙发生错位，有的石墙出现裂缝。在开工之前，施工人员组织清理了在地垄及各外角落堆积了数百年的垃圾。这些垃圾共运出 469 卡车，每一车垃圾，工作人员都要认真耙梳分拣，不让一件文物丢失。

在大经堂整理经书，积攒百年的灰尘腾起，弥漫殿堂，工作人员无一不是“灰头土脸”。在东大殿、西大殿，施工人员当着我的面，用手在木柱下端一抠，就能掏出一把发黑并有虫蛀的木渣。姜怀英曾对我说：“布达拉宫在金玉其表的外衣笼罩下，内部早已病入膏肓，必须尽快实施维修，方能挽救其生命。布达拉宫要长久保存，不能毁坏，布达拉宫壁画更不能受到破坏。”

1990 年 7 月，时任国家主席江泽民同志，利用到西藏视察工作之际，专门登上布达拉宫，视察维修工程，他兴致勃勃地挥笔题写了“维护民族团结，弘扬民族文化”12 个大字。

时任西藏自治区党委书记的胡锦涛及其他领导同志，在维修期间，多次登上布达拉宫检查工作并与拉萨党政领导和群众到此参加义务劳动。有一次我跟随胡锦涛书记上山，他站在金顶大平台上说：

布达拉宫上山道维修　转载《西藏布达拉宫修缮工程报告》

维修后的布达拉宫上山道　刘伟摄（1994 年）

“布达拉宫是西藏，也是中华民族的宝贵文化遗产，保护好它，是我们应尽的责任。”

布达拉宫是石木土结构，城堡式建筑体量巨大，举世罕见。主要结构是墙体承重结构和墙柱混合承重结构。一般以“柱间”或檩长作为计算建筑面积的基本单位。金顶为歇山顶和六角攒尖顶，屋顶以平顶为主，也有少量的汉式屋顶，“楼脚屋”在布达拉宫普遍采用。为使房屋基础坚固或增加建筑底盘面积，先在地上纵横起墙，上架梁木构成下房，俗称“地垄”。建筑地垄的材料一般是石、土、木。布达拉宫外面看是一个整体，内部则是回字形，形成高深的天井样式。宫堡、角楼突出，具备防御功能。

维修过程中，既采用现代科学技术，也沿用传统藏式建筑技艺。金顶下的红墙材料是红柳枝，俗称“白玛草”，装饰的墙领有 6 米多高，刷上黑红色颜料，阳光下，毛茸茸的墙面，质感美妙无比。东、西大殿一些歪斜、腐朽的立柱，技术人员和工匠们巧妙地采用了“打牮拨正”“偷梁换柱”等技艺，使原来的殿堂毫无损伤。德阳厦 1500 多平方米的地面，“阿嘎土”很多已风化，几百个工人边歌边劳作，用传统方法，更新并夯实“阿嘎土”地面。

布达拉宫浩大的维修工程历时 5 年，总共修缮 111 个项目，国家累计拨款 5500 万元。对单一古建筑群拨以巨款，进行如此精心维护，称得上是我国拨款最多、维修数量最多的文物保护项目。“整旧如旧”的布达拉宫维修工程顺利竣工后，建筑更加结实，肌体更加健康，古老的建筑再次焕发艺术青春。据甲央介绍，维修工程自始至终没有出现任何施工事故，文物也得到很好保护，施工中由布达拉宫管理人员对 37 间殿堂内的 33600 余件可移动文物，逐一登记造册，维修结束后再置放回原处，无一损坏，无一丢失。

布达拉宫的过去，是西藏地方政权及其神权的象征；布达拉宫的现在，是展现西藏政治、历史、文化、宗教和艺术的博物馆。维修开工典礼那天，站在布达拉宫顶上，罗哲文曾对我介绍说："维修工程项目几乎涉及布达拉宫的所有角落，不管从工程规模、技术难度和经费数量来说，布达拉宫这次的维修都算得上是自新中国成立以来首屈一指的古建筑维修工程。"

1994 年 8 月 10 日，维修工程圆满结束，国务院派代表团来参加庆典。布达拉宫举行了隆重的展佛仪式。这是我在拉萨工作生活期间唯一一次看到布达拉宫展佛，也是西藏和平解放以来布达拉宫首次展佛。展佛在西藏的节庆日很普遍，如藏历正月展佛、哲蚌寺雪顿节展佛、扎什伦布寺五月佛降日展佛。之前的布达拉宫五世达赖喇嘛灵塔及红宫落成和十三世、十四世达赖在布达拉宫坐床亦举

布达拉宫展佛　刘伟摄（1994 年）

行展佛。我在现场看到，白宫正面的金顶平台上，安置了 21 个带滑轮的钢梁。160 多个青壮年僧人，由山下的“提乌康”抬出长条卷筒状丝织布面佛像，上至宫殿金顶平台，在阵阵吆喝声中，逐渐放下佛像布幔，紧接着，慢慢地提起黄色纱布，大佛在僧俗百姓的惊叹声中渐渐展现。展出的大佛分大小两种。大的宽 32 米、长 34 米，小的宽 32 米、长 23 米。大佛像画面上是过去、未来、现在三世佛，正中最大的就是未来佛；小佛像是白色的释迦牟尼佛。

1994 年 12 月 17 日，布达拉宫被联合国教科文组织正式列入“世界文化遗产名录”。布达拉宫，这个世界屋脊的奇迹，从此受到全人类的保护。

参考文献

[1] 五世达赖喇嘛著，刘立千译注：《西藏王臣记》，民族出版社，2002 年，第 20 页。

[2] 多吉占堆、薛文献著《拉萨布达拉宫》，广东旅游出版社，2001 年，第 11 页。

[3] 〔瑞士〕米歇尔·泰勒著：《发现西藏》，中国藏学出版社，1999 年，第 39 页。

[4] 姜怀英等：《西藏布达拉宫修缮工程报告》，文物出版社，1994 年，第 30 页。

[5] 姜怀英等：《西藏布达拉宫修缮工程报告》，文物出版社，1994 年，第 11-12 页。

[6] 《西藏风物志》编委会：《西藏风物志》，西藏人民出版社，2005 年，第 33 页。

[7] 《西藏风物志》编委会:《西藏风物志》,西藏人民出版社,2005年,第34-35页。
[8] 于乃昌:《西藏审美文化》,西藏人民出版社,1999年,第181页。
[9] 姜怀英等:《西藏布达拉宫修缮工程报告》,文物出版社,1994年,第51页。
[10] 《人民日报》1993年12月24日。
[11] 姜怀英等:《西藏布达拉宫修缮工程报告》,文物出版社,1994年,第56页。
[12] 《旧唐书》卷196上《吐蕃传》。
[13] 西藏自治区文物管理委员会编:《拉萨文物志》,1985年,第15页。
[14] 〔英〕彼得·弗苯明著,向红笳译:《刺刀指向拉萨》,西藏人民出版社,1997年,第221页。

第五讲

简述西藏地方史

西藏高原，群山茫茫。生活在这里的藏民族无论是血缘、文化、经济，还是宗教和历史，在很长的历史发展过程中，用事实证明：中华兴，则西藏兴，中华衰，则西藏衰。20 世纪 90 年代，一个农奴出生的藏族干部就曾总结说：无论藏族、汉族，都是中华民族。

说起西藏的历史，既简单又复杂。

西藏自古就是中国这个统一多民族国家的一员，是中华民族多元一体的组成部分。

说简单，中国的历史是汉族和其他兄弟民族共同创造，所以，历史上汉族建立的政权，固然是属于中国的；其他民族建立的政权，同样也是属于中国的。

说复杂，是因为达赖集团在境外几十年如一日地宣传“1951 年以前西藏是一个独立的国家”，这个观点在国际上得到许多西方国家，尤其是各种反华势力明里和暗里的支持，影响甚广，使西藏问题日渐国际化。但是，历史的真实毕竟不可改变。

唐代：唐蕃甥舅和盟，社稷如一，藏汉民族开始了正式交往史

藏汉两个民族正式交往史是从唐朝开始的。《旧唐书》和《新唐书》里面有大量的史料记载。当时西藏称为蕃，汉文史料把它记成“吐蕃”。

唐蕃会盟碑　转载新华网

20世纪60年代末，我居住八廊街时，还经常从文成公主亲手栽植的柳树和唐蕃会盟碑前走过。当时，唐柳还有绿枝绿芽，石碑没有护墙，就立在寺门前，人手够得着的地方，已摸得黑亮。现在，已枯的柳树还立于寺门前，唐蕃会盟碑作为国家重点一级文物，已围有石墙，受到保护。

在这之前，也就是在公元7世纪之前，西藏高原有很多部落。松赞干布是藏民族最值得骄傲的一位先祖，在他统治时期，他统一了青藏高原若干大小部落，建立了一个部落联盟的吐蕃政权。当时中原的唐王朝是世界上最发达的国家，对周边国家的影响非常大，周边的国家把唐朝天子称为“天可汗”，即真正的天子，统领天下。

唐朝中央政府对王朝周边采取了“以德服人，怀柔羁縻，华夷平等”的国策，与西部新兴而强盛的吐蕃形成多方位的民族交往交流交融关系。“夷狄亦人耳，其情与中夏不殊。人主患德泽不加，不必猜忌异类。盖德泽洽，则四夷可使如一家；猜忌多，则骨肉不免为仇敌。”唐太宗明确表示，“自古皆贵中华，贱夷狄，朕独爱之如一，故其种落皆依朕如父母。”[1]

吐蕃政权建立后，需要稳定和发展，与当时最发达、最先进的唐王朝结盟，可以建立起稳定的政治关系。汉藏民族要和谐相处，重要的交流方式之一就是联姻，汉藏两个民族非常紧密的血缘联系由此而发端。

在中国相当长的历史长河中，中原地区与周边民族地区往往以婚姻为纽带，加强联系，巩固政治的稳定。早在汉代，就有公主和婚匈奴的故事。641年，唐太宗宗室女文成公主进藏，嫁给了松赞干布。她带去了中原地区的先进文化，包括天文历法、五行经典、农业技术、医术、建造术、冶金术、造纸术、雕刻术、制陶术、酿酒术等，还有农业技师、画师、建筑师等一大批匠人，极大地促进

唐朝和吐蕃政权的两次通婚，频繁的使臣往来，加强了汉藏经济和文化交流，为共同缔造统一的祖国大家庭奠定了基础。这是拉萨布达拉宫里供奉的吐蕃赞普松赞干布（左）和唐太宗宗室女文成公主（右）塑像（资料）

了西藏经济和文化的发展。到现在，在西藏还能看到、找到唐朝的文化、经济影响的一些遗存，比如木板雕刻藏文佛经、西藏农村的造纸术、金属冶炼、寺庙和民居的建筑技艺等，甚至服饰上还能看到一些唐代的影子。比如唐朝女性服饰在西藏及日本还保留有一些传统样式，只是西藏女性裙装腰后的方形布垫，实用于背水背物，而日本女性和服后腰的方形布垫，则纯属装饰了。当然，此为我一家之言，是否合适，还有待更详细的考证。松赞干布很喜欢聪明贤惠的文成公主，为她在拉萨河谷的红山上修建了布达拉宫，让她居住。现在的布达拉宫是公元 17 世纪重新修建的，但还保存有最早文成公主居住过的小殿堂，里面有松赞干布和文成公主、尺尊公主的塑像。

文成公主和更早些时候嫁到西藏的尼泊尔尺尊公主各带去了一尊佛像，松赞干布修建了两座寺庙供奉佛像。文成公主带去的八岁释迦牟尼佛等身像至今还供奉在拉萨最神圣的大昭寺。

唐高宗时，还封赐松赞干布为“驸马都尉”和“西海郡王”。松赞干布通过唐大臣长孙无忌上书高宗：“天子初即位，下有不忠者，愿勒兵赴国共讨之。”松赞干布去世后，吐蕃还建造高大的土山，按唐代丧葬方式对其进行了土葬。

松赞干布时期，除了与唐朝进行联姻及文化、经济交流之外，还把一个很有名、很有智慧的大臣吞弥·桑布扎派到印度，在梵文的基础上创造了藏文。我们现在看到的藏文史料，一开始就是藏汉交流的历史记载。也就是说，西藏有文字以来最早的历史记载，首先就是藏汉民族的交流史。文成公主进藏后的 100 多年间，唐蕃关系非常密切。到了唐中宗，也就是 710 年，唐朝的金城公主又嫁到了西藏。唐中宗率百官送公主到陕西始平县（后改县名为金城县）。

金城公主进藏，除了携带嫁妆财物、工匠艺人，还将汉地的《诗经》《礼记》《易》等书籍和秦王破阵乐、凉州乐、龟兹乐等乐舞带进西藏。唐朝赠予吐蕃缯绢一次多达万匹，吐蕃贡唐朝马匹一次也达千匹。唐元和年间，吐蕃妇女不仅流行着吐蕃装束，也喜好唐装。被后人推崇为吐蕃三贤王之一的金城公主之子赤松德赞，推动了佛教在吐蕃的发展，并使吐蕃军事、经济及疆域达到鼎盛。

“唐蕃关系以和好为开端，但和好的幕后经常发生军事冲突，和好与战争并进，是有唐一代唐蕃关系的主要特点。……因此争斗时紧时松，打打停停，和战相兼。有唐一代唐蕃间使臣往返异常频繁。自太宗贞观八年（634）始，至武宗会昌六年（846），直到吐蕃政权瓦解的213年间，据不完全统计，双方使臣往来共191次，其中唐使入吐蕃66次，吐蕃使入唐125次。”[2]吐蕃和唐朝之间一共进行了八次联盟会谈，每会盟一次，唐蕃各竖立一块石碑，记载唐蕃会盟的友好交往史，碑上盟文后均有唐蕃大臣署名。随着时间的流逝，这些石碑大多都找不到了。我曾在陕西西安的博物馆参观，并询问当地的考古界朋友，也在西安碑林仔细寻访查看那些历史留下的文字，途经青海“唐蕃古道”，也留意此事，结果仍是一无所获。我想，如果能在汉地寻访到一块唐蕃会盟碑，与拉萨大昭寺会盟碑碑文进行对照，那对西藏历史、藏汉民族交流的研究，则善莫大焉。

唐穆宗长庆元年（821），唐蕃进行第八次会盟。这一年举行了两地会盟，一次在长安西郊王会寺，由唐宰相崔植、各部尚书、京兆尹等17人与吐蕃特使论讷罗会盟；一次由唐大理寺卿刘元鼎为会盟使，经甘肃、青海前往拉萨，在拉萨北郊会盟，“赞普身披素褐，戴朝霞色的红帽，腰系金钟剑。僧相钵掣逋立在右边，其他宰相立在台下。唐使到，与给事中论悉答熟会商盟事。在夏牙右举行宴会，酒饭制法和用法与汉地相仿。宴会中奏‘秦王破阵曲’，并奏‘凉州胡谓录要杂曲’，乐伎全为唐人。百伎纷陈，备极隆重”。[3] 这些史料表明中原文化在吐蕃已有深刻影响。

长庆会盟共立三块会盟碑，“一通立于长安皇宫前，今已不存。另一通立于赤岭（今日月山附近），并同时双方在此建有寺院一座，藏文称此地为‘页古梅如’。此碑与寺今亦不存。所存者唯今拉萨大昭寺之会盟碑。《布顿佛教史》称此碑为写有甥舅盟文的‘逻些碑’。又据《贤者喜宴》载，在赤岭立碑时，还在一块巨石上刻有日月各一，象征‘天有日月，地有甥舅’，社稷如一，和睦永存”。[4]

长庆会盟碑是唐代汉藏联盟关系的见证。这块碑又称“甥舅和盟碑”，这是因为自松赞干布娶文成公主以后，历代赞普对唐朝皇帝以外甥自居，所以，当时的唐穆宗与吐蕃赤祖德赞（《新唐书》称之为“可黎可足”）也是舅甥关系。碑文有些已漫灭，但大多还清晰可认。石碑是唐代风格，瘦扁形，上有四檐碑帽，顶端置有莲花宝珠，下端是驮碑龟趺。“石碑通高 5.6 米，由碑帽、碑身、碑座三部分组成。碑身与碑座连接缝隙以铜液浇灌，固若一体。……碑正面向西，上刻汉藏两体对照文字；左半藏文，横书，77 列，有头字，字迹仓古，吐蕃时期藏文特点至为明显；右半汉文，直书，6 行，正楷，存 464 字。藏汉两体文义相同，是同一盟约，两种文本。右面是吐蕃一方参与此次会盟的官员职衔姓氏，藏文 40 列，并有对应音译汉文。……左面为唐廷参与会盟官员名单、位次，亦为藏汉两体对照，上为藏文，49 列，下为汉文，共 18 人，王播、杜元颖等赫然在列，其中尚有 3 人名位，字迹漫漶，无法辨析。背面纯为藏文盟辞，78 列。”[5]

碑上汉文曰：

大唐文武孝德皇帝与大蕃圣神赞普，舅甥二主，商议社稷如一，结立大和盟约，永无沦替！神人俱以证知，世世代代，使其称赞。是以盟文节目题之于碑也。

文武孝德皇帝与圣神赞普猎赞陛下二圣，舅甥睿哲鸿被，晓今永之屯亨，矜愍之情，恩覆其无内外。商议叶同。务令万姓安泰，所思如一，成久远大喜，再续慈亲之情，重申邻好之义，为此大好矣。今蕃汉两国所守见管本界，以东悉为大唐国境，以西尽是大蕃境土，彼此不为寇敌，不举兵革，不相侵谋。封境或有猜阻捉生，问事讫，给以衣粮放归。今社稷叶同如一，为此大和。然舅甥相好之义善谊，每须通传，彼此驿骑一往一来，番遵曩昔旧路。蕃汉并于将军谷交马，其绥戎栅以东大唐祇应清水县，以西大蕃供应须合舅甥亲近之礼，使其两界烟尘不扬，罔闻寇盗之名，复无惊恐之患，封人撤备，乡土俱安。如斯乐业之恩垂于万代，称美之声遍于日月所照矣。蕃于蕃国受安，汉亦汉国受乐，兹乃合其大业耳。依此盟誓，永久不得移易，然三宝及诸贤圣日月星辰请为证知。如此盟约，各自契陈，刑牲为盟，设此大约。倘不依此誓，蕃汉君臣任何一方先为祸也，仍须仇报，及为阴谋者，不在破盟誓之限，蕃汉君臣并稽告立誓，周细为文，二君之验证以官印登坛之臣亲署姓名，如斯誓文藏于玉府焉。[6]

在这块碑的东面，又有藏文部分，为了解当时唐蕃两边统治者的态度，也录于后，仅供查核：

大蕃圣神赞普可黎可足与大唐方形孝德皇帝和叶社稷如一统，立大和盟约。兹述舅甥二主结约始末及此盟约节目，勒石以铭。

圣神赞普鹘提悉补野，自天地浑成，入主人间，为大蕃之首领。于雪山高耸之中央，大河奔流之源头，高国洁地，以天神而为人主。伟烈丰功，建万世不拔之基业焉。王曾立教法善律，恩泽广被，内政修明，熟娴谋略，外敌慑服，开疆拓土，权势增盛，永无衰颓。此威德无比雍仲之王威严煊赫。是故，南若门巴、天竺，西若大食，北若突厥、拔悉蜜等，虽可争胜于疆场，然对圣神赞普之强盛威势及公正法令，莫不畏服俯首，彼此欢忭而听命差遣也。东方之地曰唐，地极大海，日之所出，此王与蛮貊诸国迥异，教善德深，典笈丰闳，足以与吐蕃相颉颃。初，唐以李氏得国，当其创立大唐之二十三年，王统方一传，圣神赞普弃宗弄赞与唐主太宗文武圣皇帝和叶社稷如一，于贞观之岁，迎娶文成公主至赞普牙帐，此后，圣神赞普弃隶缩赞与唐主三郎开元圣文神武皇帝重协社稷如一，更续姻好。景龙之岁，复迎金城公主降嫁赞普之衙，成此舅甥喜庆矣。然，中间彼此边将开衅，弃却姻好，代以兵争。虽已如此，但值国内政情孔急之时，仍发援军相助（讨贼）。彼此虽有怨隙，问聘之礼，从未间断，且域有延续也。如此近厚姻亲，甥舅意念如一，再结盟誓。父王圣神赞普弃猎松赞陛下，深沉谋广，教兴政举。受王之慈恩者，无分内外，遍及八方，四境各部，来盟来享。与唐之亲好夫复遑言，谊属重亲，地接比邻，乐于和叶社稷如一统，甥舅所熙融如一。与唐主圣神文武皇帝结大和盟约，旧恨消泯，更续新好。此后，赞普甥一代，唐主舅又传三叶。嫌怨碍难未生，欢好诚忱不绝，亲爱使者，通传书翰，珍宝美货，馈遗频频。然，未遑缔结大和盟约也。甥舅所议之盟未立，怨隙萌生，盖因彼此旧日纷扰、疑虑，遂使结大和盟事，一再延迟，倏间，即届产生雠仇，行将兵戎相见，顿成敌国矣。于此危急时刻，圣神赞普可黎可足陛下所知者，聪明睿哲，如天神化现；所为者，番合诸天，恩施内外，威震四方，基业宏固，号令遍行。乃与唐主文武孝德皇帝舅甥圣意相合，和叶社稷如一统，情谊绵长，结此千秋成世福乐大和盟约于唐之京师西隅兴唐寺前，时大蕃彝泰七年，大唐长庆元年，即阴铁牛（辛丑）冬十月十日也，双方登坛，唐廷主盟；又盟于吐蕃逻些东哲堆园，时大蕃彝泰八年，大唐长庆二年，即阳水虎年（壬寅）夏五月六日也，双方登坛，吐蕃主盟；其立石镌碑于此，为大蕃彝泰九年，大唐长庆三年，即阴水兔年（癸卯）春二月十四日事也。树碑之日，观察使为唐之御史中丞杜载与赞普大夫高□□等参与告成之礼。同一盟文之碑，亦树于唐之京师云。[7]

唐代末年，也就是吐蕃后期，西藏僧人的势力越来越大，直接影响到西藏地方贵族的权力，最后一代吐蕃赞普朗达玛在西藏大力削弱僧侣势力，关闭寺院，焚烧佛教经典，强迫僧人还俗，西藏史称“灭佛运动”。灭佛运动骤然加剧了吐蕃政权上层势力间的矛盾，从而加速了吐蕃农民大起义，松赞干布的后世子孙最后逃到了西藏西部偏远的阿里，吐蕃随之瓦解。到元朝统治西藏地区为止，“族种分散，大者数千家，小者百十家，无复统一矣”。[8]

元代：西藏成为元朝中央政府直接治理的一个行政区域，置万户、建驿站、行税法

唐以后，吐蕃瓦解，西藏长达400多年处在部落之间的战乱之中，没有统一的政权。元朝不仅从法理上将西藏纳入行政管辖，同时，也应看到，拯救了400多年战乱不止的西藏人民，统一了处于分裂状况的西藏。

之前的宋代，中央王朝与西藏地方的关系比唐代松散得多。“宋朝建立后，迫于当时政治、军事形势的严峻，对吐蕃诸部亦采取怀柔的政策。这种政策的制定，一方面是为了抵御西夏的侵扰，巩固西北边防的需要……另一方面，也是吐蕃各部为了自身的生存和发展，不被西夏所吞并，也需要宋朝在各个方面的支持。因此，宋朝对吐蕃的怀柔政策得以实施，并取得一定的效果。”[9]

吐蕃瓦解以后，王室及大贵族后裔散布至青藏高原各地。其中一支在青海湟水流域发展壮大，在青塘城（今青海西宁）建立了“唃厮啰”地方政权。

唃厮啰，本名欺南陵温，由卫藏雅隆流亡至新疆高昌，12岁时，被客居高昌的吐蕃商人接到河州（今甘肃临夏），当时黄河上游与湟水流域的僧俗领袖李立遵与温逋奇打听到他是吐蕃王室后裔，以武力挟迎，尊号“唃厮啰”（藏语意为“佛子或王子”），拥立其为大首领。唃厮啰羽翼丰满后，为抵御虎视眈眈的西夏，遣使到汴京，奉表称臣，请求宋朝中央封赐。明道元年（1032），宋仁宗敕封唃厮啰宁远大将军、爱州团练使，后来又相继敕封保顺军节度使、

河西节度使。河湟地区，为中原与西域商道，也是丝绸之路要冲。唃厮啰联宋抵西夏，保护商道畅通，维持互市贸易、经济繁荣，凉州原吐蕃六谷部闻风来归，幅员千里，人口百万，成为北宋时期西部最大的地方政权。“这一家族维持了百余年的统治，历世受宋朝的封爵，保持了臣属关系。”[10] 唃厮啰本人终身不称“赞普”，并延续唐蕃时期称呼，称宋朝皇帝为“阿舅天子”。宋英宗治平二年（1065），时年69岁的唃厮啰去世，之后，其三个儿子，长子由宋朝中央准予嗣保顺军节度使，次子授封澄州团练使，三子授封严州团练使。

宋宁宗开禧二年（1206），成吉思汗建立蒙古汗国。他的孙子阔端在征服西夏及西域以后，开始西征中亚诸国。阔端的大营驻扎在甘肃武威，当时叫凉州。阔端通过降服的一些甘南藏族地方头领，对西藏高原的情况有了一定了解。在南下进攻南宋途中，派手下大将多达那波，率部经甘肃、青海，一直打到了拉萨河谷之北。多达那波回来后向阔端报告，说西藏地域辽阔，牛羊马很多，虽有好几个教派，但没有统一的政权，应该尽快纳入治下。阔端问，你看到的这些教派，哪个教派更有实力呢？那时的西藏，帕竹噶举和萨迦派的影响比较大，但帕竹噶举首领不愿出藏，萨迦派比较温和，大概可以派人来谈判归降事宜。阔端就以蒙古皇帝的名义拟了一封信，命令多达那波带着这封信，直接到后藏去招降萨迦派的首领萨迦班智达·贡噶坚赞来凉州商谈西藏各部归顺事宜。信曰：

晓谕萨迦班智达贡噶坚赞贝桑布。朕为报答父母及天地之恩，需要一位能指示道路取舍之喇嘛，在选择之时，选中了汝萨班，故望汝不辞道路艰难前来。若是汝以年迈（而推辞），那么，往昔佛陀为众生而舍生无数，此又如何？汝是否欲与汝所通晓之教法之誓言相违？吾今已将各地大权在握，如果吾指挥大军前来，伤害众生，汝岂不惧乎？故今汝体念佛教和众生，尽快前来！吾将令汝管领西方众僧。

赏赐之物有：白银五大升，镶缀有六千二百粒珍珠之珍珠袈裟，硫黄色锦缎长坎肩、靴子，整幅花绸二匹，整幅彩缎二匹，五色锦缎二十匹等。着多尔斯衮和本觉达尔玛二赍送。

龙年八月三十日写就。[11]

当时，前藏即拉萨河谷一带，以帕竹噶举势力最强，萨迦派在后藏地区实力最强。萨迦派首领贡噶坚赞是佛学高僧，精通因明，著述颇丰，弟子良多。接到阔端的邀请信后，时年 63 岁的贡噶坚赞体会到信中文字含义，考虑到西藏众生，慨然应允。贡噶坚赞先到达拉萨，会晤了帕竹噶举首领扎巴迥乃，一同分析了各教派归顺蒙古的条件。

千里迢迢，经两年的长途跋涉，贡噶坚赞携 10 岁的八思巴和 6 岁的恰那多吉两个侄儿，于藏历火马年八月（宋淳祐六年，1246）到达凉州。阔端参加完贵由汗继大汗位庆典，于次年 1 月回到凉州，即与贡噶坚赞会谈。之前，阔端身边已有若干蒙古萨满和藏族僧人，此次与萨班会谈，深感其佛学造诣深邃，随即在其封地甘肃、宁夏、陕西西部与四川西部等地大力扶持萨迦派，导致此后蒙古部众信仰藏传佛教，也为西藏地方纳入元朝管辖治理奠定了基础。

在凉州期间，贡噶坚赞多次举办法会，向蒙古、藏、汉诸民族信众传播佛教，同时也向西藏各教派僧俗首领和亲属发出信件，提出为了佛教和藏族的长远利益，应当归顺蒙古的意见。在这些信件中，最著名的是《萨迦班智达贡噶坚赞致乌思藏善知识大德及诸施主的信》，翻译成汉语就是《告蕃人书》。这封信是西藏纳入元朝统治非常重要的历史文件，现存西藏博物馆。全文如下：

祈愿吉祥利乐！向上师及怙主文殊菩萨顶礼！

具吉祥萨迦班智达致书乌思、藏、阿里各地善知识大德及众施主：

我为利益佛法及众生，尤为利益所有讲藏语的众生，前来蒙古之地。召请我前来的大施主（指阔端）甚喜，（对我）说："你领如此年幼的八思巴兄弟与侍从等一起前来，是眷顾于我。你是用头来归顺，他人是用脚来归顺，你是受我的召请而来，他人是因为恐惧而来，此情我岂能不知！八思巴兄弟先前已习知西藏的教法，可以让八思巴依旧学习，让恰那多吉学习蒙古的语言。只要我以世间法护持，你以出世间法护持，释迦牟尼的教法岂能不在四海之内普遍弘传！"

这位菩萨汗王对于佛教教法，尤其是对三宝十分崇敬，能以良善的法度很好地护持所有臣下，而对我的关怀又胜于对其他人。他曾对我说："你可安心说法讲经，你所需要的，我都可以供给。你作善行我知道，我的作为是不是善行天知之。"他对八思巴兄弟尤其喜爱。他怀有"（为政者）自知法度并懂得执法，定有益于所有国土"的良善心愿，曾说："你可教导你们西藏的部众习知法度，我可以使他们安乐。"所以你们众人都应努力为汗王及诸王子的长寿做祈祷法事！

当今的情势，此蒙古的军队多至无法计数，恐怕整个赡部洲已都归入他们统治之下。与他们同心者，就应与他们同甘共苦。他们性情果决，所以不准许有口称归顺而不遵从他们的命令的人，如果有，就必定加以摧灭。（由此缘故）畏兀儿的境土未遭涂炭并且比以前昌盛，人民和财富都归他们自己所有，必阇赤、财税官及守城官（八剌哈赤）都由（畏兀儿人）他们自己担任。而汉地、西夏、阻卜等地，在未被攻灭之时，（蒙古）将他们与蒙古一样看待，但是他们不遵从（蒙古）命令，在攻灭之后，他们无处逃遁，只得归降蒙古。不过在那以后，由于他们听从（蒙古）命令，现今在各处地方也有任命他们中的贵族担任守城官、财税官、军官、必阇赤的。我等西藏的部民愚钝顽固，或者希望以种种方法逃脱，或者希望蒙古人因路程遥远而不来，或者希望（与蒙古军作战）能够获胜。凡是（对蒙古）施行欺骗的，最终必遭毁灭。各处归顺蒙古的人甚多，因西藏的人众愚顽之故，恐怕（被攻灭之后）只堪被驱为奴仆贱役，能被委派担任官吏的，恐怕百人之中仅数人而已。西藏现在宣称归顺（蒙古）的很多，但是所献的贡赋不多，这里的贵族们心中颇不高兴，很关紧要。

从去年上推的几年中，西面各处没有（蒙古）军队前来。我带领白利的人来归顺，因看到归顺后很好，上部阿里、乌思、藏的众人也归顺了，白利的各部也归顺了，因此至今蒙古没有派兵来，这就是归顺已经受益，不过这一道理上部的人们还有一些不知道。当时，在这东部有一些口称归顺但不愿很好交纳贡品的，未能取信于蒙古人，他们都遭到攻打，人民财富俱被摧毁，此等事情你们大概也都听说过。这些被攻伐的，往往是自认为地势险要、部众勇悍、兵卒众多、盔甲坚厚、善射能战，能够抵御蒙古军，但最终都被攻破。

众人通常认为，蒙古本部的乌拉及兵差较轻，其他的人乌拉和兵差较重，其实，与他部相比，蒙古本部的兵差和乌拉很重，两相比较，反而是他部的乌拉和兵差较轻。

（阔端）又说："若能遵从命令，则你等地方各处民众部落原有的官员都可以委任官职，由萨迦的金字、银字使者把他们召来，可任命为我的达鲁花赤等官员。"为举荐官员，你等可选派能充当来往信使的人，然后把本处官员的名字、民户数目、贡品数量缮写三份，一份送到我这里，一份存放萨迦，一份由本处官员自己收存。另需绘制一幅标明哪些已归顺、哪些还没有归顺的地图。若不区分清楚，恐怕已归顺的受未归顺者的牵累，也遭到毁灭。萨迦的金字使者应与各处的官员首领商议行事，除利益众生之外，不可擅作威福，各地首领也不可未与萨迦金字使者商议而自作主张。不经商议而擅自妄行即是目无法度，获遭罪责，我在这里也难于为其求情。只希望你们众人齐心协力，遵行蒙古法度，必会有好处。

对金字使者的接送侍奉应力求周到，因为金字使者返回时，（汗王）必先问他："有无逃跑或拒战的？对金字使者是否很好接待？有无乌拉供应？归顺者是否坚定？"若有人对金字使者不恭敬，他必然（向汗王）进危害的言语，若对金字使者恭敬，他也能（在汗王处）护佑他们。若不听从金字使者之言，难以补救。

此间对各地贵族及携贡品前来者都给以礼遇，若是我等也想受到很好待遇，我们官员们都要准备上好的贡品，派人与萨迦的人同来，商议进献何种贡品为好，我也可以在此计议。进献贡品后再返回各自地方，对自己对他人都有好处。总之，从去年起我就派人建议你们这样做最好，但是你们并没有这样做，难道你们是想在被攻灭之后才各自俯首听命吗？你们对我的话只当做没听见，将来就请不要说："萨迦人去蒙古后对我没有帮助。"我是怀着舍弃己身利益他人之心，为利益所有讲藏语的众人而来蒙古的，你们听我所言，必得利益。你们未曾目睹这里的情形，对耳闻又难以相信，因此仍然企望能够（对抗住蒙古），我只怕会有谚语"安乐闲静鬼压头"所说的灾祸突然降临，会使得乌思、藏地方的子弟生民被驱赶来蒙古。我本人无论祸福如何，均无后悔。有上师、三宝的护持和恩德，可能还会得到福运，你们众人也应该向三宝祈祷。

汗王对我的关怀超过对其他的人，所以汉地、吐蕃、畏兀儿、西夏的善知识大德和各地的人众都感到惊异，前来听法，十分恭敬。你们不必顾虑蒙古对我们来这里的人会如何对待，全都对我们关心和照应。听从我的人全都可以放心地安住。

贡品以金、银、象牙、大粒珍珠、银珠、藏红花、木香、牛黄、虎（皮）、豹（皮）、草豹（皮）、水獭（皮）、蕃呢、乌思地方的氆氇等物为佳品，这里对这些都喜爱。此间对一般的物品不那么看重，不过各地还是可以用自己最好的物品进献。

"有黄金即能如其所愿"，请你们深思！

愿佛法弘传于各方！

祝愿吉祥！[12]

宋淳祐十一年（1251），阔端与贡噶坚赞相继在凉州去世，八思巴接过了萨迦派的法螺和衣钵。两年后，忽必烈（藏史称为薛禅汗）途经六盘山，召见萨班。时年19岁的八思巴和15岁的恰那多吉赶到多伦向忽必烈禀报了萨班贡噶坚赞去世的消息。忽必烈对八思巴的博学多识大为欣赏，不仅自己，而且还率家眷及蒙古上层贵族对八思巴行上师之礼，请其说法，并接受密宗灌顶。

统领释教大元国师印，青玉，元代（1260—1368），长 12.4 厘米、宽 12.1 厘米　西藏博物馆藏

八思巴唐卡（复制品）　萨迦寺藏

忽必烈于 1264 年建立元朝，号至元，由上都（今内蒙古多伦）迁都于大都（今北京），在中央政府专门设立了总制院（后改称宣政院），拜八思巴为国师，授予玉印，令其统领天下释教，参与乌思藏（当时元朝对西藏的称呼）行政机构设立事务。忽必烈“爱屋及乌”，对萨迦派可谓皇恩浩荡。元朝在全国划分 11 个行省，唯将乌思藏设 13 个万户，统由宣政院掌管，萨迦万户为 13 个万户之首，且所辖区域被免除差税。八思巴最大的回报是奉诏在藏文字基础上，制定了蒙古文字

（后人称八思巴文）。新创制的蒙古文字呈上，忽必烈大悦，封敕八思巴为“大宝法王”，下诏曰：

朕惟字以书言，言以纪事，此古今之通制。我国家肇基朔方，俗尚简古，未遑制作，凡施用文字，因用汉楷及畏吾尔字，以达本朝之言。考诸辽、金，以及遐方诸国，例各有字，今文治浸兴，而字书有阙，于一代制度，实为未备。故特命国师八思巴创为蒙古新字，译写一切文字，期于顺言达事而已。自今以往，凡有玺书颁降者，并用蒙古新字，仍以其国字副之。[13]

至元二年（1265），忽必烈敕放八思巴回藏，八思巴奉旨整饬乌思藏地方政教事务，在萨迦寺建立政教合一的机构“拉章”，举荐萨迦高僧释迦桑波为萨迦地方政权总管“本钦”。就这样，元朝中央政府与乌思藏明确了君臣关系，西藏政教合一的这种形式由此发端。

元初期，乌思藏13个万户直接归属中央宣政院管理。万户以下，还有千户、百户。万户以上官员，由皇帝和中央政府直接任命；万户以下各级官员，由萨迦本钦及其他万户首领举荐并报皇帝批准任命。

元朝中央政府在甘、青、藏实行了全面的管理，宣政院设三个都元帅府，一是在河州设吐蕃等处宣慰使司都元帅府，管辖甘肃、青海、四川北部藏族地区；二是在四川甘孜设吐蕃等路宣慰使司都元帅府，管辖阿坝、甘孜及昌都一带；三是在后藏萨迦设乌思藏、纳里速、古鲁孙三路宣慰使司都元帅府，管辖乌思藏、阿里三围。除了正式驻扎蒙古军队，还三次派员对西藏全境进行大规模的户口清查登记，推行了元朝法律，建立了“乌拉差”税赋制度，设立了27个可通往祖国内地的交通驿站。这些举措充分说明，在700多年以前，元朝对西藏的施政是全方位多领域的。

忽必烈除了格外恩宠萨迦派，早先对乌思藏的噶玛噶举派也是十分看重。宋宝祐七年（1247），忽必烈南下征服大理时，途经多康，发现当地无论贵族头人还是普通百姓，多是信奉噶玛噶举派。忽必烈雄才大略，既要收地，也要收心，遂遣使到藏东山区的噶玛寺，延请噶玛噶举名僧噶玛拔希，两人在绒色都（约为今阿坝小金川）会面，噶玛拔希以佛事为由，未能随侍忽必烈。三年后，对噶玛噶举派也有所耳闻的蒙古大汗蒙哥汗，遣使正式召见噶玛拔希，噶玛拔希到蒙古多伦后，被蒙哥汗敕封为国师，还特赠送一顶金边黑帽，此为噶举黑帽系之发端，延续到现在，凡噶玛噶举的转世活佛，以戴上金边黑帽方为正统。宋开庆元年（1259），蒙哥汗在征讨位于今日重庆的钓鱼城时，被石块击中，卒于城下。次年，忽必烈在与阿里不哥的争斗中获胜，继位蒙古大汗。雄才大略的忽必烈对依附蒙哥汗，又追随阿里不哥的噶玛拔希虽有芥蒂，但考虑到他在乌思藏信众中的影响，未有处罚，还赐予大量钱财，恩准其返藏。

蔡巴·贡噶多杰著的《红史》还记载有一段南宋恭帝赵㬎被遣萨迦为僧的逸闻。西藏归蒙后，被划分十三万户，蔡巴是其中之一。蔡巴·贡噶多杰出身大族，藏历水猪年（1323）15岁时，继任蔡巴万户长，这一年，也孙铁木儿在大都继位为元朝第六位皇帝，年号泰定。泰定二年（1324），贡噶多杰千里迢迢赴大都觐见泰定帝。泰定帝赐予贡噶多杰万户诏书银印，赏赐若干金银饰品和绸缎。贡噶多杰任蔡巴万户长28年后，出家为僧。他博学多才，著述颇丰，其中《红史》为西藏历来史家推崇。此书中记载：“薛禅汗继位后的至元十三年时，蛮子地方的皇帝幼主在位三年，伯颜丞相攻取南宋地方，将其皇帝送往萨迦寺，出家称合尊大师，后来到格坚汗时将其杀死，死时不流血而流奶。”[14]

7 岁的南宋少帝被带到大都以后，忽必烈封其为瀛国公，令年幼的赵㬎学习佛法。12 岁时，迁去上都居住，19 岁时奉诏出家至乌思藏萨迦寺为僧，法名合尊。除了《元史》有一笔“瀛国公赵㬎学佛法于土番”记载，一些藏文史料也有合尊在萨迦学法、译经的记载。“他去的时候 20 岁，他在萨迦学了藏文，学得很好，并翻译了两本书《因明入正理门论》和《百法明门论》。”“赵㬎取了法名，叫却吉仁钦，意思是‘法宝’。译完后，他在书的最后一页跋尾上定写了一段话，意思是说：‘大汉天子出家，却吉仁钦，我，取汉本翻译、校对、定稿，是在萨迦大殿作的。’”“藏族人民对他非常纪念和同情，在《红史》《青史》中关于他的事迹都有记载，他译的书收入《大藏经》中，历代翻译师姓名录中都有他的名字。”[15]王尧先生所著《南宋少帝赵㬎遗事考辨》，在文中梳理了有关藏汉史料之后，将瀛国公事迹概述如下：

宋度宗咸淳七年（1271）九月乙丑，生于临安。度宗第二子，母全氏。

咸淳九年（1273）十一月，封嘉国公。

咸淳十年（1274）七月癸未，即皇帝位，明年改元德祐。时年四岁。太后全氏临朝听政。

元世祖至元十三年（1276）降，五月至大都，封瀛国公。至元十九年（1282）十二月，迁上都。

至元二十五年（1288）十二月，被遣至吐蕃，习学佛法。

长期住于西藏萨迦大寺，曾任总持。更名合尊法宝，习藏语文，从事佛经翻译工作，有《因明入正理论》《百法明门论》等译品传世。

英宗至治三年（1323），被赐死于河西。元末即传其因诗文贾祸，藏族史学家皆认为冤屈而死。

在元朝的历史中，中央政府均是依靠萨迦派治理乌思藏。位于后藏的萨迦寺，现在还保存得比较完整，有一个南寺一个北寺，其结构有鲜明的元朝城池特点。萨迦寺到目前还保存着世界上最多的藏文史册、经书，资料为西藏最丰，有“西藏敦煌”之称。

明代：采用多封众建的国策，有效地管辖西藏

明朝延续元代对西藏称为乌思藏的做法，实施多封众建的国策，赐封的法王、国师等名号也最多。

1368 年，朱元璋建立明朝，元朝灭亡。两年后，逃亡的元顺帝病死，西北一些原本忠于元朝的藏族僧俗首领陆续归附明朝。为巩固对西域和乌思藏的统治，明朝在这些地区相继设置河州卫、西宁卫、洮州卫、岷州卫等。明洪武七年（1374），在河州专门设置了西安行都指挥使司，以管辖乌思藏、朵甘和河州的整个地区。明朝一改元朝的体制，设置都指挥使司、卫、所管理体制，并明确由朝廷封授的指挥使、都指挥使佥事、土司、千户、百户等官职都可世袭。

明洪武二年（1369）五月甲午，特遣使诏谕乌思藏、西域等地。诏曰：

昔我帝王之治中国，以至德要道，民用和睦，推及四夷，莫不安靖。……比岁以来，胡君失政，四方云扰，群雄纷争，生灵涂炭。朕乃命将率师，悉平海内，臣民推戴为天下主，国号大明，建元洪武。式我前王之道，用康黎庶。惟尔吐蕃，邦居西土，今中国一统，恐尚未闻，故兹诏示。[16]

精明的明太祖采取了以旧印信换新印信的简单办法。他不在乎“官帽子”，凡有西域或乌思藏高层归附，上缴元时印信，皆沿用元的封号，授予其原职官衔及印信。

由于元代萨迦派总持需皇帝和中央政府敕封任命，为延续这一历史定制，获得在西藏的主导权，明洪武五年（1372 年），萨迦派首领、元朝最后一任帝师喃加巴藏卜，带领 60 多人赴南京觐见明太祖，表示弃元归明。明太祖赐封其为“炽盛佛宝国师”，并对其所荐60多名随行人员一概授予官衔。有朝廷大臣提出封敕太多，洪武帝说：“我以诚心待人，彼若不诚，曲在彼也！况此人万里来朝，若俟其再请，岂不负远人归向之心。”[17] 有这样一个细节：在觐见的大殿上，玉工呈上预赐予喃加巴藏卜的玉印，洪武帝于掌中细细把玩，然后当着喃加巴藏卜之面，训斥玉工，此印专为西天佛子所制，岂能如此粗糙，且重新精心制作。萨迦诸僧俗官员，无不对明朝皇帝的威仪口服心服，对皇帝的厚爱感激不已。

但此时的乌思藏，萨迦派已颓势尽显。元时，朝廷鼎力支持，萨迦派依靠外力独家坐大，对其政权的威胁稍有风吹草动，即请元兵入藏。而十三万户之一的帕竹万户长绛曲坚赞，凭自己努力，休养生息，取得民心，逐渐坐大，相继吞并蔡巴、止贡、雅桑等万户，直至取代萨迦派地位，自任“第司”。元顺帝见帕竹万户势大，敕封绛曲坚赞为“大司徒”，令其子孙世袭，形成了政教合一的帕竹地方政权。绛曲坚赞去世后，其侄子释迦坚赞继位，上表朝廷，元顺帝再敕封释迦坚赞为“灌顶国师”，这就开启了统治全藏的帕竹时代。

明朝初立，洪武帝即按照元朝旧例，下诏对实际控制乌思藏地方的帕竹政权首领释迦坚赞，照其原封号，敕封为“灌顶国师”，并赐玉印。

唐朝以后，历代中央政府对西藏的高僧是相当重视的。元末明初，卫藏帕竹万户兴起，最终取代萨迦。凡经帕竹首领举荐，明朝皇帝略经审视，一一册封，赐予表示权力和地位的印信。“明朝前后三批共封授元朝旧官员 132 人（包括西藏以外藏族地区所授官员在内），使之成为明朝中央统属下的地方政权官员，以缓和的方式最终确立了对西藏地方的辖属关系。”[18] 如此，明朝中央不劳师旅，轻松地延续了元朝对乌思藏的统治。

与元代敕封萨迦一家，政教合一，统辖涉藏地区不同的是，明朝中央还根据乌思藏万户的势力和藏传佛教首领在西藏举足轻重的影响，采取多封众建，政教分离，分而治之。

明朝中央对乌思藏及西部藏族地区的僧俗首领以“王”的名号分封最多，可简单记为“八王”，即最高的三大法王：大宝法王、大乘法王和大慈法王，其次为阐化王、护教王、赞善王、辅教王、阐教王五个地方王。

明永乐四年（1406），明成祖朱棣遣使进藏，册封帕竹第五任“第司”扎巴坚赞为“灌顶国师阐化王”，赐印、诰命及金银、绸缎、茶叶若干。这是明朝中央授予乌思藏首领政教合一封号之始。

此后，明成祖相继册封噶玛噶举派黑帽系五世活佛得银协巴为

灌顶国师阐化王印，象牙制，明代（1368—1644 年），高 7.5 厘米，边长 4.4 厘米　西藏博物馆藏

大宝法王，册封萨迦派高僧贡噶扎西为大乘法王，册封河州大喇嘛思巴儿监藏为赞善王，册封前藏贡觉大喇嘛宗巴斡即南哥巴藏卜为护教王，册封萨迦大喇嘛南渴烈思巴为辅教王，册封卫藏止贡大喇嘛真巴儿吉监藏为阐教王，册封格鲁派高僧释迦也失为大国师（宣德年间，又加封其为大慈法王）。“元璋时封国师、大国师的喇嘛不过四五人，朱棣时更加提倡，除封二法王及阐化王等五王外，封西天佛子二人，灌顶大国师九人，灌顶国师十八人。永乐以后，受封的法王、国师、禅师、僧官更多。”[19]

明朝的多封众建，对乌思藏佛教的兴旺起到推波助澜的作用。在藏传佛教诸教派中，噶玛噶举没有封地，没有执掌过地方政权。

早在元时，蒙哥汗赐噶玛拔希金边黑帽，有朝廷册封，噶玛噶举派自视为皇家正统，稳步发展为影响全藏的一大教派。

明朝中央在对三大法王的敕封和恩赐中，尤对噶玛噶举派青眼有加。朱棣登大位当年，即遣使赴藏持诏书请具有崇高声望的噶玛噶举五世噶玛巴得银协巴进京。得银协巴受领诏书后，立即由河州经陕西、河南、安徽，到安庆乘船顺长江而下。得银协巴跋涉3个多月到达南京后，就在灵谷寺为明太祖朱元璋夫妇荐福、超度，法会连续举行了14天，轰动南京僧俗。随即，又在皇宫为皇帝和诸大臣讲经说法，并为明成祖加施灌顶。此时，朱棣从侄子建文帝朱允炆手中夺得皇位3年左右，朝廷内外仍有一些流言蜚语，乌思藏大活佛此次来南京佛事活动的加持，使明成祖帝位具有正统性，声誉亦有了“正能量”。永乐五年（1407），明成祖在皇宫隆重地举行仪式，敕封得银协巴“万行具足十方最胜圆觉妙智慈善普应佑国演教如来大宝法王西天大善自在佛”，并赐印，赠送大量金银、绸缎、玉器等礼品。还将随行的得银协巴三大弟子均敕封“大国师”名号。现在，藏传佛教噶玛噶举派的“大宝法王”已转世至十七世噶玛巴。

明朝时期，西藏历史上具有重大意义的是，诞生了“格鲁派”。青海湟中的宗喀巴是该派创始人。

宗喀巴出生于元至正十七年（1357），7岁出家，16岁时（明洪武六年，1373）赴拉萨遍访各派名师，因其聪慧过人，佛学精湛，在乌思藏及西部藏族地区声名鹊起，有众多追随弟子。宗喀巴看到当时戒律松弛，寺不成寺，僧不成僧，发愿对藏传佛教进行改革，提倡清心修持，严守戒律，显宗、密宗渐次循序修行。戒律，藏语意为“格鲁”，格鲁派由此而得名。因格鲁僧人头戴黄冠，又称其“黄帽派”。明永乐七年（1409），宗喀巴在帕竹第司阐化王扎巴坚赞的大力扶下，在拉萨首次举行万人传召大法会，此法会标志着“格鲁派”的成立。这一年宗喀巴还在拉萨东北创建甘丹寺。明永乐十四年(1416),宗喀巴弟子扎西贝丹在拉萨创建哲蚌寺,两年后,另一弟子释迦也失在拉萨创建色拉寺，加之以后建立的日喀则扎什伦布寺、青海塔尔寺、甘南拉卜楞寺，统称藏传佛教格鲁派六大寺。

唐蕃时，边界已有互市贸易，宋元茶马互市已呈雏形。明朝正式设茶马司，专事互市贸易。以马为例，上马换茶一百二十斤，中马换茶七十斤，马驹换茶五十斤”。中原的茶叶、瓷器、纸张、丝绸等通过茶马互市进入西藏，西藏的牛、羊、马交换到祖国内地，马是祖国内地军备所需，茶马互市促进了藏汉民族的交流。

明和元不一样，不是依靠一个教派来统治西藏，而是采取了分封制度，给西藏每一个有影响力的教派领袖都分封了权力和领地。这种分封制把寺院、土地和经济连在了一起，执掌西藏地方的领主也就出现了，西藏这种亦政亦教的形式逐渐完备起来。

清代：中央政府对西藏的主权行使达到完备程度

随着历史发展，西藏的名称也几经变化。唐宋时，称“吐蕃”，元明称“乌思藏”，清初称“图白忒”“土伯特”“藏”，后称“西藏”，一直延续到现在。

西藏一词最早出现于康熙二年(1663),“西藏班禅呼图克图故，遣官致祭”。[20]康熙六十年（1721），清军平定准噶尔，众大臣、蒙古王公等奏呈“西藏平定，请于招地建立丰碑，以纪盛烈，昭垂万世”。[21]在拉萨布达拉宫正门前，对称排列两座小型建筑“碑屋”，里面分别是康熙《御制平定西藏碑》和乾隆《十全功德碑》。康熙碑文字有“爰记斯文，立石西藏，俾中外知达赖喇嘛等三朝恭顺之诚，诸部落累世崇奉法教之意”。从此有了“西藏”地名的正式称呼。

从西藏历史发展脉络来看，大凡中央政权更迭，西藏地方政教首领都要积极向中央政权表示臣服的态度。他们也十分明白，谁最先由中央政权认可并得到皇帝的赐封，谁就会抢得执政西藏的先机。

清世祖敕封五世达赖喇嘛册文　中国第一历史档案馆收藏

明末，青海的蒙古势力固始汗控制了西藏，支持格鲁派建立了甘丹颇章政权。清王朝建立以后，格鲁派首领抢先一步进京寻求中央的认可。顺治十年（1653），五世达赖进京觐见皇帝，顺治帝赐予金册金印，册封为“西天大善自在佛所领天下释教普通瓦赤喇怛喇达赖喇嘛”。自此，清王朝正式确认了达赖喇嘛在西藏各教派中的领袖地位，也是从那时起，历辈达赖喇嘛经过中央政府的册封遂成为制度。

五世达赖圆寂后，执政的桑结嘉措秘不发丧15年，直到清军平息噶尔丹叛乱，从俘虏口中得知五世达赖早已圆寂。康熙对匿丧不报极为愤怒，严词责问西藏地方，令桑结嘉措立即扶持六世达赖仓央嘉措到布达拉宫坐床。这段时间，由于原来执政西藏的青海蒙古势力与西藏地方势力矛盾加剧，先是桑结嘉措为固始汗孙子拉藏汗所杀，尔后，准噶尔进兵西藏，拉藏汗又死于准噶尔乱兵刀下。清廷震动，康熙调清军近万人平息了准噶尔叛乱。

康熙皇帝意识到须从制度上治理西藏，于是废除了蒙古汗王对西藏的政治特权，由清朝中央对西藏直接统管，从西藏贵族中任命4名噶伦代行掌政，此为西藏地方噶伦制度之始。雍正五年（1727），清朝在西藏正式设立了驻藏大臣衙门，确定了青海、四川、云南等地与西藏的行政边界。

乾隆十六年（1751），拉萨发生上层叛乱。之前，西藏执政的是对朝廷忠心耿耿的郡王颇罗鼐，在其治下，西藏安稳，百姓乐业。然而，其子珠尔墨特那木扎勒袭领王爵以后，与其父之德行背道而驰，专横跋扈，排除异己，蔑视七世达赖与朝廷。当时朝廷对西藏已有极大的约束，不知道他哪根神经短路，竟然欲自立于朝廷。这对当时强势的乾隆皇帝来说，绝对是不能相容的。“自朕观之，珠尔默特那木扎勒暴戾不驯，狡诈叵测，留之终必为患。”[22] 当获悉珠氏在杀害其兄长，秘密勾结准噶尔之后，即派遣傅清、拉布敦为驻藏大臣。二大臣俟赴拉萨，即查获珠氏欲叛乱事实，两人商议，此珠氏已是羽翼丰满，背叛朝廷已是事实，与其坐待变乱发生，勿如先发制人，诱捕而毙之。于是，珠氏到驻藏大臣衙门议事。俟到，大门轰然关闭，驻藏大臣傅清宣布皇上谕旨，严词训斥珠氏，拉布敦拔剑击杀珠氏。随后珠氏乱军攻入驻藏大臣衙门，混战中，傅清、拉布敦及衙门上下百余官兵皆战死。大臣死于叛逆，乾隆震怒，谕七世达赖平息骚乱，以雷霆手段，对参与叛乱者一概处置，或杀，或押，迅速纷纷给予严厉处置。

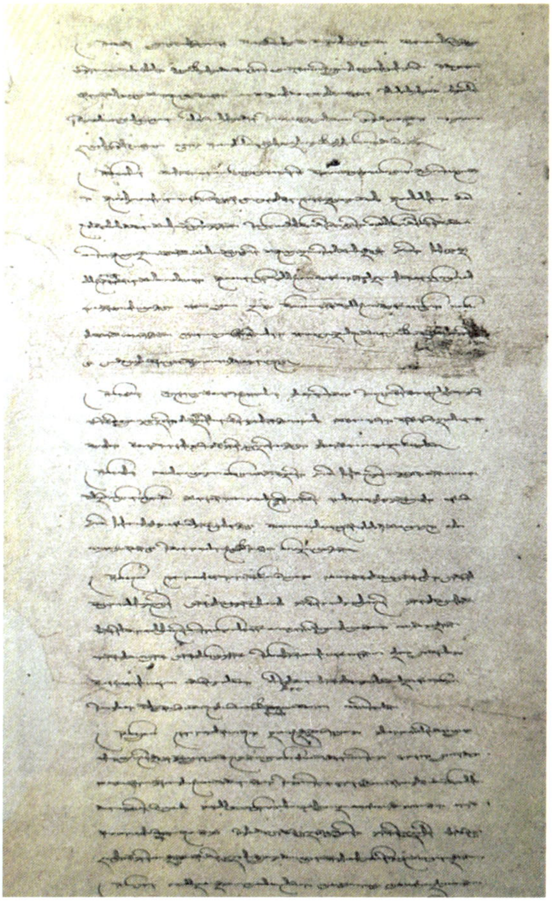

《钦定藏内善后章程二十九条》局部长 359 厘米、宽 53 厘米　西藏自治区档案馆收藏

乾隆五十六年（1791），廓尔喀人大举入侵西藏，占领后藏并洗劫了扎什伦布寺。乾隆派福康安率 17000 多名清军进藏驱逐了廓尔喀人，兵临加德满都城下，迫使廓尔喀人乞降。清军班师拉萨后，奉乾隆旨，将勾结廓尔喀人的红帽活佛，在拉萨当众剥去黄衣，砍头正法，并将此教派解散。

乾隆决定以此为契机，改革西藏政教体制，拟定藏事规条，谕示福康安等人“将来撤兵后，必当妥立章程，以期永远遵循”。福康安会同驻藏大臣与八世达赖喇嘛，就章程逐条商议，然后呈报乾隆御批，简称“水牛年奏折”，正式颁布名为《钦定藏内善后章程二十九条》（后文简称“二十九条章程”）。

章程的主要内容如下：

（一）大皇帝特赐一金瓶，今后遇到寻认灵童时用满、汉、藏三种文字写于签牌上，放进瓶内，由呼图克图和驻藏大臣在大昭寺释迦佛像前正式掣签认定。

（二）今后邻近各国来西藏的旅客和商人，或达赖喇嘛派往域外人员，须由该管主脑呈报驻藏大臣衙门签发路证，并在江孜和定日两地方新派官兵检验。

（三）铸造“乾隆宝藏”字样金币，边缘铸年号，背面铸藏文。驻藏大臣派汉官会同噶伦对所铸造之章卡进行检查，以求质量纯真。

（四）设3000名正规军队：前后藏各驻1000名，江孜驻500名，定日驻500名，前藏代本由驻拉萨游击统辖，日喀则、江孜、定日各地代本，由日喀则都司统辖。

（五）关于军队编制，代本下设甲本、如本和定本等，由驻藏大臣和达赖喇嘛挑选年轻有为者充任，并发给执照。

（六）今后征调兵丁，每年每人应发粮食2石5斗，总共为7500石。受征调的兵员，由达赖喇嘛发给减免差役的执照。

（七）关于军队装备，十分之五用火枪，十分之三用弓箭，十分之二用刀矛。各兵丁要经常操演。

（八）达赖喇嘛和班禅额尔德尼的收入及开支，驻藏大臣每年春秋两次进行审核。

（九）吉隆、绒夏、聂拉木等地方免去两年一切大小差徭，宗喀、定日、喀达、从堆等地方各免去一年的差徭。免去前后藏所有人民铁猪年以前所欠的一切税收。

（十）驻藏大臣督办藏内事务，应与达赖喇嘛、班禅额尔德尼平等，共同协商处理政事。所有噶伦以下的首脑及办事人员以至活佛，与驻藏大臣皆是隶属关系，无论大小都得服从驻藏大臣。

（十一）噶伦缺补时，从代本、孜本、强佐中考察个人政绩，由驻藏大臣和达赖喇嘛共同提出两个名单，呈报大皇帝选择任命。其余人员可由驻藏大臣和达赖喇嘛委任，并发给满、汉、藏三种文字的执照。扎什伦布寺的工作人员，由班禅额尔德尼和驻藏大臣协商委任。

（十二）达赖喇嘛和班禅额尔德尼在世时，其亲属人员不准参与政事。

（十三）驻藏大臣每年分春秋两季出巡前后藏各地和检阅军队。各地汉官和宗本等，如有欺压和剥削人民事情，予以查究。

（十四）今后廓尔喀、不丹、锡金等藩属之回文，必须按照驻藏大臣指示缮写。关于边界的重大事务，更要根据驻藏大臣的指示处理。外方所献的贡物，也须请驻藏大臣查阅。所有噶伦都不得私自向外方藩属通信。

（十五）西藏的吉隆、聂拉木等地区和廓尔喀疆土相连，又为交通要道，须树立界碑，限制互相出入。

（十六）今后边宗宗本均由小宗宗本及军队头目中选派，任满三年后考查成绩，如果办理妥善升用，否则革退。

（十七）普通士兵有战斗能力者，虽非贵族亦得升任定本甚至逐级升至代本。

（十八）堪布应选学问渊博、品德良好者充任之。其人选由达赖喇嘛、驻藏大臣及济咙呼图克图等协商决定，并发给加盖以上3人印章的执照。

（十九）政府税收，照所定新旧章卡兑换之数折收。公平采买各物。

（二十）吉隆、聂拉木两地方抽收大米、食盐等税，除非请示驻藏大臣同意，不得私自增加税额。

（二十一）今后所有免役执照一律收回，所有差役平均负担。其因实有劳绩，需要优待者，由达赖喇嘛和驻藏大臣协商发给免役执照。

（二十二）达赖喇嘛所辖寺庙之活佛及喇嘛，一律详造名册，于驻藏大臣衙门和达赖喇嘛处各存一份，以便检查。

（二十三）青海蒙古王公前来迎请西藏活佛，须由西宁大臣行文驻藏大臣，由驻藏大臣发给通行护照，并行文西宁大臣，以便查访。

（二十四）各活佛头目等因私外出时，一律不得派用乌拉；因公外出时，由驻藏大臣和达赖喇嘛发给执票派用乌拉。

（二十五）对犯人所罚款项、没收财产，必须登记，呈缴驻藏大臣衙门。无论公私人员如有诉讼事务，均须依法公平处理。

（二十六）每年操演军队所需用之弹药，由噶厦派妥员携带驻藏大臣衙门之公文，前去工布地方制造。

（二十七）所有卸任之噶伦及代本，应将公馆及庄园移交新任，不得据为私有。

（二十八）不得提前发给活佛及喇嘛之俸银。

（二十九）派人催缴赋税，应按规定期限办理。各村逃亡户之赋税负担应予减免。[23]

这个章程对西藏政治、军事、外交、宗教、司法等都做了规定，废除了摄政王，规定了达赖喇嘛和驻藏大臣拥有同等权限，明确设立西藏地方政府为“噶厦”，四个噶伦（一僧三俗）作为达赖喇嘛行使权力的代理人。达赖喇嘛以下的各级官员按清朝规定立定品级，噶伦及以下官员由达赖喇嘛和驻藏大臣共同提名，奏报皇帝择定。达赖喇嘛和驻藏大臣都有专政权，但都没有独断权，这是清朝中央政府给西藏制定的一个法规。章程要求按清制建立藏军，对藏军的体例、数量、驻地、开支、训练等均作了规定；把西藏北部、东部的三十九部族，直接归驻藏大臣管辖，西藏地方政府无权过问。那些部落头人都是世袭制，头人继承由驻藏大臣批准，并报皇帝最后册封。

“二十九条章程”十分重要的内容之一是建立了大活佛金瓶掣签制度。藏传佛教转世活佛众多，良莠不齐，私下交易等弊端时有发生。乾隆亲自设计了金瓶掣签制度，即在释迦牟尼像前，置放特制金奔巴瓶，由驻藏大臣监督主持，将多个候选达赖喇嘛、班禅及各地呼图克图灵童的名字、生辰年月，以满、汉、藏三种文字书于象牙签牌上，然后置于金瓶之中，当众掣出，报请皇帝或中央政府正式批准。西藏各大寺院活佛候选灵童，由达赖喇嘛、驻藏大臣及呼图克图共同认定，并发给盖有以上三人印章执照。外省地若要迎请西藏活佛前往讲经做法事，须由外省督抚或大臣行文驻藏大臣衙门，由驻藏大臣颁给通行护照。西藏地方的僧人若赴外地朝佛，亦需在驻藏大臣衙门领取护照，始得通行。如若私自前往，一经查处，惩处僧人所属寺院主管。达赖喇嘛所辖寺庙之活佛、僧人及全藏各呼图克图所属僧人及百姓，一律详细造册，报呈驻藏大臣衙门和达赖喇嘛各存一份。

从章程的内容之广泛、规定之严格来看，“二十九条章程”无疑是清王朝对西藏行使完全主权的法律性文献，也是清王朝治理西藏最完备的一个法典性文件，对有效治理西藏起了很大作用。

乾隆六十年（1795），85 岁的乾隆退位为太上皇，命画工绘制佛装画像，遣使送往拉萨。八世达赖喇嘛在布达拉宫的三界殊胜殿供奉乾隆画像和“当今皇帝万岁万万岁”牌位。

近代：帝国主义开始染指西藏

西藏地方的近代史与祖国的近代史一样，也是一部充满屈辱的历史。事实证明，祖国的兴衰与西藏的兴衰紧密相连。

1840 年，英帝国主义发动侵略中国的鸦片战争后，中国开始由一个独立的主权国家逐步沦为半殖民地国家。西方列强将一系列不平等条约强加给腐朽而衰弱的清朝政府，大肆瓜分中国的领土。中国进入历史上最黑暗的时期。

地理封闭的西藏亦未能幸免。早在明朝末期，西方一些探险家和传教士就开始进入西藏探险、传教。1764 年，英属东印度公司征服孟加拉以后，紧接着就把扩张的目光瞄向当时喜马拉雅山地不丹、锡金、尼泊尔等国，同时觊觎雪域高原西藏。

1814 年，英属东印度公司利用尼印边界的领土纠纷，发动了对尼泊尔的侵略战争，意在进一步打开前往西藏的通道。当时清朝国力衰落，无力援助尼泊尔，只能眼看藩邦一一陷落他人之手。数年间，英国势力遍及喜马拉雅山区，兵临大清王朝治下的西藏。那时，庞然大物的清王朝在西方列强眼里，已是任人宰割的肥羊。就在 19 世纪，英、俄、日等国，就不断派出探险家、传教士，以各种名义进入青藏高原活动。据英国人自己的书籍记载，英国多次派出间谍化装成朝佛者，偷偷地带着测量工具，在西藏测绘地形，记录气象资料，了解道路、桥梁、交通和社会民俗等情况。俄国甚至将其治下蒙古布里亚特的一个僧人德尔智派遣入藏，通过收买西藏上层，最终成为十三世达赖的老师。

英国为抢在俄国之前攫取西藏，在西藏边境频繁、蓄意地挑衅，先后两次直接对西藏发动武装侵略。第一次侵藏，英国收获颇丰，于是得寸进尺，把目光放在西藏更深的腹地。1890 年，清朝派大臣升泰到印度加尔各答，和英国驻印度的总督兰斯顿签订了《中英会议藏印条约》，不但承认了锡金受英国保护，而且使中国失去大片土地。在清中央政府的训斥下，各种荒唐的缘由得以见天日：清朝总理各国事务衙门派给升泰的助手和翻译竟是英国人赫政。就是这个赫政的挑拨和出卖，使中国西藏利益受到极大损害，不得志的升泰在边界的仁庆岗郁郁而死。

英国人的目的很明显，就是要得到西藏，把整个西藏置于英国势力之下。1903 年底，3000 多名装备现代武装的英国军人，在英国上校荣赫鹏的指挥下，在万余人的后勤队伍支持下，对西藏发

1904 年 8 月，英国远征军侵入拉萨（资料）

动了第二次侵略战争。英军先后武力攻占了帕里和江孜城堡，于1904年7月进入拉萨。由于十三世达赖喇嘛已先期逃走，英军用刺刀逼迫三大寺代表在布达拉宫签订了其一厢情愿的所谓的《拉萨条约》。虽然驻藏大臣有泰在随员劝说下，没有在协议上签字，清朝中央政府外务部宣布条约无效，但这个条约给中国政府政治和外交还是带来了无穷后患。

从那时起，西藏即成为英帝国势力的范围。西藏商埠全部向英国人开放，允许英国人在印度与中国西藏边界地区和西藏腹地江孜开办贵族子弟学校，甚至邮电、海关均由英国人掌握。

英帝国主义以武力侵略了西藏，却向西藏地方政府索要战争赔款。但西藏地方民穷财竭，何来巨额赔款？经过屈辱的谈判，1908年，清王朝中央政府不得已向英国赔偿120万两白银，英国远征军才从西藏撤军。

屈辱还在继续。1913年，狡黠的英国人提出“藏中英三方会谈”，英方先是提出在伦敦会谈，北京以主权方名义回应只能中英双方在北京会谈，西藏只能是地方代表列席。英方进而以涉及边界，提出在英印控制区西姆拉会谈，并提出藏方须为单独一方。北洋政府还不至于昏聩至此，坚持边界谈判只能双方进行。但是，一到西姆拉，就由不得中国代表了。此前，英印政府外务大臣麦克马洪与西藏地方噶厦代表夏扎已私下约定：西藏地方只要承认边界，英国政府即支持西藏脱离中国“独立”。这个麦克马洪大笔一挥，竟将中国西藏南部边界9万多平方千米的土地划归英印政府。由于未达成共识，继而，麦氏又提出内外藏之划分，即外藏为历史上乌思藏——阿里三围、卫藏所属区域，由达赖喇嘛的噶厦政府自治，主权独立；内藏为川、青、甘、滇之涉藏地区，由中国管辖。西藏地方政府代表夏扎为取得英方对所谓的“西藏独立”的支持，私下在英方预先列出的条约上画押。对此，北洋政府代表陈贻范当然不能同意，西姆拉会议因中国中央政府代表拒绝签字而破产。但是，岁月悠悠，麦克马洪线带来的印度与中国西藏边界纠纷，至今还麻烦不断，成为中印边界问题最大之麻烦。

辛亥革命成功后，孙中山在1912年1月中华民国临时大总统就职典礼上宣布：“国家之本，在于人民，合汉、满、蒙、回、藏诸地为一国，即合汉、满、蒙、回、藏诸族为一人，是曰民族之统一。”并以五色国旗象征五族共和。民国第一部宪法也明确规定：西藏是中华民国领土的一部分。

辛亥革命以后，民国政府对西藏管理一度十分脆弱。由外国势力培植起来的西藏上层势力开始了分裂活动。对内，封锁西藏与祖国内地各省交通要道，阻止祖国内地的人和物进藏；对外，与外国势力勾结，规定凡祖国内地人进藏，须取道印度，并由英印政府颁发签证。1924年，在拉萨的英国人欲策动藏军首脑擦绒发动兵变，推翻达赖，建立亲英政权，后被十三世达赖察觉，擦绒被革职。晚年的十三世达赖逐渐看清了帝国主义对西藏的野心，多次表示要维护祖国统一，拥护中央政府。1930年，国民政府派往拉萨的调查职员刘曼卿女士在拉萨待了3个月，十三世达赖喇嘛两次接见她。达赖喇嘛对她表示：“今新政府初立，即派汝致意，予实钦佩蒋主席与各执政之精明，能顾全大局，尚望始终如一，继续不断，更进而为实际之互助。吾所最希求者即中国之真正和平统一……英国人对吾确有诱惑之念，但吾知主权不可失，性质习惯不两容，故彼来均虚以周旋，未尝与以分厘权利。中国只需内部巩固，康藏问题不难定于樽俎。”[26]

1933年十三世达赖圆寂后，英国人培植的西藏高层一些亲英分子成为“藏独”主要的代言人。西藏地方政府中的“藏独”势力分裂活动越发猖獗。1942年10月，西藏地方政府突然宣布成立“西藏外交局”，将中国与西藏以国与国对待。中华民国中央政府当即电令驻藏办事处：“此事与中国对藏主权有关，民国中央政府驻藏办事处仍照旧例接洽，不得与“外交局”发生任何关系。”中央政府的表态，使西藏地方政府不得不有所收敛。

1946年印度独立之前，英国驻拉萨代表理查逊（又译黎吉生）鼓动西藏地方政府参加“泛亚洲会议”，说这是西藏以独立国家出现的最佳时机。印度独立以后，这个英属印度政府驻拉萨代表摇身一变，成为印度政府驻拉萨代表。他除了建议派“西藏代表团”，还给噶厦政府建议，代表国家就得有国旗。西藏本来就没有什么国旗，临时用了藏军的“雪山狮子旗”代替。西藏地方随后派出三位代表参加了1947年3月在印度新德里举行的“泛亚洲会议”。中国政府代表发现会场上各国国旗中有藏军的“雪山狮子旗”混迹其间，主席台上亚洲地图的中国部分也缺少西藏部分，当即提出抗议，不得已，印方撤旗换图给予了纠正。

现代：十七条协议使西藏摆脱帝国主义羁绊，西藏人民获得新生

1949年10月1日，毛泽东主席在天安门城楼庄严宣布：中华人民共和国中央人民政府成立了！中国人民解放战争在大陆上取得决定性胜利后，一个新生的人民共和国宣告成立。

朱德总司令向中国人民解放军发出解放一切尚未解放的国土的

命令。成都和平解放，长沙和平解放，昆明和平解放，西康和平解放……就在中国人民解放军向全国胜利进军的时刻，中央就决定要用和平的方式解放西藏。但是，20 世纪初帝国主义侵略者扶植起来的亲帝分子却在边陲西藏高原逆历史而动。

此时，中华民国大势已去，西藏仍滞留在“独立”的幻想中。1949 年 7 月 8 日，在拉萨的英国人的策动下，西藏地方政府制造了所谓的“驱汉”事件。7 月 9 日，西藏地方政府电告国民政府代总统李宗仁：“为西藏佛法领域长治久安计，吾人必须遣走一切可疑之共产党秘密工作人员；为检出可疑之共产党秘密工作人员，不使彼等任何一人乔装寄迹于西藏，西藏僧俗众大会特请中国代表及其随员、无线电报员、学校教师、医院工作者及一切其他可疑之人，必须在规定期限内，各自返回其原籍，以免妨碍现在中国与西藏间之法主与擅越关系。”[27] 当天，西藏地方政府又召见国民政府蒙藏委员会驻藏办事处处长陈锡璋，说共产党和国民党内战甚烈，国民政府人员在哪里，共产党就会追到哪里，“西藏大会决定要对国民政府暂时断绝政治关系”。他们借口拉萨的汉人中有共产党，指派藏军包围拉萨办事处，没收了电台等设备，在 10 多天内，将国民政府驻藏办事处工作人员、家属和在拉萨经商的数百汉人，分三批押送到中印边境，经印度加尔各答乘船遣返祖国内地。国民政府当即回了一份电报，予以驳斥。电文称：“此次噶厦既无事实根据，复未来电呈报，竟片面通知各驻藏人员全体撤退，于法于理殊多未合。前议迅再通知各驻藏人员仍回拉萨执行任务，以保持中央与西藏之固有关系，并对在藏汉民特加保护，是为至要。”[28]

这一事件的目的，就是利用国民党政权处于自身难保、无力管理西藏事务，而人民解放军又尚未到达西藏的时机，企图断绝西藏地方政府与中央政府的隶属关系，阻止解放军进入西藏，从而把西藏从中国领土中分裂出去。

即使如此，行将崩溃的国民政府在国家主权问题上，仍是态度鲜明。搬迁至广州的国民政府在 7 月 19 日紧急召开了行政院第 80 次会议，阎锡山以行政院院长名义复电西藏地方政府："故西藏地方当局此项措施，无论于理于法，实多未合。至于防止西藏之沦于赤化，中央亦责无旁贷，早经注及。所派之驻藏人员，既属忠贞可靠之士，而彼等多年在藏，奉公守法，复无越轨行为，实不容横加诬蔑。甚盼西藏地方当局，洞察当前世界情势，顾全中央与西藏之过去关系，迅自纠正此项错误措施，使所有中央驻藏人员仍回拉萨，执行职务，以免召致不良之后果。"[29]

而中共中央的态度则更加明确而坚定。从西柏坡发出的新华社社论严正指出："7 月 8 日西藏地方当权者驱逐汉族人民及国民党驻藏人员的事件，是在英帝国主义及其追随者尼赫鲁政府的策划下发动的。英、美、印反动派勾结西藏地方反动当局举行的这个'反共'事变的目的，就是企图在人民解放军即将解放全国的时候，使西藏人民不但不能得到解放，而且进一步丧失独立自由，变为外国帝国主义的殖民地奴隶。"[30]

乘人之危，挑拨离间，是帝国主义势力谋取私利一贯的卑鄙伎俩。这已是外国势力干涉中国西藏内政的第二次实际行动（第一次是在辛亥革命发生后，在西藏的外国势力挑拨西藏地方政府，将清朝驻藏人员和驻藏清军驱赶出西藏）。

但此时之中国非彼时之中国。毛泽东通过新中国外交部义正词严电告外国政府："西藏是中国领土，西藏问题是中国内政。人民解放军必须进入西藏。"

1949 年 9 月 2 日和 7 日，新华社和人民日报分别发表社论和署名文章，社论严正指出："西藏是中国领土不可分割的一部分，中国人民一定要解放西藏。"

也在这一年，美国人劳尔·汤姆斯以美国"无线电评论员"的身份由印度进入西藏，与亲帝国主义的西藏上层频繁接触。汤姆斯父子二人回到美国以后，举行了新闻发布会，并在《纽约时报》发表文章，要求美国立即派使团到拉萨，给西藏提供援助，指导西藏人进行游击战争。1950 年 1 月，西藏地方政府雇用的英国无线电专家福克斯还给藏军司令写信，就如何搜集解放军的情报、在山口要道埋设地雷、破坏桥梁等进行出谋划策。尽管如此，美国等西方国家对西藏"独立"的呼声，仅是嘴上说说而已。

当时，西藏地方政府不是向北京派出和谈代表团，而是向国外派出"亲善团"，乞求西方势力干预中国的统一大业。美国合众社发布这一消息以后，西藏地方政府摄政达扎还回电美国合众社，请求其在舆论上支持"西藏独立"。

但是，西藏人民选择的是和平回归祖国的怀抱。

中华人民共和国中央政府和平解放西藏的举措一开始就得到了广大西藏民众和爱国上层宗教人士的支持。作为西藏两大宗教领袖之一的十世班禅，就在开国大典的当天，发贺电给毛泽东主席和朱德总司令。电文说："中央人民政府成立，凡有血气，同声鼓舞。今后人民之康乐可期，国家之复兴有望。西藏解放，指日可待。"毛泽东、朱德回电："西藏人民是爱国而反对外国侵略的，他们不满意国民党反动政府的政策，而愿意成为统一的、富强的、各民族平等合作的新中国大家庭的一分子，中央人民政府和中国人民解放军必能满足西藏人民的这个愿望。希望先生和全西藏爱国人士一致努力，为西藏的解放和汉藏人民的团结而奋斗。”[31]

居住在祖国内地的藏族各界人士，也纷纷集会或是发表广播讲话，倡导和平谈判，希望西藏地方政府协助解放军进藏，实现祖国大陆的统一。时任青海人民政府副主席的喜饶嘉措先后在西安人民广播电台向达赖喇嘛和藏族同胞发表广播讲话，呼吁：“同胞们，解放西藏的大军从各路行将出发，箭已在弦，时机迫切，只有起义，才有生路。望我西藏同胞快快起来，努力争取和平解放，迅速派遣全权代表赴京进行和平协商，使西藏人民避免不必要的损失，经由和平途径达到解放。这不单是前后藏人民和佛教的幸福，全国各族人民也是一致欢迎的。”[32]

当时，新中国领导人毛泽东正在出访邻国苏联的旅途上，他仔细地考虑和分析到解放西藏的时机，以政治家的敏锐做出决断：“解放西藏，宜早不宜迟。”1950 年 1 月 2 日，他从莫斯科发电报给中央，确定向西藏进军及经营西藏的任务由中共中央西南局担负，并指出“进军及经营西藏是我党光荣而艰苦的任务”。[33]

中央政府当时对西藏的要求就是两条：第一条是西藏回到祖国大家庭，团结起来把帝国主义侵略势力驱逐出去；第二条是人民解放军进驻西藏，巩固国防、守卫国防、守卫边疆。

然而，这一系列和谈的努力并没有感化西藏地方政府。相反，西藏亲帝分子利用中央政府的善意等待，抓紧时间扩军，用武力抵抗和平。中央不得已采取了以打促和的办法。

1950 年 10 月 6 日，昌都战役正式打响。10 月 12 日，藏军第九代本宣布起义；18 日，藏军全面溃败；21 日，撤退至昌都西南朱古寺的阿沛，下令残余的 2700 多名藏军放下武器，向解放军投诚。

1950 年，对新生的中华人民共和国而言，国际形势十分严峻。

美国出兵朝鲜，把战火烧到我国东北边界，同年，美国又入侵了台湾海峡。对中国解放自己的领土西藏，外国的干涉更加露骨。10月21日，昌都刚解放几天，印度政府致我国外交部备忘录，反对人民解放军进军西藏；11月，美国国务卿艾奇逊在华盛顿记者招待会上，污蔑人民解放军进藏是“侵略”；还是在同年的11月，萨尔瓦多驻联合国代表在美英代表指使下，向联合国秘书长赖依提出所谓西藏问题案，在一些国家代表引用国际条约的反对下，此方案未能提交大会。《人民日报》在这一年的11月，连续发表社论，表明中国人民统一祖国的决心，提出中国人民解放自己的领土西藏不容干涉。

人民解放军轻松一击的昌都战役，粉碎了西藏上层武力抵抗的企图和梦想，也让西方国家看到了新中国解放自己领土的决心。对外国势力干预失望的西藏地方政府，在布达拉宫召集五品以上官员和色拉寺、哲蚌寺、甘丹寺的代表开了3天会议，会议决定接受和平解放西藏的建议，停止对抗，派代表进行和谈。

西藏地方政府全权代表在《关于和平解放西藏办法的协议》上签字。坐者右起为西藏地方政府全权代表，阿沛·阿旺晋美、凯墨·索安旺堆、土丹旦达、土登列门、桑颇·登增顿珠（资料）

1951 年 4 月下旬，西藏地方政府代表团来到北京，参加和平解放西藏的谈判。中央人民政府方面指派李维汉、张经武、张国华、孙志远为全权代表，并以李维汉为首席代表。西藏地方政府方面指派阿沛·阿旺晋美、凯墨·索安旺堆、土丹旦达、土登列门、桑颇·登增顿珠为全权代表，并以阿沛·阿旺晋美为首席代表。

双方代表经过 25 天认真细致的谈判，最终在谈判内容上达成一致。

1951年5月23日，这是一个重要的历史时刻。它是西藏近现代历史上最值得铭记的瞬间。经过 25 天艰苦细致的谈判，《中央人民政府与西藏地方政府关于和平解放西藏办法的协议》（以下简称“十七条协议”）在北京签订。这个协议的签订，使西藏永远摆脱了帝国主义的羁绊，回到了平等、友爱、互助、团结的祖国大家庭。

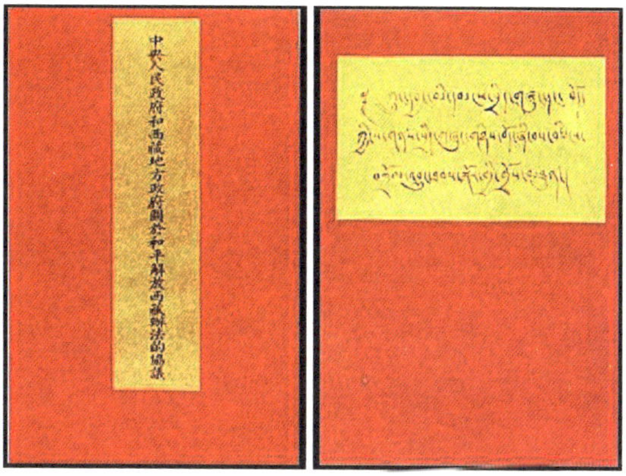

“十七条协议”文本（资料）

次日，毛泽东主席在中南海勤政殿设宴招待和谈代表和在京的十世班禅喇嘛。毛泽东说：“几百年来，中国各民族之间是不团结的，特别是汉民族与藏民族之间是不团结的，西藏民族内部也不团结。这是反动的清朝政府和蒋介石政府统治的结果，也是帝国主义挑拨离间的结果。现在，达赖所领导的力量与班禅额尔德尼所领导的力量与中央人民政府之间，都团结起来了。这是中国人民打倒了帝国主义及国内反动派之后才达到的。这种团结是兄弟般的团结，不是一方面压迫另一方面。这种团结是各方面共同努力的结果。今后，在这一团结的基础之上，我们各民族之间，将在各方面，将在政治、经济、文化等一切方面，得到发展和进步。”[34]

1951 年 7 月 14 日，经过一个多月的路程，中央代表张经武经香港、印度加尔各答，来到中国西藏与印度边界的亚东小镇，面晤伺机外逃的十四世达赖，亲自送达毛泽东主席的亲笔信，劝导达赖回拉萨。最后，十四世达赖批准了西藏地方政府的决定。十四世达赖回到拉萨后，于 10 月 24 日致电毛泽东主席，明确表示赞同十七条协议：“今年西藏地方政府，特派全权代表噶伦阿沛等五人，于1951 年 4 月底抵达北京，与中央人民政府指定的全权代表进行和谈。双方代表在友好基础上，已于 1951 年 5 月 23 日签订了《关于和平解放西藏办法的协议》。西藏地方政府及藏族僧俗民众一致拥护，并在毛主席及中央人民政府领导下，积极协助人民解放军进藏部队，巩固国防，驱逐帝国主义势力出西藏，保卫祖国领土主权的统一，谨电奉闻。”[35]

历史将永远铭记和平解放西藏这一伟大的事件，它对包括藏族在内的中华民族从屈辱走向崛起、从贫穷走向富强的曲折经历而言，意义重大而深远。

参考文献

[1] 《资治通鉴》卷 197。

[2] 马大正：《中国边疆经略史》，武汉大学出版社，2013 年，第 186–187 页。

[3] 黄奋生：《藏族史略》，民族出版社，1985 年，第 105 页。

[4] 班钦·索南查巴著，黄颢译：《新红史》，西藏人民出版社，2002 年，第 173 页。
[5] 西藏自治区文物管理委员会编：《拉萨文物志》，1985 年，第 107 页。
[6] 王尧：《王尧藏学文集》（卷二），中国藏学出版社，2012 年，第 20 页。
[7] 王尧：《王尧藏学文集》（卷二），中国藏学出版社，2012 年，第 50-51 页。
[8] 脱脱等：《宋史》卷四百九十二，1977 年，第 14151 页。
[9] 马大正：《中国边疆经略史》，武汉大学出版社，2013 年，第 178 页。
[10] 藏族简史编写组:《藏族简史》,民族出版社,2009 年,第 83 页。
[11] 阿旺贡噶索南著，陈庆英等译注：《萨迦世系史》，西藏人民出版社，2002 年，第 81 页。
[12] 恰白·次旦平措等著：《西藏通史简编》，五洲传播出版社，2000 年，第 69-72 页。
[13] 《元史·释老传》卷 202。
[14] 蔡巴·贡嘎多吉著，陈庆英、周润年译注：《红史》，西藏人民出版社，2014 年，第 22 页。
[15] 王尧：《走近藏传佛教》，中华书局，2013 年，第 240 页。
[16] 《明太祖实录》卷 42。
[17] 《明太祖实录》卷 79。
[18] 顾祖成:《明清治藏史要》,西藏人民出版社,1999 年,第 33 页。
[19] 黄奋生：《藏族史略》，民族出版社，1985 年，第 197 页。
[20] 顾祖成等：《清实录藏族史料·第 1 集》，西藏人民出版社，1982 年，第 34 页。
[21] 顾祖成等：《清实录藏族史料·第 1 集》，西藏人民出版社，1982 年，第 267 页。

[22] 顾祖成等：《清实录藏族史料·第3集》，西藏人民出版社，1982年，第1116页。
[23] 恰白·次旦平措等：《西藏简明通史》，2012年，第238–240页。
[24] 杨公素：《沧桑九十年——一个外交特使的回忆》，海南出版社，1999年，第199页。
[25] 杨公素：《中国反对外国侵略干涉西藏地方斗争史》，中国藏学出版社，1992年，第194–195页。
[26] 马大正：《国民政府女密使赴藏纪实》，民族出版社，1998年，第112页。
[27] 中国藏学研究中心等：《元以来西藏地方与中央政府关系档案史料汇编（7）》，中国藏学出版社，1994年，第2938页。
[28] 罗广武、何宗英：《西藏地方通史通述》，西藏人民出版社，2007年，第1156页。
[29] 中国藏学研究中心等：《元以来西藏地方与中央政府关系档案史料汇编（7）》，中国藏学出版社，1994年，第2943页。
[30] 罗广武、何宗英：《西藏地方史通述》，西藏人民出版社，2007年，第1165页。
[31] 罗广武、何宗英：《西藏地方史通述》，西藏人民出版社，2007年，第1174页。
[32] 《人民日报》1950年5月23日。
[33] 中共中央文献研究室：《毛泽东西藏工作文选》，中国藏学出版社，2001年，第7页。
[34] 中共中央文献研究室：《毛泽东西藏工作文选》，中国藏学出版社，2001年，第43页。
[35] 西藏自治区党史资料征集委员会、西藏军区党史资料征集领导小组：《和平解放西藏》，西藏人民出版社，1995年，第206页。

第六讲

十七条协议是20世纪西藏历史的分水岭

按

2021 年是中国共产党诞生 100 周年，也是和平解放西藏十七条协议签订 70 周年，我们在纪念党的丰功伟绩时，重温一下中国共产党对解放西藏人民、发展西藏经济、促进民族团结做出的伟大贡献，也很有现实意义。

提 要

20 世纪的西藏，经历了由旧西藏到新西藏划时代的变迁，其中标志性的历史事件就是：1951 年 5 月 23 日，中华人民共和国中央人民政府代表与西藏地方政府代表在北京签订了《中央人民政府与西藏地方政府关于和平解放西藏办法的协议》。

这个协议是 20 世纪西藏百年历史的分水岭，具有划时代的历史意义：前 50 年，旧西藏经历了三次重大危机，社会动荡不已，边地屈辱不堪；后 50 年，新西藏发展实现了三次飞越，经济快速发展，各民族安居乐业。

前 50 年西藏虽有离心，但未与祖国断线。十七条协议解决了西藏的主权问题，民主改革解决了西藏的政权问题，自治区成立解决了西藏的制度问题，全国人民的支援解决了西藏的长治久安问题。

20世纪前50年旧西藏经历的三次危机

西藏自古以来就是中国不可分割的一部分。元朝时纳入国家行政管理，置宣政院衙门管辖西藏，驻扎军队，开通驿道，征收税赋，普查人口，划分十三万户。明朝以“多封众建”、册封政教首领的方式，同时设立都司、卫所等军政机构管辖西藏。清朝基本完善了对西藏的治理结构，康熙时设立僧俗共治的噶厦机构，雍正时设置驻藏大臣衙门，乾隆制定二十九条章程，以法律文件方式确立活佛转世金瓶掣签、驻藏大臣与达赖权限相等、共治西藏的制度。但是，鸦片战争以后，中国遭到列强频繁入侵，割地赔款，不平等条约一个接一个，到20世纪初，中国已然如同一艘千疮百孔的巨轮。

祖国兴，则西藏兴，祖国衰，则西藏衰。正是在这个列强掠夺、国家衰弱、民众苦难的大背景下，封建农奴制度下的西藏，由于清政府自身衰败，无暇顾及边陲，也难逃衰落之厄运。尤其是在外部势力操纵下，分裂的危机频现，其中以英军入侵西藏、达赖外逃及西姆拉会议、驱汉事件三次遗祸为最。

1. 英军入侵西藏

早在1600年，英国就在印度开设了东印度公司。1849年，英国征服印度全境，印度不仅沦为英国殖民地，而且也成为英国向东扩张的基地。19世纪下半叶，英国先后蚕食了廓尔喀、不丹，1888年，英军发动第一次入侵西藏战争，以武力胁迫清政府签订了与西藏相关的第一个不平等条约《中英会议藏印条约》及《中英会议藏印续约》，将锡金割走并列为其保护国，割走中国西藏边界大片领土并在亚东开埠。“通过这个条约，英国终于打开西藏对外封闭的大门，给西藏地方的社会历史发展带来了严重后果。……中国的主权和领土完整蒙受了严重损害。……西藏上层一部分人见清廷无力对付外国列强的入侵，不能维护其在西藏的统治势力，开始产生离心倾向。”[1]1903年11月，英军再次入侵西藏。这是20世纪初期前后数年之间，英国第二次入侵西藏并深入西藏腹地。英军3000多人，携机枪、大炮等现代武器，在荣赫鹏上校率领下，越过中国西藏边界，击败守卫帕里、江孜城堡的藏族军民，一路烧杀抢掠，北上攻入拉萨。十三世达赖喇嘛闻讯逃往祖国内地，慈禧、光绪下旨革去达赖名号。英军胁迫西藏地方政府签订了不平等的“拉萨条约”，主要内容是西藏方撤除边界防卫设施，赔款750万卢比（后减为250万，由清政府赔付），增开西藏更多的商埠，商务、海关事宜由英国人监管，未经英国同意，西藏土地不得让卖、租典予其他国家，西藏一切事务不准第三国干涉等。[2]英军入侵西藏，强迫签订不平等条约，让本来就贫瘠的西藏陷入更深的苦难，英国还因此制造了清王朝中央政府与西藏

英军进入拉萨（版画、资料）

地方政府的隔阂，埋下了分裂的种子。

英国势力楔入西藏，清廷上下震动，光绪皇帝谕曰："西藏为我朝二百余年藩属，该处地大物博，久为外人垂涎。近日英兵入藏，迫胁番众立约，情形叵测。亟应思患预防，补救筹维，端在开垦实边，练兵讲武，期挽得权而资抵御，方足自固藩篱。"在辛亥革命成功、1912年中华民国成立之后，孙中山、袁世凯均宣布五族共和，"国家之本，在于人民，合汉、满、蒙、回、藏诸地为一国，则合汉、满、蒙、回、藏诸族为一人"。"现在五族共和，凡蒙、藏、回疆各地方，同为我中华民国领土，则蒙、藏、回疆各民族，即同为我中华民国国民"。[3]北洋政府还及时声明对藏政策："恢复达赖喇嘛之名号，以安全藏人心，派人赴藏，宣谕共和大义，顺藏人之所欲，不施一切新制，凡在前清时代，与英缔结之约，继续遵行。"[4]

然而，民国虽立，列强仍然环伺，各地军阀混战不已。

2. 十三世达赖喇嘛外逃及"西姆拉条约"

英军第一次侵入西藏，强迫签订不平等条约以后的1895年，"西藏形势急转，而且越来越复杂。噶厦、三大寺召开会议，请求年已20岁的达赖喇嘛亲政。清朝皇帝接报后下旨，为授权达赖喇嘛掌政教事务，特遣使带去重礼，尔要喜纳，并要尤当扬佛教，造福于众生，尔其勉之"。[5]十三世达赖喇嘛曾两次逃离西藏，一次是到祖国内地，一次是到印度。他从幼年到亲政，身处西藏动荡多事之秋，而母国——中国受列强不断入侵，清王朝如风中残烛，无力西顾藏边。1904年英军侵入拉萨，十三世达赖喇嘛逃至蒙古等地，被清廷革去"达赖"名号，后来进京觐见光绪皇帝和慈禧太后，清廷又恢复"达赖"名号。清廷的软弱与英国的强势，对比之下，十三世达赖喇嘛离心日甚。

清王朝虽处风雨飘摇之中，但仍未放弃西藏。先后派遣张荫棠、联豫、赵尔丰处理藏事。张荫棠在藏实施改革，如是一股新风，西藏境况有所好转；川滇边务大臣赵尔丰遣川军进藏，则如沙尘暴，川藏军的交战，使本已有起色的西藏陷入更大的动荡。宣统二年（1910年）2月，川军进入拉萨，在混乱与流言中，十三世达赖喇嘛再次出逃，这次没去祖国内地，而是在英国人的诱惑下，去了印度噶伦堡。随即，清廷颁发上谕，又一次宣布革去十三世达赖喇嘛名号。此乃历辈达赖喇嘛唯一被中央政府两次革去名号之事也。

之后，被英国势力裹挟的十三世达赖喇嘛，曾一度坚定了谋求西藏“独立”的想法。

1913年，英国以调停藏边事务为借口，提出召开中英会议，勘定英印与中国西藏边界，目的是将西藏从中国分离出去。北洋政府派出陈贻范（曾任驻英代理公使）为中央政府首席代表，英国政府首席代表是英印政府外务秘书麦克马洪。之前中国提出会议在北京召开，由中英双方参加，而英国坚持在其殖民地印度西姆拉召开，英方还坚持西藏地方政府代表伦钦夏扎·班觉多吉（亲英的贵族、达赖喇嘛特使）为单独一方，三方为同等地位。结果会议成为“中英藏三方会议”，签订的不平等条约，史称“西姆拉条约”。会议伊始，夏扎·班觉多吉按照事先与英方秘密商妥的方案，首先提出六项要求，主要内容是：西藏“独立”；中藏划定“边界”，其“边界”包括青海及川边各地；中国不得派员驻藏等。中方代表陈贻范当即针锋相对指出：西藏为中国领土之一，中国有派驻长官之权力；西藏外交由中国政府主导等。麦克马洪立即又以中间调停人姿态提出另一方案：西藏分为内藏、外藏，内藏为中国甘、青、川、滇之其他涉藏地区，由中国政府管理；外藏以西藏现有之范围实行自治，诸事中国政府不得干预。此出卖中国利益之条约草案，受到全国各地民众反对，袁世凯不得已，电令陈贻范不得签押。但是，老奸巨猾的英方代表，背着中国中央政府代表，私下沟通西藏地方代表夏扎，出示一边界地图，将西藏东南部边界9万多平方千米土地划归英印，此即为臭名昭著的“麦克马洪线”。麦克马洪提出只要藏方签字，即支持西藏独立。夏扎·班觉多吉请示了拉萨方面，为了得到英方支持，达到西藏从中国分离的目的，背着中央代表私下与英方代表单方面签字，陈贻范始终拒绝在正式文本上签字，中国政府始终未承认英国政府与西藏地方政府订立的所谓的“西姆拉条约”。此非法条约受到中国各界广泛谴责，贻祸至今。

3. 驱汉事件

辛亥革命成功之后，驻西藏的川军分裂成两派，一部分主张勤王，一部分支持革命，但更多的是内部哄乱。英国抓住时机推动西藏从中国分离。“1911年底，印度总督明托到大吉岭与达赖晤面，进行策划。1912年1月，达赖派达桑占堆从印度潜回西藏，组织一万多民军，煽动民族情绪，围攻驻藏川军，并掀起反汉暴动，走向民族仇杀和分裂祖国的罪恶道路。”[6]

辛亥革命次年，流寓印度多年的达赖喇嘛回到拉萨，支持藏军向川军发动攻击，结果又是英方出面“调停”，驻藏办事长官钟颖及各地川军，孤立无援，不得已放下武器，经由西藏边界到印度，有的留在印度，有的返回祖国内地。此为第一次“驱汉事件”。

1933年10月30日，十三世达赖喇嘛在拉萨圆寂，享年58岁。国民政府认为这是申明中央政府于西藏地方主权、接续中央与西藏地方关系的良机，当即指派参谋本部次长黄慕松进藏致祭，“黄慕松在拉萨停留期间，和噶厦方面进行了多次政治性会谈。但由于噶厦方面顽固坚持他们在西姆拉会议上的分离主义立场，谈判没有取得任何积极成果”[7]。但黄慕松抓住机会，在拉萨设立了蒙藏委员会驻藏办事处，以延续中央政府驻藏大臣衙门之部分功能。1940年1月，蒙藏委员会委员长吴忠信到达拉萨，看视达赖喇嘛转世灵童拉木登珠，上报国民政府，经国民政府主席林森签署命令，特准免于掣签。然后与摄政热振活佛主持了十四世达赖坐床典礼。吴忠信在报告中有此感慨：“综观此一阶段内中央与西藏之关系，外有英人之指使，内有达赖之反复，冲突频仍，纠纷迭起，洵属两方感情最恶劣之时期。此后筹藏，必须将此种恶影响洗刷尽净，始能有进一步之收获。”[8]

第二次“驱汉事件”发生在新中国诞生前夕。中国抗战正处艰难之际，在英国操纵下，西藏分裂势力加紧“藏独”步伐。1942年夏，西藏地方政府突然宣布成立“外交局”，要求驻藏办事处凡有接洽之事，须等同外国如英印、尼泊尔驻藏代表。英印政府也乘机派出军队按麦克马洪线之划分，占领西藏东部的提朗宗、门达旺、白马岗等地。1946年，在印度新德里召开的“泛亚洲会议”上，英国人黎吉生游说西藏地方政府派出代表团出席，“黎吉生又向‘外交局’及摄政达扎建议，西藏代表团应带一面国旗。西藏本来没有什么国旗，于是急忙制了一面藏军平时用的‘雪山狮子旗’派专人送去。于是在泛亚洲会议开会时出现了怪事，一是在亚洲地图上将西藏划在中国领土之外，一是出现了所谓的西藏‘雪山狮子旗’。此事经出席会议的中国代表团交涉，尼赫鲁才命人纠正”。[9]

下面内容引自《西藏百科全书》“驱汉事件”条目：

1949年中国共产党领导的人民解放军解放了全国大部分省区，并迅速向西北、西南地区挺进。7月，在英国驻拉萨代表黎吉生的策动下，摄政达扎与全体噶伦及重要官员15人开会，决定乘国民党覆灭之际，断绝西藏与祖国的政治联系，驱逐汉人出境。7月8日，西藏地方当局通过印度噶伦堡电台，突然要求国民政府蒙藏委员会将其驻藏办事处撤离拉萨，又派遣藏军包围了国民政府驻藏机关，占据电台，封闭学校，并将驻藏办事处全体官员眷属、在藏经商的汉人及汉籍喇嘛等百余人，于11、17、20日分三批强制送往印度。西藏地方当局制造驱汉事件的目的是乘国民党政权无力管理西藏事务，而中国人民解放军尚未到达西藏之时，断绝西藏地方政府与中央政府的关系，摆脱中央政府对西藏的主权，阻止人民解放军进入西藏，把西藏从祖国分裂出去。[10]

针对西藏地方上层分裂脚步加快，中共中央授权新华社发表了题为《决不容许外国侵略者吞并中国的领土——西藏》的社论。这篇社论刊登在1949年9月4日《人民日报》头版头条，社论强调："西藏是中国的领土，绝不容许任何外国侵略；西藏人民是中国人民的一个不可分离的组成部分，绝不容许任何外国分割。这是中国人民、中国共产党和中国人民解放军的坚定不移的方针。"

十七条协议的历史意义

十七条协议作为新中国的法律文件，永远载入了历史史册，其历史意义用一句话概括：十七条协议的伟大意义在于结束了帝国主义侵略、干涉中国各民族人民的历史，西藏回到了中华民族大家庭的怀抱，揭开了西藏历史的新篇章。

1949 年 4 月，毛主席、朱总司令发出向全国进军、解放全中国的命令。解放全中国，当然也要解放西藏，不过，党中央考虑到西藏的历史、现状及国际形势，明确在采取军事行动同时，尽力争取用和平方式解放西藏。之前的 2 月，毛主席在西柏坡会见国际人士时，就提到解决西藏问题："需要稳步前进，不应操之过急。"[11] 8 月，又致电彭德怀司令员："班禅现到兰州，你们攻兰州时，请十分注意保护并尊重班禅及甘青境内的西藏人，以为解决西藏问题的准备。"[12]

早在英军第二次入侵西藏之后，有分离意向的十三世达赖喇嘛与坚持爱国的九世班禅逐渐失和，达赖喇嘛由印度返藏后，双方矛盾加剧。1923 年 11 月九世班禅出走祖国内地，1937 年 12 月在青海玉树圆寂。新中国成立，年仅 11 岁的十世班禅致电毛主席和朱总司令："中央人民政府成立，凡有血气，同声鼓舞。今后人民之康乐可期，国家之复兴有望。西藏解放，指日可待。"[13]

与之相反，西藏地方上层却加快分裂步伐。"11 月 2 日，西藏地方政府'外交局'竟然致电毛泽东主席，声称西藏是独立国家，'请不要将军队越境进入西藏领土'。经黎吉生授意，摄政达扎还令噶厦草拟'西藏独立宣言'。"[14] 向英、美、印、尼等国派使团乞求经济、武器和政治支援的计划，也因新中国中央政府的严厉警告而流产。

1950 年 2 月，中央提出和平解放西藏的原则和方针，同时也命令十八军作为解放西藏主力部队准备进军西藏。

5 月，中央批准邓小平亲自起草的《西南局关于与西藏地方政府谈判条件的意见》，其中拟定的十大政策后来成为十七条协议的蓝本。其内容为：

（一）西藏人民团结起来，驱逐英美帝国主义侵略势力出西藏，西藏人民回到中华人民共和国祖国的大家庭来。

（二）实现西藏民族区域自治。

（三）西藏现行各种政治制度维持原状概不变更。达赖活佛地位及职位不予变更。各级官员照常供职。

（四）实行宗教自由，保护喇嘛寺庙，尊重西藏人民的宗教信仰和风俗习惯。

（五）维持西藏现行军事制度不变，西藏现有军队为中华人民共和国国防武装之一部分。

（六）发展西藏民族的语言、文字与学校教育。

（七）发展西藏的农牧工商业，改善人民生活。

（八）有关西藏的各项改革事宜，完全根据西藏人民的意志，由西藏人民采取协商方式加以解决。

（九）对于过去亲英美和亲国民党的官员，只要他们脱离与英美帝国主义和国民党的关系，不进行破坏和反抗，一律继续任职，不究既往。

（十）中国人民解放军进入西藏，巩固国防。人民解放军遵守上列各项政策。人民解放军的经费完全由中央人民政府供给，人民解放军实行买卖公平。[15]

5月，中央人民广播电台藏语节目开播，青海省人民政府副主席、后来担任中国佛教协会会长的喜饶嘉措向达赖喇嘛和藏族同胞发表广播讲话，呼吁达赖不要听信帝国主义的谣言，速派代表赴京协商解决西藏问题。

7月，西北局、西南局分别派出促和团进藏劝说西藏地方政府与中央政府和谈，以实现和平解放西藏。青海一路甫抵藏北那曲即被软禁；西康省人民政府副主席格达活佛率领的促和团被滞留昌都，格达活佛后遭毒害。

在英国的支持下，西藏地方政府决定以武力抗拒和平，派出藏军主力和其他武装分子共8000多人，在川康入藏要道的昌都周围及金沙江西岸构筑工事，企图抵抗解放军进藏。

10月6日，昌都战役打响。十八军先遣部队兵分两路渡过金沙江，经过数日战斗，歼灭藏军主力，一部藏军起义，其余放下武器投诚。“以打促和”，西藏和平解放的大门得以打开。

1. 中央政府代表与西藏地方政府代表共同协商签订协议

1951年4月下旬，西藏地方政府（噶厦）代表团成员先后来到北京，参加和平解放西藏的谈判。中央人民政府指派李维汉为首席代表（中央统战部长、民委主任）、张经武（中央军委办公厅主任）、张国华（进藏十八军军长）、孙志远（西南军政委员会秘书长）为全权代表；西藏地方政府方面指派阿沛·阿旺晋美为首席代表（西藏地方政府噶伦），凯墨·索安旺堆（藏军司令）、土丹旦达（四品僧官、译仓秘书长）、土登列门（四品官）、桑颇·登增顿珠（四品官、藏军团长）为全权代表。

阿沛·阿旺晋美在1981年发表的《回到温暖的祖国大家庭》一文中写道：“我们在平等协商的基础上认真、亲切地谈判”，“经过反复磋商，根据党解决国内民族问题的一贯方针和西藏的特殊情况，正确地解决了各项复杂的问题。”[16]

时任僧官代表的土丹旦达在1982年撰文回忆道：“先是我们

西藏代表接受了中央提出的十条，接着我们也提出了九条建议，中央也对正确的部分加以采纳和研究综合，并对不合理的部分进行了耐心的解释。……我作为译仓派出的僧官，在谈判过程中对宗教信仰、寺庙收入等提的建议较多，中央大都采纳了。”[17]

在谈判之前，周恩来要求中央政府的代表要尊重西藏地方政府的代表，做好各方面的团结工作。李维汉还就谈判的时间、地点、方式等征询了阿沛·阿旺晋美的意见。4月29日开始的第一次谈判，没有涉及实质性问题，仅是就谈判的程序、步骤进行协商。

谈判先后举行了六次。主要集中在三个问题上。第一个问题，西藏地方政府代表承认西藏是中国的一部分，但不同意解放军进藏。中央政府代表认为解放军理应驻守国防，驻军不要西藏地方供给，不会增加西藏地方负担。经过三次谈判和多次会下协商，西藏地方政府代表接受了“西藏地方政府积极协助人民解放军进藏，巩固国防”的条款。第二个问题，西藏地方政府代表担心对西藏原有的制度进行改革。中央政府代表仔细阐述了共产党的民族平等和少数民族地区实行民族区域自治的基本政策，解释说不改变西藏原有的制度，即使要变，也得由西藏地方政府和西藏人民决定。第三个问题，当中央政府代表提出将班禅的地位、职权等问题写入协议时，西藏地方政府代表认为没有权利处理此事，表示难以接受，这是在整个和谈中争议最大的一个问题，意见相左，几乎导致谈判破裂。

时年90多岁的阿沛·阿旺晋美在2001年5月中央电视台制作并播出的文献纪录片《西藏五十年》中回忆说：“可是过了几天，孙志远来找我，他说，我们应该恢复谈判，我们建议这样提：维持十三世达赖和九世班禅彼此友好相处时的地位和职权。这样行吗？我说，这样的提法我们可以接受。于是，谈判又恢复了。”

谈判时任阿沛副官的西藏自治区政协原副主席金中·坚赞平措，也是十七条协议签订的亲历者。他也在《西藏五十年》文献纪录片中回忆说："十七条协议里面十五条达成了一致意见，有关剩下的两条问题从北京给达赖打电报请示，那时我还会用数字发电报。达赖在回电中说，在西藏不需要驻那么多解放军，中央派一个代表就可以了。"

经过 25 天艰苦细致的谈判，双方最终意见达成一致。1951 年 5 月 23 日，中央人民政府与西藏地方政府的全权代表在北京中南海勤政殿国旗和国徽的背景下，由朱德总司令、李济深副主席、陈云副总理主持，庄严地签订了《中央人民政府和西藏地方政府关于和平解放西藏办法的协议》。十七条协议在之前邓小平起草的十大政策的基础上，内容更加充实、更加全面。协议维护了中国的国家主权、领土的完整，促进了民族团结和西藏地方内部的团结，为西藏今后的发展奠定了坚实的法律基础。"十七条协议是合情合理的，它正确地回答了西藏历史发展所提出的问题，完全符合西藏人民的利益和愿望，也符合全国人民的利益和愿望。十七条协议是马克思列宁主义、毛泽东思想同和平解放西藏斗争实践紧密结合的产物，是中国共产党成功解决国内民族问题的范例。"[18]

2. 十七条协议是达赖亲自派西藏地方要员参加签订的

然而，西藏地方反动上层在 1959 年 3 月撕毁十七条协议，发动了武装叛乱。达赖逃到国外以后，就在一些公开场合说，"十七条协议的合法性值得怀疑"，还在自传中写道，他第一次是从广播听到十七条协议的签订，"一个严厉、爆裂的声音宣读当天由中华人民共和国和他们所谓西藏'地方政府'代表所签署的十七点'和平解放西藏’的‘协议’。我简直不能相信自己的耳朵”。[19]“西藏流亡政府”在 2001 年 5 月 22 日发表声明称：“十七条协议的签订是西藏历史的一大悲剧”，“是非法的、无效的”。还说“中国代表自始至终对西藏代表以歧视、欺凌和强制威胁等方式施加压力，将他们的意志强加给西藏人”，“西藏代表完全失去自由，是被迫签字”。

然而，事实却不容歪曲。

“1951 年我派代表到北京与中央人民政府代表进行谈判，在团结友爱的基础上，签订了《中央人民政府与西藏地方政府关于和平解放西藏办法的协议》。从此，西藏人民永远摆脱了帝国主义的奴役和羁绊，回到祖国大家庭，和祖国各兄弟民族一样，充分享受到民族平等的一切权利，开始走上了自由幸福的光明大道。”根据十七条协议，1956 年 4 月 22 日，西藏成立了自治区筹委会，十四世达赖就任筹委会主任。以上是他在筹委会成立大会的致辞。[20]

西藏地方政府参加北京和平谈判的五人代表分别由拉萨和亚东派出，达赖的姐夫尧西·彭措扎西还以汉译员的身份随行。由亚东派出的代表由印度经海路到香港，再到北京。

土丹旦达撰文回忆道：“我们动身前，噶厦给每个代表颁发了一份盖有印章的全权证书，证书外面注明西藏全权代表五人姓名及身份，里面写有承认西藏为中国领土等内容。可答应每年向中央政府进贡，此外不得作任何许诺等字样。同时还让我们带了一封达赖致印度总理尼赫鲁的信件。……到达北京后，我们旋即会晤前期到京的西藏首席代表噶伦阿沛·阿旺晋美等，转交了噶厦发的证书，传达了达赖吩咐的有关事项；接着又拜见了中央首长，呈交了达赖的信件和礼品。”他还写道：“为了便于在返藏后让达赖了解谈判的详细情况，使他接受签订的协议，我们五名西藏谈判代表每次商量问题时，都注意请尧西·彭措扎西参加。就这样，我们和中央的全权代表一起，于5月23日签订了《关于和平解放西藏办法的协议》。我们向全世界作了公布。我们西藏代表也立即发电报给达赖和噶厦，向他们报告十七条协议的内容。”[21]

昌都战役藏军大败的消息传到拉萨，在西藏上层分裂势力中产生了强烈震动。1950年10月8日，亲英美并主张武力抗拒的摄政达扎下台，16岁的十四世达赖亲政。一个多月后，达赖从拉萨逃到边境小镇亚东，派人与印度政府联系，试探去外国的可能性，伺机逃往印度或美国。然而，外国势力除了单方面要求达赖抵制十七条协议，在广播、报纸声援“藏独”以外，没有任何实质性动作。1951年1月18日，夹在是逃还是谈两种势力之间的达赖，再三权衡，批准了噶厦的决定，并亲自致信中国驻印度大使袁仲贤转呈毛主席。信中说：“近日已通知阿沛及随员从速启程赴北京。但因路途遥远，不易及时赶到，为争取时间，我们将再给阿沛派去助手，经印度前往北京。所派的助手是扎萨索康苏巴和堪仲曲配土登，他二人带去全体噶伦、西藏会议及人民的详细书面报告，向您呈报。请您用增进藏汉友好关系的纯正善良愿望，向尊敬的毛主席及时转呈。”[22]

1月29日，中央复电袁仲贤转告达赖，欢迎他派代表到北京商谈和平解放西藏问题，并让袁仲贤代表毛主席祝贺达赖亲政。中央电报中指出，应劝达赖不要离开西藏，如果离开了，不仅有碍于西藏和平解放的谈判，而且达赖也将丧失原来在西藏的地位。[23]

十七条协议签订的次日，中央人民政府设宴庆祝。毛泽东在宴会上讲话说：“几百年来，中国各民族之间是不团结的，特别是汉民族与藏民族之间是不团结的，西藏民族内部也不团结。这是反动的清朝政府和蒋介石政府统治的结果，也是帝国主义挑拨离间的结果。现在，达赖所领导的力量与班禅额尔德尼所领导的力量与中央人民政府之间，都团结起来了。这是中国人民打倒了帝国主义及国内反动派之后才达到的。这种团结是兄弟般的团结，不是一方面压迫另一方面的团结。这种团结是各方面共同努力的结果。今后，在这一团结的基础之上，我们各民族之间，将在各方面，将在政治、经济、文化等一切方面，得到发展和进步。”[24]

3. 关于十七条协议的两个附件

笔者最早是在 1989 年 7 月 31 日，在拉萨直接听到阿沛·阿旺晋美谈起十七条协议附件之事。他当时在西藏自治区第五届人大二次会议上作了长篇发言。阿沛·阿旺晋美在发言中回忆十七条协议谈判中提到解放军进藏问题时说：“万一协议不符合达赖的意愿，他以不同意让人民解放军进藏守卫边疆这一条为借口去了国外怎么办呢？我们要求中央在协议里写上这第一条，就是协议签订后，如果达赖和噶厦承认，那是再好不过了；如果达赖不承认，到国外去了，应该允许他到国外去看一年，看到西藏情况有好的变化，有发展时，他再返西藏，到时候请中央保证维持达赖的固有地位和职权……我们提出这个要求后，中央答应了。但是中央提出，十七条协议要向全世界公布，如果把这条写进协议里面，世界上可能有很多议论……建议写在附件里。我们也同意了。”[25]

十七条协议有两个附件，一个是《关于人民解放军进驻西藏的若干事项的规定》，内容诸如进藏兵力一个军左右、藏军改编、解放军经费及物资由中央供给等。另一个是《西藏地方政府关于执行协议的声明》，内容主要是执行协议第一年，达赖可自主选择住地，在此期间返职，地位职权不变。

在谈判过程中，双方的翻译都是藏族人。中央政府代表的藏汉语翻译是列席会议的平措旺杰同志，西藏地方政府代表的汉译员是尧西·彭措扎西，英译员是桑都仁青。时任中共西藏工委委员的平措旺杰后来撰文写道：“由于面临复杂的各种国内外反动势力的干预而可能产生的不利后果，有些问题，事实上无法在电报上，用三言二语解释清楚。加之通讯联系条件的局限，西藏代表团不可能事事及时向噶厦请示。在这种特殊情况下，为了对历史负责，作为和谈的全权代表，只好履行自己的权力，作出必要的决定，包括协议的附件在内。”[26]

土丹旦达的回忆文章提到，协议签订后，西藏地方政府代表即把协议全文发电报到亚东，亚东回电报说，需将协议附件全文电发亚东，等待研究决定。因当时北京到亚东的电报要通过印度转发，往复需很长时间，我们回电说：“协议附件关系国家机密，不能电发，只能我们带回。”[27]但噶厦和达赖坚持要看到文本文件才能对十七条协议正式表态。

6月，受毛主席和中央委派，中央代表张经武携带毛泽东给达赖的亲笔信和十七条协议藏汉文副本及附件，千里迢迢，经香港和印度，跋涉1个月，到达亚东。同行有参加和平解放西藏十七条协议谈判和签订的西藏地方政府全权代表凯墨·索安旺堆、桑颇·登增顿珠、土丹旦达及译员尧西·彭措扎西等人。据赵慎应所著《中央驻藏代表——张经武》一书所述：

当张经武走进达赖的住室时，达赖从座椅上站起，跨前几步迎接，并让座请坐下。

达赖和张经武在两把紫檀木椅上入座，张经武和蔼地问候达赖喇嘛身体健康。

达赖有礼貌地问候毛主席身体健康，并说张将军路上辛苦啦！

张经武说：“您亲自派代表到北京谈判，签订了和平解放西藏的十七条协议，对您这种爱国态度，毛主席非常赞赏，非常高兴”。

张经武说着，向达赖递交了毛主席的亲笔信和协议副本以及两份协议附件。

毛主席的亲笔信原文如下：“……西藏地方政府在你亲政以后，开始改变以往的态度，响应中央人民政府和平解放西藏的号召，派遣以阿沛·阿旺晋美先生为首的全权代表来北京举行谈判。你的这项举措是完全正确的。……我希望你和你领导的西藏地方政府认真地实行关于和平解放西藏办法的协议，尽力协助人民解放军和平开进西藏地区。”[28]

最终，在张经武和部分噶厦官员的劝说下，十四世达赖回到拉萨。

为什么十七条协议的两个附件当时没有公布呢？一个附件的内容是为消除西藏地方政府对人民解放军驻守边防的疑虑，明确规定了进藏的兵力及藏军今后逐步进行改编。这在当时确属军事机密，只能内部掌握，不能对外宣布。另一个附件的内容是：如果达赖不同意协议，跑去了国外，可让他观望一年时间，只要再回来，中央还认可他的地位。但是，达赖接受了十七条协议，没有去国外，而是从亚东回到了拉萨，认可并批准了协议，还给毛主席发了拥护协议、执行协议的电报。原先的附件也就没有公开的必要了。

4. 十七条协议的法律地位不容否定

无论哪条协议的签订，都要经过协商、谈判、签字、决定、批准、公布的过程，古今中外，概莫能外。十七条协议经历了上述所有的过程，其严肃的法律地位不容置疑。

1951 年 8 月 17 日，达赖回到拉萨后，亲自听取了阿沛·阿旺晋美的汇报。这段时间，西藏地方僧俗官员不时就协议展开讨论，爱国的支持，亲英美的反对，两种意见都很激烈。而中央代表张经武，则积极做上层人士工作，逐一拜访地方官员、三大寺院堪布，赠送协议的藏文文本，耐心讲解协议内容。10 月 20 日，噶厦在布达拉宫召开了 300 多人参加的西藏僧俗官员大会，参加和谈的代表们在会上详细介绍了每个条款从协商到签字的整个经过，并回答了一些质疑。了解了协议签订的经过以后，大家表示拥护，并通过了噶厦呈报达赖的文稿，“签订的十七条协议，对于达赖之宏业，西藏之佛法、政治、经济诸方面，大有裨益，无与伦比，理当遵照执行”。[29] 达赖看了文稿以后，于 10 月 24 日向北京发出拥护十七条协议的电报：

中央人民政府毛主席：

今年西藏地方政府，特派全权代表噶伦阿沛等五人，于 1951 年 4 月底抵达北京，与中央人民政府指定的全权代表进行和谈。双方代表在友好基础上，已于 1951 年 5 月 23 日签订了关于和平解放西藏办法的协议。西藏地方政府及藏族僧、俗人民一致拥护，并在毛主席及中央人民政府领导下，积极协助人民解放军进藏部队，巩固国防，驱逐帝国主义势力出西藏，保护祖国领土主权的统一，谨电奉闻。

西藏地方政府达赖喇嘛
公历1951年10月24日
藏历铁兔年8月24日呈

毛主席复电达赖：

达赖喇嘛先生：

你于1951年10月24日的来电，已经收到了。我感谢你对实行和平解放西藏协议的努力，并致衷心的祝贺。

毛泽东
1951年10月26日[30]

20世纪后50年新西藏社会经济发展的三次飞跃

现在回首十七条协议签订的前后经过，正是在中央人民政府和西藏地方政府的共同努力下，达成了和平协议，也正是这个伟大的和平协议，使西藏获得和平解放，解决了历史遗留问题，明确了西藏的主权归属。协议签订后，纪律严明的解放军以和平方式进军，以实际行动帮助西藏人民，得到了西藏广大僧俗民众真心实意的拥戴和欢迎。

西藏和平解放以后至达赖集团叛逃境外之前，十七条协议一直是西藏各项工作的指导方针，是中央政府和西藏地方政府共同履行的法律性文件。

1. 民主改革

如果说，十七条协议解决了西藏主权归属问题，民主改革则是解决了新西藏政权属性问题，从两种政权并存到建立统一的人民政权，实现了西藏社会发展历史性的飞跃。

十七条协议签订，虽然使西藏正式回到祖国的怀抱，但当时西藏地方政权并不统一，以卫藏为中心是以达赖为首的噶厦政府，掌管西藏绝大部分地方；以后藏日喀则为中心有班禅的堪布会议厅；在昌都有新成立的人民解放委员会。1954年9月，达赖和班禅喇嘛到北京参加全国人大第一次会议，达赖当选为全国人大常委会副委员长，班禅喇嘛在全国政协二次会议上当选为全国政协副主席。

在北京期间，经过商议并在国务院会议上通过，决定成立西藏自治区筹备委员会。1956年4月，西藏自治区筹备委员会在拉萨成立，达赖为主任，班禅喇嘛、张国华为第一、第二副主任，阿沛·阿旺晋美为秘书长。专程赴藏参加筹委会成立大会的国务院副总理陈毅宣读国务院命令，并代表国务院授予达赖西藏自治区筹委会印鉴。

本着毛泽东对西藏工作“慎重稳进”的方针，进藏解放军、地方干部和西藏爱国力量积极执行和维护十七条协议，扩大了爱国统一战线，民族隔阂逐步消除，民族团结和西藏内部的团结得到加强。1954年底康藏、青藏公路通车，1956年民航在拉萨试航成功，极大地改善了西藏交通运输条件，增加了物资供应，保持了物价稳定，赢得了基层群众对共产党、解放军的信赖。

十七条协议除了提到几个“不变”，如西藏现行政治制度不变，达赖地位职权不变，尊重西藏人民宗教信仰和风俗习惯，保护喇嘛寺庙，寺庙的收入不变等。协议也提到西藏有实行民族区域自治的权利，要逐步发展西藏的教育、农牧工商业，改善人民生活。如此，西藏有必要进行改革，但协议第十条细致地提到，有关西藏各项改革，中央不强迫，西藏地方政府应自动进行改革。

1956年10月，达赖与班禅共同赴印度参加释迦牟尼涅槃2500周年纪念活动，结束后班禅喇嘛即返回祖国，达赖一到印度即受到国外势力及流亡美国的达赖哥哥与原西藏地方政府官员夏格巴等人的包围和鼓动，他们力劝达赖留在印度，组建流亡政府，争取美国和联合国的支持。达赖在游说中瞻前顾后，滞留印度不归。正在印度访问的周恩来总理抽出时间，连续三次找达赖谈话。

周总理给达赖转达毛主席的指示说："毛主席要我告诉你，已决定西藏在六年之内不进行民主改革。六年之后是否改，仍然由西藏人民和你们决定。毛主席希望你早点回西藏。"……周总理指出，"有人想把你留在印度搞'独立'是行不通的。闹独立，反对中国，是叛国行为，我们决不允许。……世界上有人喜欢听骂共产党的话，你骂一次共产党，他可以给你一些钱，再骂一次，还可以给些钱，骂三次四次以后，你拿不出什么新鲜内容，人家听着也没什么味道了，也就不再给你钱了。何况你骂共产党，并无损我们的事业胜利发展"。[31] 周总理苦口婆心并晓之以理，使达赖解除了在改革上的顾虑，于1957年2月由陆路经印度噶伦堡到达西藏边境小镇亚东，4月回到拉萨。

西藏广大农奴和奴隶急切盼望改革，而西藏反动上层为了维护三大领主既得利益和特权反对、阻挠并拖延改革。

为什么怕改革、反对改革？我们看看当时是怎样的西藏："1959年之前的西藏是一个比欧洲中世纪还要黑暗、落后的政教合一的封建农奴制社会。……占西藏总人口不足5%的农奴主占有西藏绝大部分生产资料，垄断着西藏的物质精神财富，而占西藏总人口95%以上的农奴和奴隶没有生产资料和人身自由，遭受着极其残酷的压迫和剥削，挣扎在极端贫困的悲惨境地中，根本谈不上做人的权利。长期政教合一的封建农奴制统治窒息了西藏社会的生机和活力，使西藏日益走向没落和衰败。”[32]

共产党的初心是为人民谋福利，西藏上层一些坚持分裂立场的顽固分子则是为自己谋私利，甚至为了保护自己的特权，不惜勾结国外势力破坏协议，背叛祖国，他们制造分裂的活动一直没有消停。1952年，司曹①鲁康娃和洛桑扎西支持西藏地方非法组织“人民会议”不断在拉萨闹事，反对十七条协议，要求解放军撤出西藏。在中央驻藏代表张经武的交涉下，达赖同意将两个司曹撤职。1955年噶伦索康到康区煽动武装叛乱，1957年成立“四水六岗”卫教军。1959年3月，以“卫教”名义从其他涉藏地区汇集到拉萨的武装分子已有数千名之多；8日，达赖原定10日到西藏军区看演出，受到煽动的2000多市民和一些武装分子包围了达赖居住的罗布林卡，阻止其去军区看演出。西藏军区政委谭冠三给达赖连去三封信，要求西藏地方政府制止武装挑衅，达赖也回复三信，12日给谭冠三政委的复信说：“对于昨天、前天发生的以保护我的安全为名而制造的严重离间中央与地方关系的事件，我正尽一切可能设法处理。”16日复信说：“现在此间内外的情况虽然仍然很难处置，但我正在用巧妙的办法，在政府官员中从内部划分进步与反对革命

① 司曹，西藏地方政府“噶厦”主要高级官员，清王朝时称“摄政”，十三世达赖喇嘛时称“伦钦”，后来改称“司曹”，负责协调噶伦与达赖喇嘛的行政工作。

的两种人的界线。”但是，在次日即17日深夜，达赖在噶伦索康等人及美国中情局培训的藏籍特务挟持下，逃离拉萨去了印度。

达赖喇嘛离开拉萨后，叛乱分子调集约7000人，于3月20日凌晨向党政机关发动全面进攻。人民解放军在忍无可忍、让无可让的情况下，于当日上午10时奉命进行反击。在藏族爱国僧俗人民的支持下，仅用两天时间，就彻底平息了拉萨市区的叛乱。[33]

虽然达赖逃亡路上宣布成立所谓的“西藏独立国临时政府”并在抵达印度即发表了声明，宣称“西藏是独立的国家”，但中央人民政府从维护国家统一和民族团结的大局出发，仍对达赖采取耐心等待态度，对他的全国人大常委会副委员长职务一直保留到1964年。

鉴于西藏上层反动统治集团已经完全走上叛国的道路，1959年3月28日，周恩来总理发布国务院命令，决定解散西藏地方政府，由西藏自治区筹备委员会行使地方政府职权，由十世班禅额尔德尼代理主任委员职务。与此同时，中央人民政府提出“边平叛边改革”的方针，领导西藏人民掀起了波澜壮阔的民主改革运动，彻底摧毁了政教合一的封建农奴制度，实现了百万农奴和奴隶梦寐以求的当家作主的权利。[34]

在人类发展历史上，很多国家存在过农奴制，由于其制度的落后和严重侵犯人权，相继被废除。

法国于1794年宣布废除奴隶制。1807年、1833年，英国先后通过《废除奴隶贸易法案》和《废除奴隶制法案》。1861年，俄国以自上而下的和平改革废除了农奴制。1865年，美国联邦政府凭借南北战争的胜利，以宪法修正案的形式废除了奴隶制和强制劳役。……1948年，联合国通过《世界人权宣言》明确指出：“任何人不得使为奴隶或奴役；一切形式的奴隶制度和奴隶买卖，均应予以禁止。”1956 年，联合国专门通过了《废止奴隶制、奴隶买卖及类似奴隶制的制度与习俗补充公约》，要求各缔约国采取一切实际而必要的立法及其他措施，逐渐地和迅速地加以完全废除。[35]

搬开绊脚石，西藏历史的脚步得以轻松迈进。西藏民主改革废除了封建农奴主所有制，废除了农奴对三大领主的人身依附，消除了封建农奴主的压迫和剥削，废止了旧西藏的法典和野蛮刑罚，农奴和奴隶获得人身自由，成为新西藏的主人，开始享受国家宪法和法律所赋予的民主权利。这些，都是西藏历史上前所未有的变革，是划时代的飞跃。2009 年 1 月 19 日，出席西藏自治区九届人大二次会议的 382 名代表一致投票表决同意，将每年的 3 月 28 日设为西藏百万农奴解放纪念日，以纪念 50 年前在西藏进行的民主改革。《人民日报》为此评论道：“民主改革是新中国对世界人权事业的又一重大贡献。”“民主改革是国际废奴运动的重要里程碑。在二三百年来一些国家的奴隶制和农奴制堡垒被相继攻破之后，西藏的民主改革彻底解放了长期生活在痛苦和屈辱中的百万农奴群体，并使他们迅速开始了现代化建设进程，其伟大意义和深远影响绝不亚于发生在世界任何国家和地区的废奴运动，有力地推动了人类文明的进步。”[36]

民主改革废除了政教合一制度和寺庙在经济上、政治上的特权，参与叛乱的寺庙的土地及生产资料给予没收，没参与叛乱的寺庙土地生产资料实行赎买，全部分配给之前寺庙所属的农奴和奴隶，实行政教分离和宗教信仰自由，寺庙实行民主管理。

停止使用藏币、藏钞，人民币作为全藏流通唯一合法货币。群众手中的藏币、藏钞限期予以兑换。

实行土地改革。自治区筹备委员会出台了《关于废除封建农奴主土地所有制实行农民的土地所有制的决议》，对参加叛乱的农奴主的土地和生产资料给予没收，对未参加叛乱的农奴主的土地和生产资料实行赎买。据统计“共没收和赎买农奴主土地 280 多万亩，分给 20 万户、80 万农奴和奴隶，农奴和奴隶人均分得土地 3.5 亩多。世代为奴的劳动人民站在属于自己的土地上彻夜狂欢，他们欢呼：‘达赖的太阳照在贵族身上，毛主席的太阳照在我们穷人身上。现在达赖的太阳下山了，我们的太阳升起来了。’”[37]

民主改革彻底摧毁了旧西藏政教合一的反动政权，逐步建立起了新西藏各级人民政权，以保障人民当家作主的权利。1961 年，西藏各地开始实行西藏历史上从未有过的普选，翻身农奴和奴隶破天荒第一次获得了当家作主的民主权利。“到 1960 年底，全区共建立乡级政权 1009 个，区政权 283 个，78 个县和 8 个专区（市）的人民政权也建立起来。这是西藏历史上开天辟地的大事件。”[38]

我在 1995 年 11 月采访了西藏民主改革第一个乡级政权——古荣乡。第一任乡长欧珠当时已退休。他对我说，古荣以前太穷了，很多人到外地流浪乞讨。因为欧珠是种地好手，为人正直，在 1961 年夏天民主选举中，被选为乡长。他有一儿一女，儿子成长为解放军军官，女儿在家务农。30 多年过去，每家每户都盖了新房，有的已翻新了两三次。当时，已有村民自组的建筑队、运输队，还办起了公司。

2. 自治区成立

民主改革为西藏实行民族区域自治扫清了社会制度障碍。如果说，民主改革解决了西藏的政权问题，西藏自治区的成立则从根本上解决了西藏的制度问题，这是新西藏发展道路上一次跨越式的飞跃。

1965年9月1日，西藏自治区第一届人民代表大会第一次会议在拉萨召开，“选举产生了西藏自治区自治机关及其领导人，宣告了西藏自治区正式成立。阿沛·阿旺晋美当选为西藏自治区人民委员会主席。一大批翻身农奴担任自治区各级政权机关的领导职务。西藏自治区的成立，标志着西藏建立了人民民主政权，开始全面实行民族区域自治制度，西藏人民从此享有了自主管理本地区事务的权利，与全国人民一道走上社会主义的发展道路”。[39]

1954年《中华人民共和国宪法》颁布，宪法将各民族平等、团结、互助的原则和民族区域自治制度纳入国家根本大法。1951年签订的十七条协议规定：根据中国人民政治协商会议共同纲领的民族政策，在中央人民政府统一领导之下，西藏人民有实行民族区域自治的权利。1955年3月，国务院专门召开会议，通过了成立西藏自治区筹备委员会的决定，明确了筹委会的“主要任务是依据我国宪法的规定以及关于和平解放西藏办法的协议和西藏的具体情况，筹备在西藏地区实行区域自治”。[40]

1956年4月，西藏自治区筹备委员会在拉萨成立。本来西藏可以更早地实行民族区域自治，然而，1959年3月西藏叛乱和达赖喇嘛出逃印度，使西藏社会文明进步迟滞了若干年。

1984年《中华人民共和国民族区域自治法》正式颁布，明确了民族区域自治制度为国家的一项基本政治制度，这给西藏人民充分行使自治权利提供了法律保障。

自治区成立以来，西藏人民根据民族区域自治法，积极行使宪法和民族区域自治法赋予的权利，截至2021年，已先后制定、颁布了300多项地方性自治法规和规定。历任自治区人大常委会主任和自治区政府主席均由藏族公民担任。仅是2016年8月，西藏自治区县级人大代表换届选举，全区有181万余名选民登记，172万余名选民参加了投票，投票率达95%以上。选举产生了市、县、乡三级人大代表5万余名，选举产生市级人大常委会和“一府两院”负责人250名，县级人大常委会和“一府两院”负责人2600余名，乡（镇）人大主席、副主席和乡（镇）长3400余名。目前，西藏自治区有35963名各级人大代表，其中藏族和其他少数民族占92.8%。

先前的十七条协议和后来的民族区域自治，都提到要加快发展西藏地方经济，西藏人民在经济和社会发展上享有充分的自治权。比如，改革开放伊始的1984年，西藏实行了“两个长期不变”政策，即在农牧区实行“土地归户使用，自主经营，长期不变”和“牲畜归户，私有私养，自主经营，长期不变”，此策极大地调动了西藏农牧民的生产积极性，生活水平也得到明显提高。又比如，在税收方面，全国只有西藏一直执行比全国低3个百分点的税收优惠政策，对农牧民则一直免收各种税费；在金融方面，西藏一直实行比全国低2个百分点的优惠贷款利率和低保险费率政策。此外，还对农牧民实行免费医疗，农牧民子女实行上学免费吃住政策。

有了宪法和民族区域自治法的保障，西藏人民享有继承和发展优秀传统文化的自由和宗教信仰的自由。在西藏无论是教育领域还是公共场所及社会活动，都采用藏汉两种文字。在书店，两种文字的各类出版物，琳琅满目，内容丰富。西藏现有55处全国重点文物保护单位，616处区级文物保护单位，布达拉宫、罗布林卡、大昭寺列入《世界遗产名录》。藏戏、格萨尔史诗说唱和藏医药浴法入选世界非物质文化名录。西藏重视文物保护，但凡重大的文物保护项目我都曾参与采访报道，如中央拨专款维修布达拉宫工程，我从开工到竣工，跟踪报道了5年。1992年国务院宗教局批准十七世噶玛巴坐床，1995年按宗教和历史定制掣签认定十一世班禅并在日喀则扎什伦布寺坐床，我都参与了报道。我亲身经历并目睹的事实证明，西藏人民享有充分的宗教信仰自由。目前，西藏有寺庙及其他宗教活动场所1787座，住寺僧人4.6万人。重大传统节庆和宗教活动如藏历新年、雪顿节、望果节、萨嘎达瓦节、传召大法会等都正常开展。

3. 全国支援西藏

中国自古就是一个统一的多民族国家，56个民族的分布特点是大杂居小聚居，地域广阔，东西部发展不平衡。中国共产党的宗旨是全心全意为人民服务。国家宪法明确规定民族平等、团结互助、共同富裕。

全国支援西藏，对口支援西藏，是党中央从党和国家工作全局出发作出的重要战略决策。决策的实施，使西藏在经济结构、经济总量和人民群众生活质量等方面实现了重大飞跃，解决了西藏长治久安问题。

长期以来，根据西藏的特点和需要，中央在财政、金融、税收、物资、技术、人才等方面持续给予西藏各方面特殊的扶持，努力帮助西藏加快发展，提高当地群众的生活水平。从1980年中央召开第一次西藏工作座谈会到现在，中央已召开七次西藏工作座谈会。每次会议党和国家主要领导都要出席并发表重要讲话。会议的主题均是全国支援西藏，帮助西藏发展，让西藏各族群众受益。

20世纪80年代，中央第二次西藏工作座谈会决定，由北京、天津、上海、山东、广东、福建、四川、浙江和江苏9个省市根据西藏提出的需要，投资4.8亿元援建西藏43项工程。这是中央首次动员全国援藏进行大规模建设，使西藏现代化建设实现了一次大的飞跃。43项工程涵盖西藏所有地市，大的有水电站、公路、城市给排水、医院、星级酒店，小的有加工厂、电影院、群艺馆等。从投资、设计、施工到培训均由建设单位负责，被誉为“交钥匙工程”。20世纪90年代，中央第三次工作座谈会确定了“分片负责、对口支援、定期轮换”的援藏方针。决定中央直接投资48.6亿元建设62项工程，由29个省、市、自治区和中央各部委投资31.6亿元援建西藏716个项目，这些建设项目覆盖了西藏所有的地市和县。2001年，中央第四次西藏工作座谈会决定进一步加大全国支援西藏的力度，形成经济援藏、干部援藏、人才援藏、技术援藏的机制。国家的第十个五年计划期间，由中央投资312亿元，建设117个项目，同时财政补贴379亿元。2010年，中央第五次西藏工作座谈会进一步增加了资金和政策支持，把保障和改善民生作为援藏的出发点和落脚点。会议提出：“当前西藏的社会主要矛盾仍然是人民日益增长的物质文化需要同落后的社会生产之间的矛盾。同时，西藏还存在着各族人民同以达赖集团为代表的分裂势力之间的特殊矛盾。西藏存在的社会主要矛盾和特殊矛盾决定了西藏工作的主题必须是推进跨越式发展和长治久安。”[41]

2015年和2020年中央召开第六、七次西藏工作座谈会，总结了前五次会议精神和60多年来治藏稳藏兴藏的成功经验，形成了新时代党的治藏方略：必须坚持中国共产党领导、中国特色社会主义制度、民族区域自治制度，必须坚持治国必治边，治边先稳藏的战略思想，必须把维护祖国统一、加强民族团结作为西藏工作的着眼点和着力点，必须坚持依法治藏、富民兴藏、长期建藏、凝聚人心、夯实基础的重要原则，必须统筹国内国际两个大局，必须把改善民生、凝聚人心作为经济社会发展的出发点和落脚点，必须促进各民族交流交融，必须坚持我国宗教中国化方向、依法管理宗教事务，必须坚持生态保护第一，必须加强党的建设特别是政治建设。新时代党的治藏方略是做好西藏工作的根本遵循，必须长期坚持、全面落实。[42]明确了“中央支持西藏、全国支援西藏，是党中央的一贯政策，必须长期坚持”。[43]

由于地理、自然、历史的原因，西藏发展落后于全国其他省区，是全国唯一的省级集中连片特困区，党的十八大以来，在全面建成小康社会道路上，加大了全国支援西藏脱贫攻坚的力度。仅2016年以来，国家在西藏实施产业扶贫项目2984个，建成易地扶贫搬迁安置区（点）965个；资助在校贫困学生4.68万人次；把11万个建档立卡贫困对象纳入最低生活保障兜底；国家在西藏落地援藏扶贫项目313个，援藏资金达195亿多元。2019年底，西藏宣布实现了62.8万贫困人口脱贫，取得了消除绝对贫困的胜利。[44]在2021年1月20日西藏自治区第十一届人民代表大会上，西藏自治区人民政府报告中表示：“半个多世纪前，百万翻身农奴得到解放；今天，西藏彻底摆脱了束缚千百年的绝对贫困问题！”“我们已经实现了从‘跟跑’到‘并跑’，和全国站在了同一起跑线上，发展基础之实前所未有、发展机遇之好前所未有、发展后劲之足前所未有。”[45]最后我举几个数字：

人口：1953年中国第一次人口普查，西藏地方政府上报人口数量是100万人；1964年第二次人口普查，西藏人口为125.1万人，其中藏族120.9万人；2018年统计人口为343.82万人，净增200多万人，藏族占总人口90%以上。

医疗卫生：旧西藏只有3所藏医机构，没有一张病床。目前，西藏已形成自治区、市、县、乡四级现代医疗卫生服务体系，拥有各级各类医疗卫生机构1661个，病床18942张。

人均预期寿命：1951年为35.5岁，2020年增加到71.1岁。

教育：旧西藏没有一所现代意义的学校，青壮年文盲率达95%以上。现在西藏有各类学校2995所，其中7所普通高校，在校生84.15万人，形成了完整的现代教育体系。仅近10年来，国家投入西藏教育经费达1656亿多元。

交通：旧西藏没有一条正规的公路。目前，西藏公路通车里程达到11.88万千米，青藏铁路、川藏铁路（部分）、拉日铁路已通车运营，通航机场5个，开通了130条国内国际航线，通航城市61个，西藏已形成四通八达的以公路、铁路、航空为主体的综合性交通网络。生产总值：1965年为1.29亿元，2020年为1902亿元。

参考文献

[1] 邓锐龄、冯智：《西藏通史：清代卷》，中国藏学出版社，2016年，第498-499页。

[2] 邓锐龄、冯智：《西藏通史：清代卷》，中国藏学出版社，2016年，第530页。

[3] 黄玉生等：《西藏地方与中央政府关系史》，西藏人民出版社，1995年，第213-214页。

[4] 牙含章：《达赖喇嘛传》，人民出版社，1990年，第250页。

[5] 恰白·次旦平措等：《西藏通史简编》，五洲传播出版社，2000年，第272-273页。

[6] 罗广武、何宗英：《西藏地方史通述》，西藏人民出版社，2007年，第879页。

[7] 罗广武、何宗英:《西藏地方史通述》,西藏人民出版社,2007年,第1043页。
[8] 中国第二历史档案馆、中国藏学研究中心:《黄慕松、吴忠信、赵守钰、戴传贤奉使办理藏事报告书》,中国藏学出版社,1993年,第128页。
[9] 罗广武、何宗英:《西藏地方史通述》,西藏人民出版社,2007年,第1142页。
[10] 《西藏百科全书》编辑委员会:《西藏百科全书》,西藏人民出版社,2005年,第306页。
[11] 中共西藏自治区党委党史研究室:《中国共产党西藏历史大事记:第一卷》,中共党史出版社,2005年,第1页。
[12] 中共中央文献研究室:《毛泽东西藏工作文选》,中国藏学出版社,2001年,第1页。
[13] 西藏社会科学院:《西藏地方是中国不可分割的一部分》,西藏人民出版社,1986年,第546页。
[14] 《西藏百科全书》编辑委员会:《西藏百科全书》,西藏人民出版社,2005年,第144页。
[15] 中共中央文献研究室、中共西藏自治区委员会:《西藏工作文献选编》,中央文献出版社,2005年,第19-20页。
[16] 政协西藏自治区委员会文史资料研究委员会:《西藏文史资料选辑:第一辑》,西藏人民出版社,1981年,第21页。
[17] 政协西藏自治区委员会文史资料研究委员会:《西藏文史资料选辑:第一辑》,西藏人民出版社,1981年,第40页。
[18] 罗广武、何宗英:《西藏地方史通述》,西藏人民出版社,2007年,第1266-1267页。

[19] 康鼎译:《达赖喇嘛自传》,台北:联经出版事业公司,第75页。
[20] 国务院新闻办公室:《西藏的主权归属与人权状况》白皮书,1992年11月,第10页。
[21] 政协西藏自治区委员会文史资料研究委员会:《西藏文史资料选辑:第一辑》,西藏人民出版社,1981年,第38页。
[22] 西藏自治区党史资料征集委员会、西藏军区党史资料征集领导小组:《和平解放西藏》,西藏人民出版社,1995年,第185页。
[23] 西藏自治区党史研究室:《西藏革命史》,西藏人民出版社,2013年,第51页。
[24] 中共中央文献研究室:《毛泽东西藏工作文选》,中国藏学出版社,2001年,第43页。
[25] 《西藏七百年》编委会:《西藏七百年》,五洲传播出版社,2009年,第1169页。
[26] 平措旺杰:《西藏历史的新篇章——回忆西藏和谈及其前后》,《西藏研究》1991年第3期。
[27] 政协西藏自治区委员会文史资料研究委员会:《西藏文史资料选辑:第一辑》,西藏人民出版社,1981年,第41页。
[28] 赵慎应:《中央驻藏代表——张经武》,西藏人民出版社,1995年,第20-21页。
[29] 政协西藏自治区委员会文史资料研究委员会:《西藏文史资料选辑:第一辑》,西藏人民出版社,1981年,第44页。
[30] 中共中央文献研究室:《毛泽东西藏工作文选》,中国藏学出版社,2001年,第56页。
[31] 西藏自治区党史办公室:《周恩来与西藏》,中国藏学出版社,1998年,第329-330页。

[32] 国务院新闻办公室:《西藏民主改革50年》白皮书,2009年3月。

[33] 国务院新闻办公室:《西藏的主权归属与人权状况》白皮书,1992年11月。

[34] 国务院新闻办公室:《西藏民主改革50年》白皮书,2009年3月。

[35] 国务院新闻办公室:《伟大的跨越:西藏民主改革60年》白皮书,2019年3月。

[36] 人民日报社论:《伟大的变革、光辉的节日——热烈庆祝“西藏百万农奴解放纪念日”》,2009年3月28日。

[37] 国务院新闻办公室:《西藏民主改革50年》白皮书,2009年3月。

[38] 罗广武、何宗英:《西藏地方史通述》,西藏人民出版社,2007年,第1442页。

[39] 国务院新闻办公室:《西藏的民族区域自治》白皮书,2004年5月。

[40] 中共中央文献研究室、中共西藏自治区委员会:《西藏工作文献选编》,中央文献出版社,2005年,第126页。

[41] 新华社2010年1月20日电。

[42] 新华社2020年8月29日电。

[43] 新华社2020年8月29日电。

[44] 新华社专稿《从制度的新生到发展的跨越——写在西藏百万农奴解放62周年之际》,2021年3月28日。

[45] 《西藏日报》,2021年1月20日。

第七讲

简论西藏泛神的信仰

青藏高原从一方面看，风景美丽迷人，雪山连绵，江河纵横，草原广袤；从另一方面看，它是世界最高的一片地域，氧气稀薄，地面作物稀少，生长期短，生活条件较差。长年生活在此的高原民族，千百年来适应了高海拔的生活环境，同时也形成了独具一格的民族信仰。我们看到，西藏无处不在的宗教信仰活动，以及与山川大河共存的宗教符号、信物等，显示了西藏与其他地区不同的宗教信仰特色。

西藏也是个泛神的地区，繁杂的神系把人搞得眼花缭乱。藏传佛教的众多神祇，有的来自印度教以及佛教体系中的人物；更多的来自西藏本土宗教的神，这些神大都以动物（如牦牛、山羊、绵羊、马、蛇、鸟等），自然界的山、水、湖、风、雪、冰雹等形象出现，直接反映了西藏人对所生活的高原、湖泊、草原环境的崇拜。

空中俯瞰雪域高原　刘伟摄

宗教在西藏太人间化，也是因为世俗观念和拜物信仰已深深地渗透在日常生活之中。

世界上海拔最高的咸水湖——纳木措　觉果摄

实际上，现在西藏绝大多数民众所信仰的是藏传佛教，但这与佛教的本义已有极大的不同，除了理论上还保持有佛教的特点外，在形式上，已完全“西藏本土化”。简单地说，藏传佛教是外来的佛教理论与本土的信仰万物有灵的原始宗教苯教仪式的结合，也因为这种结合，无论寺院还是民间，都广泛地存在着泛神的信仰。本文从几方面来简述。

原始的拜物信仰“苯波”

苯波，最早发端于雪域高原，伴随高原居民生产、生活而产生，天长日久已深入高原民族的心灵深处，渗透到他们的日常生活和生产行为之中。

苯波产生年代无从可考，这与许多藏文古籍一样，没有明确的历史年代记载。西藏的历史，尤其是古代历史，基本与宗教的传教史混淆在一起，充满了神秘和传说。

1990年我第一次去阿里的时候，曾收藏过一块刻满既像藏文又像梵文的石板，请教西藏自治区文管会的朋友后得知那是象雄文字。有一本介绍西藏宗教流派的藏文书籍，汉译名为《土观宗派源流》，作者土观活佛生活在18世纪即乾隆时期。他在书中专用一章介绍了苯波。他用诗一般语言说：

为了使佛教的红日，
能够照射黑暗的藏土，
辛派的黎明使者先来铺路，
今即讲此号称苯教的历史。

在西藏，一般都认为阿里象雄时期的辛饶·米沃且是苯教的创始人。传说米沃且出身象雄时期一个叫“辛饶”的王族，和佛祖释迦牟尼同一个时期。

苯教经典记载，米沃且由一束白光产生。很早以前，宇宙中有一束强烈的光照射到人间的西方世界，那里是四大河流之源。一束白光照射到一座城堡，进入熟睡的杰本的身体，一束红光照射到杰本母亲的头顶，这两束光照亮了三世三界。随后，又一束白光照射进一个巨大的白海螺之中，汇合成红、白、绿三束光芒，苯教的祖师米沃且诞生了。

据说，辛饶·米沃且1岁时就能说述苯教的教义，8岁时被引荐给辛饶王族。辛饶王问这个聪明的孩子，父亲叫什么？米沃且说：“空”；又问母亲叫什么？答：“光明”。辛饶王知道了这是个来自上天的智者，于是将其收留并供养。米沃且和佛祖一样，不恋王子之权势声威和荣华富贵，而是潜心修炼法术。12岁就开始传授苯教教义，他的身边常常聚集了龙、神、人。青年时，娶了西方和北方各部落、小国大约360位女子，繁育的众多儿子又到四方弘扬苯教教法，降魔伏妖。米沃且信徒极多，苯教的一些书籍记载他有外围信徒10亿多，中围信徒200万，内围信徒1万多，跟随身边的有360名弟子。后来在镇守苯教灵符“雍仲”的神山冈仁波齐圆寂。

西藏是个泛神信仰的地区，神祇无处不有，天上有风神、雷神、冰雹神等，地面有山神、水神等。春耕要请谷神，秋收要答谢土地神，过年则和中原汉族人一样，还要请灶神，在路口煨桑烟，驱赶过路鬼。

早期象雄时期的石刻，有明显的苯教风格，石刻以经字为主，大多分布在阿里。现在在农区和牧区还可看到一些石刻板，经字下刻有蛇、狗等动物。这些供在路中或寺庙外墙的经石板，主要是用于祭祀亡灵，祈祷生肖属蛇或属狗的死者从轮回中脱离地狱苦海，早登极乐世界。有的经石板上还刻有一盏小酥油灯，以指点死者寻找光明之路。佛教盛行西藏以后，一些高僧活佛，留在石上的一些经字，成为信徒崇拜的圣迹。

明英宗年间，宗喀巴的弟子根敦珠巴在后藏大领主桑珠则的资助下，建造了扎什伦布寺。他时常坐在寺庙暖洋洋的平台上，一边晒着太阳，一边在薄薄的青石片上刻下一些佛像。信徒得之，即拿去嵌在寺墙上。我在扎什伦布寺的讲经场，仔细欣赏过墙上嵌着的出自根敦

扎什伦布寺大殿前地面的雍仲符号 刘伟摄

珠巴之手的石刻作品。在甘丹寺外的转经山道，临近拉萨河的路边，可以看到两座圆石上分别刻有一尊佛像，属线刻，线条很细。据说是当年宗喀巴在甘丹修行时，在山坡上面北而坐，心有所悟，随手用指甲在石板上刻下了两尊佛像。

苯教是西藏民族早期的宗教信仰。古代时，西藏民族在漫长的时期里，形成了原始的拜物信仰，这是对大山、大河、大湖、森林、雷电、风、雪以及动物的崇敬、依赖和恐惧的强烈心理表现，慢慢形成信仰自然崇拜的“苯波”，藏族史家认为后来西藏的称呼“吐蕃”即有“苯”的意思。“苯”的痕迹已深深地渗透到西藏人的日常生活和信仰之中，至今在西藏还处处可见。

对英雄祖先的崇拜

藏东三岩民间创世纪传说是这样的：远古时，来了一个男人，他从太阳落下的西方赶来一群大山，围在金沙江边，建起自己的家园。他的三个儿子称呼他为“帕罗扎”，帕就是父亲。大儿子吉觉玛，学会了父亲的巫术占卦，后来成了三岩罗麦人的祖先；憨厚的二儿子加盖邦丹只会种地喂牛，后来就是三岩雄松人的祖先；三儿子阿盖卡学神勇好斗，住在木协，以后就是三岩木协人的祖先。不知过了多少年，帕罗扎死了。儿子们都相信帕罗扎的灵魂还在乃布神山上，至阿拉曲果神泉或者是到马希果神泉和扎通曲果神泉，儿子们从那清亮的泉水中都可以看到父亲沉思的眼睛。由此，儿子们，孙子们，代代繁衍下去，就叫作了帕族。

许多民族都有创世纪传说和祖先崇拜的传说。汉族是女娲补天和盘古开天地的传说，分别代表了汉族的母系社会和父系社会的特

神山圣湖　刘伟摄

点。希伯来人早先的十二个部落源于雅各的十二个儿子，雅典人的祖先爱翁的四个儿子分成了雅典最早的四个部落，他们都有父系社会时期共同的特点，即崇父情结。而比如部落的创世纪传说恰恰相反，没有父亲的影子，却带有明显的母系社会痕迹。但早期同父或同母的几个兄弟各自组成部落，而成为某一氏族血亲集团的发展史倒是相同。无论是山地居民的三岩帕族人或是草原居民的比如人，观其社会发展史，有着相互印证的作用。

西藏对英雄最广泛的崇拜对象就是格萨尔王。和西方的传说一样，英雄的祖先一般来自神界，具有人神的特点。格萨尔是西藏远古高原的英雄，是天神之子，也是传说中的战神，征战四方，降魔伏妖，拯救百姓，无往不胜。在拉萨市西郊，有一座山，山上盖有关帝庙。乾隆时期，福康安带兵进藏，驱逐入侵西藏的廓尔喀人，清军在山上盖了小庙供奉关公，保佑清军作战胜利。汉族的关公武艺超群，义薄云天，也有战神之称。藏族人把关公称为“汉格萨尔”，可见两个民族在对英雄崇拜方面有共同之处。

从格萨尔名字看，带有浓郁的藏传佛教信仰特点。格萨尔，源自佛教中的梵语，意为“花蕊”或“精华”，藏语又有“雄狮大王”

之意。格萨尔大王的精魂寄托在黄河上游最大的神山阿尼玛卿。在英雄史诗中，格萨尔王的母亲是龙王之女，龙女某日在梦中与一黄衣老者交合，后来生下格萨尔。那黄衣老者就是阿尼玛卿山神的化身。阿尼玛卿山神娶了黄河龙王之女，龙王将一把金壶送给女婿做龙女的陪嫁礼。阿尼玛卿山神管辖着黄河源头的地区，也是黄河之神。他从龙王赠送的金壶中抓了一把金沙，丢进河源，黄河水于是变得金黄。山神祈祷说，我那些生活在河源的子民，将永远得到我的庇护，生活富足而美满。尔后，阿尼玛卿又娶了居住在附近一座雪峰上的多吉查姆杰女神。多吉查姆杰是天神之女，骑一头十叉犄角公鹿、手持钩命铁钩，位居西藏十二丹玛女神之首，又是女战神，与阿尼玛卿正好般配。

半人半神的史诗英雄格萨尔，是西藏神话与现实相融一体的最典型人物。从他那征讨魔域、霍尔、门域、姜等地的英雄事迹中可以看出，格萨尔是统一雪域众多部落的藏族先祖的化身，也是收服众多魔怪的莲花生的化身。他身上有莲花生和松赞干布的双重性格，或者说，格萨尔是世俗之王松赞干布和神界之高僧莲花生合而为一的传说人物。像莲花生一样，他一生都忙于降魔伏妖；同时，他的一生也反映了西藏高原部落的兴衰史，南征北战，驰骋雪域高原，正是松赞干布一统西藏吐蕃各部落的缩影。

关于格萨尔的唱词传说，目前西藏就搜集了几十部，达 100 多万行，堪称世界最长的英雄史诗。

吐蕃之前，历史由此上溯，青藏高原上部落繁多，其中最大的部落在雅鲁藏布江中游的雅砻河谷，悉补野部落传承了三十二代赞普，该部落最后一代赞普是松赞干布，他在拉萨建立吐蕃政权，成为吐蕃第三十三代赞普。由于他与吐蕃第三十七代赞普赤松德赞、第四十一代赞普赤德祖赞，在扩展疆域、汉藏友好交流、引进发展佛教等方面，功绩最为显著，深得西藏百姓的厚爱，历史上称他们为“吐蕃三法王”，许多寺庙至今还供奉着三法王的塑像。当然，以英雄事迹来说，影响最大的是迎娶了唐朝文成公主的松赞干布。在藏传佛教的传说中，吐蕃赞普松赞干布、赤松德赞被当作亲临世间的观音菩萨。就连后来的历代达赖，也当作是观世音的现世化身，北京的大皇帝则是文殊菩萨的化身。

对动物的崇拜

登上布达拉宫金顶，可以看到四角坐镇有铜质的狮子塑像。在西藏寺院的壁画、唐卡、塑像中，都能看到狮子的形象。旧西藏钱币的中心图案就是雪山狮子组合。西藏传说人物格萨尔就被称为狮子大王。西藏没有狮子，但在早期苯教万物有灵的图腾中，就有狮子形象。苯教传说神山冈仁波齐呈九叠雍仲状（雍仲后来演化为佛教的万字符号）。冈仁波齐是四大江水之源。正北一条河从形似狮子大口的崖壁中流出，汇成森格藏布，森格藏语意“狮子”，即狮泉河，流入印度北部的印度河，是印度河的源头。狮泉河流域最大的城市就是阿里地区首府噶尔县狮泉河镇。狮子在古印度是君权和护佑的象征。早期佛教把释迦牟尼称为“释迦森格”，说法到极致，即作“狮子吼”。在一些壁画中，佛陀端坐在由八头狮子承托的法座上。印度孔雀王朝最伟大的君主阿育王，留下的“阿育王柱”顶端是雕刻精美的石狮，“阿育王柱”又称宇宙柱，狮子端坐柱顶，有镇守宇宙之意。藏传佛教一些佛、菩萨、金刚，大多有狮子坐骑，西藏艺术化的狮子身体为白色，鬃毛绿色，传说是西藏所有雪山的山神。南面一条河从类似孔雀尖嘴中流出，汇成马甲藏布，马甲藏语意为“孔雀”，即孔泉河，往南流入印度最著名的恒河，是恒河的源头。传说孔雀专食蛇、蝎、蜈蚣等毒物，其性刻毒。印度佛教传说孔雀是护法韦陀和阿弥陀佛的坐骑。孔雀翎有圆眼纹路，意为“智慧”，僧人喜用孔雀翎沾洒净水，意在祛毒、布施光明。东面一条河从形似马口流淌出的是搭却藏布，搭却藏语意为“骏马”，即马泉河，为西藏母亲河雅鲁藏布江之源头，再往东南，下游就是印度的布拉马普特拉河，最后注入印度洋。马在藏民族生活中如同朋友和家人，马的姿态优雅，性格温和，佛教中马是南方宝生佛的坐骑，马头明王则是观音的变身。在西藏各地尤其是山口，都能看到“风马旗”经幡。经幡中间有马驮经书和转轮王的如意宝，风吹动即是诵经致敬转轮王。西面一条河从形似大象鼻子流淌出的是朗钦藏布，朗钦藏语意为“大象”，即象泉河，往西注入印度的萨特累季河。大象适宜在印度生存，数量众多，在印度人民生活中如运输、战争中广泛使用，佛教传说其是帝释天和东方不动佛的坐骑，也是转轮王七政宝之一。象泉河流域就是古象雄王国所在地，汉籍称“羊同”。象雄文化在西藏灿烂的文化中占有重要的地位。

西藏档案馆收藏有一幅唐卡《女魔图》。图上整个西藏高原地形如一侧卧的女魔，女魔名为“罗刹”，其心脏就是拉萨。松赞干布时期，为镇压罗刹女魔，保佑雪域昌盛，按文成公主卜卦所示，在女魔心脏部位的湖上填土建造了大昭寺。一说拉萨即“罗刹”的变音，最多的说法是藏语“拉”是天，也是神的意思，藏语“萨”即土地之意，因此拉萨应该称为“神地”。

更早的时候，罗刹常出没于贡布日山的山洞，造孽四方。观音菩萨慈悲心大发，变化为一猕猴，到山洞与女魔交配，生下一群小猴子。老猕猴常带着猴群到山下平坦的坝子玩耍，泽当即藏语“玩耍的坝子”的意思。一日，老猕猴指着田地里长出的青稞，让小猴子烧来吃，说，吃吧，吃吧。猴子们留恋熟食的美味，就在坝子上住了下来。天长日久，猴子变成了人。

有关西藏历史内容的壁画，我曾在拉萨布达拉宫、罗布林卡、扎什伦布寺等地见过。桑耶寺“乌策”大殿中西藏历史的壁画绘于明代，从泽当贡布日山猴子变人始，吐蕃兴盛、朗达玛灭佛、萨迦王朝到帕竹王朝。我在布达拉宫和达赖的夏宫罗布林卡也看到一些壁画，内容也是有关西藏人源于猴子变人的传说。在西藏时，我曾请教过著名学者东嘎·洛桑赤列有关藏民族起源的问题。他认为，藏民族有关猴变人的说法早于达尔文的学说。人类其他民族诞生的传说亦有神性和魔性，藏族起源是观音菩萨化身的猴子与罗刹女交配的结果，可能也是藏传佛教的信徒崇信观音菩萨的原因之一。

人类各民族在原始社会时期，都有过原始拜物信仰的经历。汉族的万世之母女娲是蛇身人面，先祖黄帝也是人面蛇身，尾交首上。藏族的祖先源自女魔与猴子，蒙古族认为自己的祖先是人与狼交配而来，澳大利亚土著和美洲印第安人多以动物划分部落，如熊氏、狼氏、袋鼠氏、海狸氏等。对动物崇拜的痕迹一直延续到现在，如欧洲王公贵族以狮子等动物为标记的徽号，汉族的十二生肖崇拜，以及现在美国芝加哥篮球队公牛队的队徽和吉祥物，等等。2003年，我曾在西藏噶举派祖寺楚布寺观看过隆重的跳神舞。那是西藏保存比较完整的跳神仪式。仪式的整个过程十分漫长。在铿锵有力的鼓钹声中，舞者步履缓慢，气氛庄严。有的舞者身着颜色鲜艳的服饰，装扮成护法神、天王，有的舞者头戴牛、羊、鹿、马，装扮成各种动物，跳神的内容就是天王、护法神降伏魔鬼后祭祀的过程。

苯教徒重“物”，崇拜物，后来的佛教徒重“精神”，崇拜“佛性”，两者反差鲜明。早期西藏人大多过着游牧的生活，牦牛是生活中最不可缺的，既是迁徙的工具，又是生活中肉、奶等必需品主要供给者。因而，在西藏到处都能体会到高原民族对牦牛崇拜的热情，如高山路口供奉的牛角，寺庙跳神的牦牛舞，牛头人身的神祇等。就拿西藏的建筑来说，主要分红白两色，从宗教的观点看，红色代表宗教，白色代表世俗，寺庙多是红墙，民居多为白墙。红白二色正好象征了西藏社会政教合一的特色。再往上追溯，就能找到更多的原因。高原居民有极浓的游牧特性，即便是西藏的农区，也带有半农半牧的色彩。西藏崇拜红白色，还因为红白两色正好是游牧民族最不可缺少的两种生活物品的颜色：红色的牛羊肉和白色的牛奶、羊毛、糌粑。

西藏对牦牛的信仰是十分深刻的。

先说个寺名：哲热普寺，哲热普即母牛角之意。相传，藏传佛教噶举派的大师米拉日巴曾在冈底斯主峰冈仁波齐的一个山洞修行，他的弟子将山洞扩大，在外面崖石上加盖有铜质飞檐的屋顶，建起一座寺庙，取名“神变寺”。某日，弟子噶藏巴从克什米尔学经回来，到冈仁波齐见师父，正当大吹他学到真经的时候，面前打坐的米拉日巴突然消失了。噶藏巴正在奇怪，只听一个声音喊他，“噶藏巴，噶藏巴！”他四下一看，声音从一个牦牛角中传出。再俯身一看，米拉日巴竟变得如米粒一般大小，正端坐在牛角中间呢。噶藏巴悟到佛法无边。他惭愧之余就在附近掘洞修行，领悟佛经的真谛，修行的地方就取名“哲热普”。

再说个地名：比如，也是母牦牛之意。藏北以前有 39 个部落，我在 1990 年采访过比如部落最后的头人索朗多吉。他给我叙述了比如部落神话般的传说。“很早以前，一群游荡的野牦牛经过怒江上游峡谷，在一块向阳的坡地上，一头母牦牛疲惫地倒下了。它遗留下的一对牛角在暖暖的太阳下晒了整整三年。有一天，从牛角里滚出了一个拳头大的蛋，一见阳光，蛋就裂开了，出来一个活蹦乱跳的小孩子，因为他在阳光下迅速长大，就称为“尼玛学”（藏语“尼玛”是太阳的意思），接着又滚出一个小一点的蛋，出来的孩子个头也小，就称为“穷吉学”（藏语“穷吉”是小的意思），最后滚出的蛋掉下山坡，正巧挂在一株树上。在太阳的照耀下，蛋很快也就裂开，出来的孩子称为“龙举学”（藏语“龙举”是挂起来的意思）。这三个从蛋里孵化出来的孩子，后来各自成家，成为三个小部落的祖先，再后来，三个小部落合并成了“比如”。

西藏最大的神山冈仁波齐，山体上呈现的九道横向痕迹，正是苯教教义中对世界的解释，即世界的形象就是九叠雍仲，九个相叠的万字符象征世界共有九层。苯教徒认为，冈仁波齐的山神古拉格措，是西藏群山的众神之王，最早以白牦牛形象降生于冈仁波齐峰顶上，尔后长“哞”一声，消失在茫茫的群山之中。

这个山神，后来被莲花生大师收服，成为整个西藏高原的护法神：胜乐金刚。

神山圣湖崇拜

西藏的农民、牧人和城镇居民，有的生活在重重大山之中，有的生活在江河湖畔，因而藏族敬仰高山，有山就有神，敬仰江河、湖，有水也有神。

大凡形状奇特、外观雄壮的大山，在西藏都可能被认为是某个神祇的居所。每一座神山、每一个神湖都可能是某个神祇的魂魄所居之地。千百年来，高原居民自然而然滋生了对神山和神湖的崇拜。

西藏人大多认为西藏有九大山神：念青唐古拉、布德贡甲、雅拉香波、阿尼玛卿、觉沃久钦、沃卡玉加、宁金岗桑、白钦曲乌日、乃布。在这九大神山之中，坐落在西藏西部阿里地区的冈仁波齐，是西藏所有神山的众山之王。这九大山神在西藏民间又被称为“世界形成之九神”。传说宇宙形成之祖有九个儿子，这九个儿子长大后各奔一方，在青藏高原上建立了九个部落。这九个部落都有一座雄伟的雪山，九兄弟去世后，其精魂皆入九座大雪山之中，成为保护各自部落的山神。到松赞干布时期，松赞干布征服了九大部落，建立了吐蕃政权。

西藏最有名的神山——冈仁波齐　刘伟摄

西藏山多，山神也多，许多大神山是兄弟，如冈仁波齐、念青唐古拉、阿尼玛卿、乃布、苯波山等，而这些山神基本上还都是藏传佛教和苯教传说中的高僧大德。拉萨河谷的三座小山布达拉、药王山、磨盘山，分别寄居着观音菩萨、文殊菩萨和金刚手的灵魂。在充满神话色彩的西藏历史中，吐蕃赞普赤松德赞是莲花生在现世的化身，因而，念青唐古拉山既是莲花生的精魂寄居之地，也是赤松德赞的精魂寄居地，念青唐古拉山神因此成为卫藏地区的大护法神。

藏东横断山区，大山重重，江河纵横，当地信仰自然也与山、森林、河流、泉水等有关。金沙江畔的三岩人敬奉雄壮险峻的高山为神山，清冷的地下泉水为神水。三岩的三个地方都有当地帕措自己信仰的神山神水。罗麦的神山叫夏日夏，有阿拉曲果神泉和沙马堆龙神泉；雄松的神山叫日松，神泉叫马希曲果；木协的神山叫宗拉，神泉叫扎通曲果。西藏的神山九兄弟之中，最小最调皮的是乃布神山，它就在三岩，是三岩四十七个帕措共同信仰的，也是三岩最大的神山。每逢庄重的起誓，与外部落发生战争或械斗，男子出征前，都要去阿拉曲果。它在阴暗的一条山沟里，泉水终年见不到阳光，弥漫着寒气，一年四季冰冷彻骨，使来到泉边的人无不敛容，恭敬至极。木协的宗拉神山，住着一位好动的山神，在十二生肖年中，山神轮流住在他所管辖的十二座神山，羊年住在云南的卡瓦嘎波神山，鸡年住在山西的五台山，只有猴年住在宗拉山。

冈底斯山脉主峰是冈仁波齐。冈藏语意为雪域雪山，仁波齐藏语意为神、宝贝、活佛，冈仁波齐就是神山的意思。西藏高山重重，草原辽阔，湖泊众多，氧气稀薄，气候寒冷，冰雪风雹肆虐。雪域高原居民自古就对大自然格外敬畏。在佛教传入西藏之前，高原居民主要信仰的还是崇拜万物的原始苯教。因而西藏有无数的神山、圣湖。前面我说过，西藏高原山峦起伏，高山成为西藏第一文化特征，也成为高原民族原始拜物信仰中的第一信仰对象。

冈仁波齐不仅是中国西藏神山，而且是印度、尼泊尔乃至全世界佛教徒心目中最著名的神山。神山上有印度神话中的“湿婆神殿”，佛陀常来此讲经说法。冈仁波齐之所以成为西藏神山之王，根本原因还是佛教徒认为释迦牟尼将精魂寄居于这座大雪山，印度教徒则认为帝释天的灵魂也寄居于此山。

我在 1990 年和 2002 年两次去过阿里，当然也都要去冈仁波齐。2002 年那次正逢马年，因神山属马，马年的转神山节日更加隆重。

民间另外一个说法与西藏原始拜物信仰的生殖崇拜有关。据说，牛首人身的胜乐金刚，法力巨大，威猛无比。在冈底斯山区，居住着夜叉、罗刹、阿修罗等二十四个神魔，胜乐金刚分赠给他们二十四个阳具，以提升他们的法力。但这二十四个神魔却时常杀生，以祭阳具。杀生太多，非山神本愿，胜乐金刚一怒之下，把二十四神魔囚闭于冈仁波齐山体之中，将二十四个阳具，集为一个巨大无比的阳具，化为冈仁波齐神山的外形，以示天神的无比威猛。后来，冈仁波齐就成为法力无边胜乐金刚的驻锡圣地，山顶有胜乐法轮宫，随行的五百罗汉在山上凿穴修行。

冈仁波齐神山的外形传说很多。过往神山，人们可以看到，白雪覆盖的庞大的山体上，有一道明显的梯状痕迹，据说那就是天神下凡和得道修行者进入传说中极乐世界香巴拉的天梯。也有说是苦行僧、噶举派祖师米拉日巴在大雪山冈仁波齐修行时，苯教徒来找他挑战斗法，米拉日巴战胜了苯教徒，使其从山巅滚落而下，在雪山上留下一道深深的沟痕。

海拔 6665 米的冈仁波齐外观如一座巨大的金字塔。埃及的金字塔是人工修筑，而冈仁波齐则纯属自然造化。山巅终年白雪皑皑的冈仁波齐，守护山神也是狮身人面像，藏语叫“森格东钦”，也称“森格噶莫”，即白色的狮神。我也想过，西藏高原气候寒冷，没有狮子，虎也在喜马拉雅山南麓的亚热带林区，但西藏的宗教信仰中，为什么有狮的形象？这可能与印度的信仰有关。印度气候炎热，狮、虎等猛兽很多，是人们日常生活中惧怕的对象，也是人们对力量的崇拜。在印度教、佛教、耆那教众多的石刻神像中，不乏狮、虎等形象的护法神像。这种对威猛型动物的崇拜，也随佛教在西藏的传播而进入西藏的宗教信仰。我们在西藏寺庙里都可看到，一些大活佛法座下的幔布上绣着雪山狮子的图案。在我收藏的几十枚铜藏币上，也有雪山狮子的形象。

藏东南还有一座大神山就是扎日神山，位于朗县和隆子县之间，当地人称为“扎日萨巴”。不同的是，它是座佛教神山。

远古时期，印度板块从非洲板块分离后，与北方亚欧板块碰撞挤压，古特提斯海退出后，青藏高原由是突起。西藏高原有众多的湖泊，而且大都是咸水湖。如同神山一样，高原的湖泊基本上也称之为神湖或圣湖。

传说圣湖大都居住着西藏的护法神，人们相信西藏有四大威猛之湖，即当雄县的纳木措、洛扎县的朱措、浪卡子县的羊卓雍措、加查县的拉姆拉措。洛扎县的朱措，就是恰拿多吉（威猛金刚）的居所；纳木措是西藏第二大湖泊，面积为 1900 多平方千米，海拔 4700 多米。藏语“纳木措”就是“天湖”的意思。清朝时，为维护西藏局势，在当雄常驻有蒙古骑兵，纳木措又有蒙语“腾格尔淖”之称，“腾格尔淖”也是“天湖”的意思。羊卓雍措是西藏第六大湖，湖的半岛上有桑顶寺，为猪首人身的金刚瑜伽女修行场所。拉姆拉措是个不大的湖泊，在山南加查县的一座大山深处。这个不大的湖，在西藏却名声很大，是吉祥天女丹玛魂魄居所。丹玛原是古代西藏的战神，以前格萨尔王每次出征都先要祭祀丹玛，后来莲花生进藏时收服了丹玛，令其收敛杀气，做了佛教的护法神。所以，西藏高僧择选藏传佛教的大活佛，尤其是历代达赖喇嘛的转世灵童，更是必去拉姆拉措观湖，以求神示。

以佛教为中心旋转的世界

在有关西藏神秘的传说中，香巴拉是众神居住的极乐胜境。通往极乐世界之门在冈底斯主峰的冈仁波齐。这座西藏最大的神山，传说也是地球旋转的轴心，万物众生都围绕其旋转。谁能接触并控制了地球的轴心，谁就可以主宰世界。据说，当年希特勒派党卫军军官哈雷等人到西藏，就是要寻找世界的轴心。哈雷翻越喜马拉雅山去了西藏，轴心没找到，却给达赖喇嘛当了一段时间教师。

西藏的中心是拉萨，拉萨的中心是八廓街，八廓街的中心是大昭寺，大昭寺的中心则是唐文成公主带进藏的释迦牟尼12岁等身像。如果放大了看，这就是整个西藏的圆心。围绕这个圆心，整个西藏都在旋转。所有佛教徒一生所向往的就是朝拜拉萨大昭寺的释迦牟尼像。围绕这个佛教徒心中的圣殿，条条道路都是转经路，来自西藏各地的、各民族的信徒，方式不同，或是坐车，或是骑马，或是走路，或是用自己的身体丈量大地，三步一磕头，向这个中心而去。

拉萨有三条转经道。第一条在大昭寺内，围绕主殿的转经道藏语称为“廓廓”。大昭寺主殿殿内供奉着据说是释迦牟尼在世时等身制作的佛像，是西藏信徒心中最神圣的地方。在这条转经道上，紧靠殿墙，有一圈380个转经筒。走在“廓廓”，除了虔诚的朝佛者，还有不少来自祖国内地和国外的旅游者，不同肤色的手带着不同的心思和祈愿，拨动铜质的转经筒，一片“哗啦啦”的声音。

第二条转经道就是围绕整个大昭寺的街道。7世纪时，大昭寺初建成，围绕寺庙先是有了一些朝佛者的帐篷，后来，慢慢多了一

寺庙大殿外装饰的吉祥符号（万字结和宝螺） 刘伟摄

些经商的人，盖起了房屋，再后来，就逐渐形成了店铺和各种小摊密集的八廓街。这里现在仍然是西藏最具宗教和商业气氛的老街区，围八廓街走一圈，既朝了佛又可以买到许多东西。走过这条宗教与世俗、神话与现实交织的两千米长的“八廓”，就等于走过整个西藏。

第三条转经道叫“林廓”，这条最长的转经道早先转绕整座拉萨城，由大昭寺、小昭寺经过老城区，最后转绕布达拉宫转一圈。但现今的拉萨城区已有巨大的变化，由 20 世纪 50 年代初不到 3 平方千米，发展到目前近 50 平方千米。高低起伏的建筑覆盖了原先大片的河谷、树林、荒地、湿地和沼泽。扩展的街区早已淹没了早先的转经道。早晨起来，就可以看到络绎不绝的转经者，当然其中以老者为多。

在西藏的寺庙，都可以看到转经筒，有木质的，也有铜质的，大的足有两人来高，小的也有二三十厘米。每个经筒里都装了经书，大都是整部的经书,用手拨拉,转经筒转一圈,就如同念了一遍经文。

在西藏，经常可以感受到这种宗教氛围。比如，看到每一位转经者或是进寺朝佛的信徒，他们手中大都有个转经轮，轮里也装有经书，人在转，手中的经轮也在转，边走，边摇，轮子转一圈，如同替本人念了一遍经文。在西藏可以经常看到一些崖壁和巨石上刻有藏文的六字真言，在山口、草原、路旁放置了许多刻了六字真言的石块，目的除了表达对观音菩萨的敬意，还有让大自然的风吹雨淋，代替人们无穷无尽地念颂观音菩萨的咒语。

在西藏，比较常见的就是转神山圣湖活动。有祈求就去转神山，祈求神山赐予力量，保佑自己避灾免祸。转山的人要在转山道旁的树枝上，挂上经幡或是哈达，白羊毛、黑牛毛也可以，路上撒上一些自家种的青稞粒。转一圈神山或神湖，如同念了 10 年佛经。

最盛大的转神山活动，就是马年转冈仁波齐。据说佛祖释迦牟尼属马，其魂魄居于冈仁波齐，因而这座西藏的神山之王也是属马。围绕神山走一圈，要大约三天时间。最大的转圣湖活动是羊年到纳木措转湖，围绕圣湖走一圈，大约需十天。纳木湖属羊，羊年时，周游四方的湖神就回到纳木措，接受并赐福于转湖的信徒。还有，因为念青唐古拉山神和纳木措湖神是夫妻，念青唐古拉山神在羊年都要赶到纳木措与妻子聚会。

转神山的日子里，西藏、青海、甘肃、四川、云南藏族，乃至印度、尼泊尔、不丹的信徒，千里迢迢，从四面八方汇集神山下。加之一些国内外旅游者，也赶赴冈仁波齐凑热闹，以往鲜有人迹的神山，一时间万人齐聚，场面十分壮观。

对数字和六字真言的崇拜

现在在西藏，西藏人立誓祈愿时，常说“贡觉松”，藏语意思就是向三宝保证。三宝即佛（佛像）、法（经书）、僧（念经的僧人），没有三宝，寺庙再大也没有影响；有了这三宝，寺庙才有了生命力。因而藏族信徒对三宝是十分崇拜的。

正因为如此，“三”这个数字在西藏最为吉祥。

在西藏，与人民生活联系紧密的是六字真言。这也是佛教与西藏本土宗教结合的一大特色。早期的苯教，体现高原居民的拜物信仰，且绝大多数农牧民没有文化或文化水平极低，繁杂的佛教经典很难推广，将庞大的佛教理论体系简化为六字真言，深入人心，人人皆可颂之，所以很快得到推广普及。这可能是世界上外来文化与本土文明最佳结合的典范之一。我们在西藏的每个地方，几乎都听到信教者口中念诵这六个字。同时，无论在山村乡野、草原湖畔、山口路旁，还是大小寺庙，人们都能看到许多刻字石板。上面大多刻着藏传佛教的六字真言，口语念就是：唵、嘛、呢、叭、咪、吽。同样，在西藏经幡上，印着一些佛、神、菩萨像，印的最多的还是那六字真言。

玛尼石 六字真言 刘伟摄

这六个字是什么意思呢？在藏传佛教

中就是献给观音菩萨的最美妙的颂词：哦，莲花里的宝石！

据说，观音在佛面前发下慈悲愿，到人间指点众生，普度众生，六字真言就是观音菩萨亲口吐露的佛教最核心、最崇高的咒语。一千多年以前，吐蕃大臣吞弥·桑布扎从印度学习归来，在拉萨北郊一座小寺庙里，根据梵文创造了藏文字，并把六字真言献给赞普松赞干布。这一说法的含意是深远的：由于从佛教传入青藏高原开始，信仰佛教的西藏人就把历代赞普当作观世音转世，而松赞干布就是观音菩萨的在世化身。这六个字从此成为青藏高原上最常见的文字和最常听见的声音。自从1653年清顺治皇帝册封五世达赖为“西天大善自在佛所领天下释教普通瓦赤喇怛喇达赖喇嘛”，确定了达赖执掌西藏的政教大权地位，以至于后来人们把达赖喇嘛也当作那颗莲花里的宝石。

达拉岗布神山的经幡　刘伟摄

念观音菩萨的六字真言，每个音节，都表示一个祈愿。反反复复念六字真言，既是向观音菩萨祝福，同时也感受观音解脱人们的慈悲之心，可以破除六种烦恼，可以获得六种智慧，可以修得六行般若，可以证得六大佛身，等等，其奥妙无穷。而在现实生活中，最大的好处在于能够得到一种心理的愉悦。

西藏所有的寺庙殿堂外的墙上几乎都画有六道轮回的壁画。藏传佛教认为，生命的躯体随时可亡，但灵魂不死，往来轮回转世。世界分为三个层次：天界，天神住的地方；人界，人和其他生命住的地方；非天界，鬼怪、龙王和精灵住的地方。在这“三界”中，又存在着六道，即：天道、阿修罗道、人道、畜生道、饿鬼道、地狱道。所有的生命都在这六道中轮回，一个人一生行善或是作恶，都有因果报应，积善，可能来生转世到天道或人道；作恶多端，也许来生转世为饿鬼，或是畜生。只有大彻大悟，修持得道，才可以跳出六道轮回，立地成佛，进入到美妙无比的香巴拉。

而世间的人要经过“六道轮回”即天、非天、人、畜生、饿鬼、地狱。生命永远处于轮回之中，要跳出六道轮回，就要信佛，多行善事，积德，才能跳出六道轮回，进入欢乐的理想世界香巴拉。而进入香巴拉的必经之路，就是神山冈仁波齐的九道天梯。

西藏人常说的“松竹骨”，也就是数字三六九，有数字巨大之意。藏语松是数字三，竹是数字六，骨是数字九，打藏牌时，经常听到这个喊声很洪亮的祈愿声。

对吉祥八宝的崇拜

吉祥八宝，藏语称“扎西达杰”。在西藏，无论僧俗，几乎是无人不晓。在西藏的绘画、建筑彩绘、雕塑、雕刻艺术中，吉祥八宝图是常见的。

我这里提到的吉祥八宝，特指青藏高原的寺庙、民居、日用品常见的徽记。说其是信仰的符号，还是心灵寄托的徽记？不一而论。从信仰而言，它是神圣的；从观感而言，它是美妙的。

传统的排列如下：宝伞、一对金鱼、宝瓶、妙莲花、右旋白海螺、吉祥结、胜利法幢、金法轮。大多数是分别一一展示，也有将吉祥八宝合为整体展示。

吉祥八宝早期的传说是印度国王加冕时高僧奉赠的礼品。梵文的吠陀经中有所描述，印度教、佛教、耆那教的信徒广泛使用这一组八个象征吉祥的符号。佛教传入西藏以后，这些吉祥的标志和符号就进入了藏族百姓的宗教活动和日常生活，一直流传至今。

传说释迦牟尼在菩提树下得道时，他的弟子和吠陀众神献上了八种吉祥瑞相的供品。首先是梵天大神和天神因陀罗。梵天献上一尊千辐金轮，象征佛祖通过常转的法轮传道，因陀罗献上白海螺，象征佛的妙音广布。在西藏很多描绘释迦牟尼的唐卡中，座前跪拜着的就是梵天和因陀罗，他们分别手捧金轮和海螺。

宝伞，藏语称“斗”，源自古印度国王出行打的遮阳伞。印度天气炎热，国王出行背后必有侍从打着遮阳伞，因而伞象征尊贵和荣耀。藏传佛教的大活佛如达赖、班禅喇嘛出行，后面都有僧人高擎一把圆形的黄罗伞，既显示其宗教地位，也有不受尘土浊气污染之意。在西藏寺院，如果留意观看，可以看到高僧主持的座位上方，有黄绸或红绸作边的正方形的遮伞。藏传佛教著名的大白伞盖佛母，有千手千眼，她手持大白伞，意为遮蔽魔障，拱卫佛法的纯洁。

一对金鱼，藏语称“赛聂卡缀”。在佛教中，是佛的慧眼。这两条相对的金鱼，象征印度的恒河和朱木那河。这两条大河是分别代表阴阳之脉道，寓意呼吸控制生命的节奏，可带来好运气。生命生生不息，表示自由自在，表达了解脱之意。

宝瓶，藏语称“奔巴”。天降甘露和宝石盛于瓶中。圆肚瓶子，上端是水滴形宝石瓶盖，有说是宝藏财神、多闻天王和女财神增禄天母的法器。有的宝瓶顶端是如意树，树根浸于瓶中甘露，生长的树枝挂满宝石，而且宝石取之不尽；有的宝瓶插着孔雀羽，表示吉祥圆满。汉地的观音手持宝瓶是为净瓶，瓶中盛满永生之水，观音菩萨用柳枝蘸宝瓶中的净水，洒向祈祷者，赐福并化去烦恼。

妙莲花，藏语称“白玛”。阿弥陀佛是“莲花部怙主”，因而莲花也是阿弥陀佛的象征。莲花生长于印度和中国内地，出淤泥而不染，象征纯洁和佛法之源，也喻示修行者内心要纯洁无瑕，方能修成正果。据说，梵天天神和莲花生大师都是出生于一朵莲花之内。

右旋白海螺，藏语称“东嘎叶吉”，最早为古印度战神所特有。但凡战前，吹响海螺，可令敌方心惊胆战，获胜后，吹响海螺还可向远方传达喜讯。后来印度佛教的仪式也常常用到海螺，其声音独特，深厚响亮，响彻九重天、十方地，穿透三千世界，传扬佛祖宣讲佛教教义真谛的法音，驱逐妖魔鬼怪，佛法无往不胜。绘画中的释迦牟尼坐像，喉部一般有三条海螺状曲线，就是代表佛的三十二个大相之声相。

吉祥结，藏语称“贝比吾或巴扎”。一般其形状为棱形，线条交织无始无终，象征佛陀无限的智慧。在印度教中，吉祥结是天神的法网，可以在大海中打捞珍宝，佛教中喻义可以随佛修行，于三千世界中网取智慧，化去愚昧。在佛的塑像中，胸前大都有万字结符号，象征大圆满，表示佛法永恒之意。在现在社会中，人们广泛通俗使用吉祥结，表达吉祥圆满、和谐幸福之意。

胜利幢，藏语称“坚参”，原来是古印度的军旗，一般装饰在武士的战车上，每个军队战车旗帜上的图案都不一样。在印度教传说中，胜利幢是湿婆的旗帜，顶端有火焰三股叉，表示湿婆是三界胜利之王。吠陀时期，胜利幢又是爱欲之神的旗帜，充满诱惑性欲之气。佛陀在树下修行时，欲神多次变幻，以性欲骚扰佛陀之心。最终佛陀修持慈、悲、喜、舍“四无量”，战胜了“四魔”，即欲魔、阴魔、障魔和死魔的诱惑和扰乱，证得涅槃。现在，藏传佛教的寺庙屋顶上，一般都在四角树立铜质镀金的胜利幢，有的胜利幢是木质的，包裹着三色或七色丝绸，表示佛法战胜“四魔”及一切障碍。

金法轮，藏语称“廓罗”，形状如车轮，有轴心、轮毂和八辐条。古印度时，法轮是厉害无比的武器，一般在战车的四轮上，轮上还绑有尖刀，冲锋陷阵，所向披靡。在佛教的意义中，法轮与佛陀三转法轮有关，尤其是象征佛陀在鹿野苑向五弟子讲解苦、集、灭、道“四谛”，佛教史上称之为初转法轮。自此，法轮常转，传播佛法，永不停止。法轮象征佛法无边。轴心象征“戒”，轮毂代表“定”，轮辐条代表“慧”。这三学是佛教最基本的理论。八个辐条也代表“八正道”，表示法轮转动时将佛法传播八方。现在西藏所有的寺院主殿顶上都竖立有金法轮。如大昭寺大门上方屋顶，是一个巨大的金时轮，两侧跪卧着小鹿，表示法轮转动的妙音，连森林里的小鹿都迷住了。

对本尊、护法神和度母的信仰

西藏信教僧俗对护法神和度母的信仰是十分普遍的，其源头颇为庞杂。

藏传佛教源于印度佛教，以大乘佛教为主，而大乘佛教有显、密两大组成部分，俗话说：显宗修心，密宗修身。密宗有四部分，简称密宗四部：事密、行密、瑜伽密和无上瑜伽密。7 世纪，印度密宗大师莲花生进藏传播佛教，他用密宗的瑜伽、咒术和仪轨，降服当时西藏地方的苯教徒，并将苯教的地方神收为佛教的护法神，由此，莲花生成为藏传佛教密宗的祖师。

密宗修持讲究“三根本”，即上师、本尊、护法。上师是修行者入门的导师，是加持的根本；本尊就是自己选择的修持佛菩萨，是成就的根本；护法，就是维护佛的教义，端正修行态度，是事业的根本。

在西藏，稍稍接触佛教，众多的具有恶相、善相、善恶相的护法神、度母、本尊等令人眼花缭乱。

先说五大本尊。

大威德金刚，藏语称“多吉吉集”，是西藏密宗五大金刚之首，文殊菩萨怖畏像化身，是密宗无上瑜伽宝生部的本尊神，为藏传佛教各教派所崇敬。大威德金刚一般是双身相，相貌威猛，九头三十四臂十六足。正面环眼大鼻牛首，怀抱明妃，有伏恶之势，谓之大威；有护善之功，谓之大德。最为尊贵的一尊塑像在哲蚌寺，据说是宗喀巴大师筹资塑造并亲自开光。

胜乐金刚，藏语称“德巧”，是无上瑜伽母续部本尊神，是噶举派最为信仰之本尊神。凡噶举派寺庙，均为密宗殿主供神。胜乐金刚有四脸，每脸三眼，十二手，身披虎皮，胸前挂着巨大的人头骨串珠，站立怀抱金刚亥母明妃。每只手都持有铃、杵、斧、戟、索等法器，左边一手持串有五颗人头的长杵。立于莲台，脚下各踏男女魔身，周围是熊熊火焰。西藏著名的冈仁波齐神山，就是胜乐金刚灵魂居住之所，属马，每逢马年，胜乐金刚就回到冈仁波齐，这一年四方信徒云集于此，转神山。

密集金刚，藏语称“桑堆”，是无上瑜伽父续部本尊神，也是观音菩萨的密法身，密集了三世诸佛的身、语、意。密集金刚三头六臂，为怀抱四臂明妃的盘腿坐像。头戴五佛冠，正面蓝色脸呈愠怒相，左右面呈善相，六只手分别持轮、杵、索、剑等法器。

此金刚为格鲁派所推崇，据传是格鲁派创始人宗喀巴的本尊神。

时轮金刚，藏语称“堆廓多吉”，无上瑜伽父续部本尊神。据说，在释迦牟尼之前的本初佛时，众生皆迷途于过去、现在、未来三世，克什米尔一个婆罗门创建了时轮法，在印度佛教衰落时，传入西藏。时轮金刚一般呈四头二十四臂站立像，怀抱明妃，正面脸呈蓝色，其他三面分别呈红色、白色和黄色，手中持锤、杵、铃、钩、斧、矛、索等法器。

喜金刚，藏语称“格巴多吉”，为无上瑜伽母续部本尊神，也是密宗道果法的本尊。传说喜金刚是大自在天的儿子，是一个残暴的天神，观音菩萨化身明妃，与之交合吸取邪恶，令其改邪归正，自在欢喜。后藏一位高僧到印度，习得显密皆修、自我圆满的道果法，回藏以后传授给萨迦派创始人贡却杰布，成为萨迦派最尊崇的密法。喜金刚有八头、十六手、二十四眼，正面是白色，有欢喜相，各手托着白色骷髅碗，拥抱明妃达到无我的状态。

接下来再讲度母。

度母，藏语通称“卓玛”，是观音菩萨慈悲的眼泪化现。传说，观音菩萨看到六道轮回中，众生苦难，流下眼泪。毗卢遮那佛说，别难过，我将你化身世间，救度众生有情。于是，观音泪珠落入莲花，为二十一度母。其中左眼第一颗泪化为白度母，右眼第一颗泪化为绿度母。这是藏传佛教中最著名的两尊度母。

度母有诸佛加持的力量，能够帮助有情众生避祸消灾、减少痛苦、解脱恐惧，在西藏百姓中受到广泛尊崇。

白度母，藏语称“卓嘎”。传说观音菩萨左眼泪珠滴下后放光至尼婆罗（今尼泊尔），化身尺尊公主，进吐蕃为松赞干布赞普王妃。白度母通体白色，面容温和慈祥，给众生带来幸福、安宁和长寿。白度母又称七眼女神，脸上三眼，双手双足各有一眼，能观遍一切众生的烦恼，满足一切众生祛病增寿的祈求。如果敬奉白度母并得到加持，可以获得寿命、智慧、财富三增长，因而白度母在藏族普通百姓眼中最为殊胜。

绿度母，藏语称“卓姜”。传说观音菩萨右眼泪水滴下后放光至大唐皇宫，化身文成公主，唐蕃联姻，由长安远嫁赞普松赞干布，启藏汉民族亲如一家之先河。绿度母通体绿色，面容端庄祥和，位居所有度母之首，总摄二十一度母所有能量与功德，因而地位十分尊崇。信众供奉绿度母，可解脱火难、水难、牢狱难、狮难、象难、蛇难、贼难、非人难，故绿度母又称“救八难度母”。

西藏诸多神灵中，护法神有300多尊，体系庞大，极为复杂，主要来自印度教、婆罗门、耆那教、佛教以及西藏的原始苯教。其中，最负盛名的有大黑天、吉祥天女、阎魔王、马头明王、大红司命、狮面空行母、智行佛母、白哈尔等。以下介绍最主要的三个护法神。

大黑天，梵语称“玛哈嘎拉”，藏语称“贡布”。其是大日如来降魔除妖时呈现的愤怒相，是密宗中法力最为强大、形象最为威猛的护法神，位居藏传佛教诸多护法之首。西藏各教派的寺庙，都供奉有护法神大黑天，根据不同护持需要，大黑天有七十二种变身。据传，印度教有梵天、湿婆、毗湿奴三大主神，其中大黑天源自湿婆，是印度教大自在天神的化身，由象雄大译师达玛扎引入象雄阿里，以其威猛的形象降服苯教地方神祇。其主要形象是四面，大肚、四臂或六臂。三眼主面怒目凶相，张血盆獠牙大口，头戴五骷髅冠，一手持伏魔剑，一手捧盛有人心和血的骷髅碗，一手持弯刀，一手持三叉戟，双足各踏一小鬼。熊熊火焰构成背光。萨迦、噶举派主供四面四臂大黑天，格鲁派主供四面六臂大黑天。

吉祥天女，藏语称“班丹拉姆”。这是大昭寺主护法神，也是拉萨城的护法神。吉祥天女有怒相和善相，源自印度婆罗门，她身为大自在天天神公主时，放荡不羁，先后有99个丈夫，曾做过帝释天、毗湿奴、阎王之妻，也做过金刚手、财神、曜神之明妃，欲爱泛滥，又称之“爱神之母”。因为偷情，被大自在天用铁链锁住，她挣脱以后，骑上罗刹王送的出神青骡子逃跑，紧追的人用箭射中骡子后臀，她拔下箭后骡子后臀长出眼睛，大自在天不得以请无量光佛将其降服。由于吉祥天女的丈夫们都是赫赫有名的大神，因而她也具有无边的法力神通，被尊为三界女王。她的善相称为“贝拉姆”，面色白净，面容安静，三眼流露祥和之光，右手持白杆羽箭，左手的碗盛满宝石。她的怒相是蓝面三眼如大黑天，头戴五骷髅冠，骑着臀部长眼的骡子，右手持金刚橛，左手持骷髅血碗，胸前挂着十二颗人头。每年藏历十月十五，是吉祥天女节，拉萨僧俗民众将吉祥天女塑像从大昭寺请出，巡游八廓街。那一天，八廓街人头攒动，人们争相向吉祥天女抛掷哈达，热闹非凡。

传说班丹拉姆也是历世达赖喇嘛的保护神，她的灵魂居所在山南加查县一条山谷里的拉姆拉措湖，此湖因而被称为“西藏第一圣湖”。二世达赖根敦嘉措在湖畔修建了曲科杰寺，供奉班丹拉姆。此后，凡寻找达赖转世灵童，达赖的剃度、修行，均要在曲科杰寺及在圣湖边进行供奉和观湖仪式。

白哈尔，藏语称“南托嘎波”，是桑耶寺的总护法，也是格鲁派的保护神。白哈尔在护法神系中，经历最为复杂。他最早是孟加拉国的一位王子，痴迷财宝。其父是白天神，母亲是龙女。白哈尔有一次遇见一只叼着财宝的神鸟，于是由印度追逐至中国西藏霍尔，被霍尔王用大量财宝留下，专门为他修建了寺院，并请他守护寺院和财宝，由此成为霍尔国的保护神。

白哈尔常见的形象是三头六臂。头戴圆帽，有白、蓝、红三个面孔。正面白脸怒目，血口獠牙，侧身骑坐在一头绿鬃白狮子身上，边上四只手的持长法杖、铁钩、宝剑、弯刀，中央双手开弓拉箭。8世纪吐蕃赞普赤松德赞请来寂护和莲花生，帮助其创建西藏第一座佛、法、僧“三宝”俱全的寺院——桑耶寺。传说寺院建成后，莲花生说缺少护法神，建议赞普延请白哈尔来做桑耶寺护法神。赤松德赞遣使带上贵重礼品，赶到巴达霍尔国，结果，霍尔王拒绝了吐蕃赞普的请求。赤松德赞一怒之下，发数万吐蕃骑兵攻打巴达霍尔，霍尔兵不敌，霍尔王逃走，吐蕃兵捣毁了寺院，抢走了寺院的三件国宝：绿松石佛陀像、水晶狮子和犀牛皮面具。白哈尔变成一只鹰，在天上飞翔，追踪抢走财宝的吐蕃军队。来到桑耶寺以后，被莲花生降服，于是留在桑耶寺做了护法神。莲花生专为白哈尔修建了“白哈戈则林”护法神殿，并亲自动手塑造等身像。吐蕃政权崩溃以后，桑耶寺被毁，白哈尔成为流浪神。

直到蔡巴噶举高僧在桑耶寺附近遇见白哈尔，将其带到拉萨附近的蔡公堂，请他做了蔡公堂寺的护法神。谁知，蔡公堂寺某日失火，寺僧怪罪白哈尔守护不力，将其锁进一木箱，丢进了拉萨河。木箱随河水漂流至拉萨根培乌孜山下，在此修行的密宗高僧领悟到箱子中是白哈尔，令徒弟到直河边捞起箱子，徒弟觉得木箱子很沉重，好奇地打开，箱中飞出一只白鸽，“乃琼乃琼”（小地方之意）鸣叫着，没入附近的柳林。高僧认为是吉兆，于是围绕柳林修建了一座小寺，取名乃琼寺。

再后来，宗喀巴的弟子扎西班丹在根培乌孜山上修建了格鲁派大寺哲蚌寺，并请白哈尔做哲蚌寺的护法神，三世达赖又请白哈尔做了格鲁派的护法。此后，达赖及西藏地方政府，每逢大事，都要到乃琼寺，请白哈尔预言吉凶，乃琼寺虽小，地位却颇高，乃琼神汉跳神，如同白哈尔附体。

西藏宗教现状

西藏是以藏族为主的民族自治区，但也生活着汉族和其他一些少数民族，如回族、门巴族、珞巴族，另外还有察隅僜人、中尼边境区的夏尔巴人等。

西藏民族大多数信仰佛教，但也不是单一佛教信仰的地区。拉萨有大小清真寺，伊斯兰信徒有 2000 多人；藏东芒康县的纳西族乡盐井有天主教堂，信徒有 600 多人；拉萨还有关帝庙，乾隆时由驻扎西藏的清军修建。西藏还有不少普通百姓不信教。

一千多年来，佛教对西藏的政治、经济、文化和社会生活的各个方面都产生了深刻的影响。从元朝开始，西藏建立了“政教合一”的制度，西藏地方政府的最高行政长官由某一教派的领袖担任，各级政府中也都有一批僧官。这种政教合一的制度，断断续续历经了近 700 年，极大地阻碍了西藏社会的发展。民主改革以前，西藏实行的是封建农奴制度，由占人口不到 5% 的官家、贵族和上层僧侣集团构成的三大领主，占有西藏 95% 以上的土地、牲畜和财富，其中仅寺庙集团就占有西藏 36% 以上的土地、牲畜和财富。各地有大、小寺庙 2700 多座，僧尼近 12 万人。大批僧尼不参加生产劳动，又不允许结婚生育，致使生产力衰退，人口不断下降。解放前，寺庙是西藏最好的建筑，一座座寺庙巍峨壮观，五光十色，雕梁画栋，金碧辉煌，是藏族劳动人民智慧的结晶，也成为极少数人特权享受的居所。寺庙内的雕塑、壁画和各类装饰品，具有极高的艺术水平。各大寺庙还保存着大量的经书以及文学、历史、地理、哲学、医学、天文历算等方面的各类典籍，寺庙既是宗教活动的场所，也是过去西藏的教育场所和文化荟萃之地。西藏古代的文化艺术，大都与宗教有着密切的联系。

从西藏和平解放一开始，宗教信仰政策就得到很好的贯彻执行。当然，“文化大革命”时期是个例外，因为“文化大革命”是整个中华民族的灾难，西藏自然也不能幸免。那时，和全国各地一样，西藏的宗教场所和宪法中规定的宗教信仰自由政策遭到破坏。改革开放后，西藏宗教信仰自由政策重新得到落实。1983 年，西藏创办了佛学院，在北京开办了中国藏语系高级佛学院。藏传佛教教派的各种传统活动和仪式都能按教派规定正常开展，凡是遵纪守法的宗教活动都得到保护。尤其是近十来年，中央政府先后拨巨资用于西藏著名寺庙如色拉寺、甘丹寺、哲蚌寺、扎什伦布寺、桑耶寺和拉萨布达拉宫、罗布林卡的维修。

1992 年 9 月 27 日，经国务院批准，时任国家宗教局局长任务之亲临西藏，在楚布寺主持了十七世噶玛巴坐床典礼。这是西藏和平解放以来，中央人民政府首次批准认定转世大活佛。

1995 年 11 月 29 日，在时任西藏自治区主席江村罗布主持和时任国务院特派专员罗干督察下，拉萨大昭寺殊胜无比的释迦牟尼等身像前，隆重举行了十世班禅转世灵童金瓶掣签仪式，时任西藏自治区佛教协会会长、德高望重的波米活佛亲自掣签；随后的 12 月 10 日，在时任国务院特派代表李铁映的主持和督察下，中签的十世班禅转世灵童在日喀则扎什伦布寺经过坐床典礼，正式成为十一世班禅额尔德尼。这是西藏和平解放以来西藏最大的佛门盛事。

结 语

佛教与西藏本土宗教整合的结果，佛教占了上风，苯教成了佛教的附庸，而二者的结合，形成了独具特色和魅力的藏传佛教。从本质上来说，宗教反映了人与人、人与社会、人与自然之间的关系。有人说，宗教是一种精神依托，也是一种精神自我麻醉，它反映了人的意识形态中最丰富、最脆弱、最微妙、最真实的那一部分。本土化了的藏传佛教现在已渗透到人们的社会生活和风俗习惯中，通过对这种高原民族独特的泛神信仰的研究和分析，可以更多地了解西藏的历史和文化，了解高原民族的性格特点和精神世界。

第八讲

吐蕃三法王

吐蕃，是史料中有明确记载的西藏地方政权。自松赞干布到朗达玛共历经九代赞普，历时200余年。这是西藏十分重要的历史阶段，其中三个赞普几乎支撑起整个吐蕃政权的建立。在唐蕃交往中，双方相互影响，翻开了西藏文明史新的一页，许多事迹为后人敬仰。松赞干布建立吐蕃政权，统一雪域高原各部落；令学者吞弥·桑布扎出行天竺，以梵文为基础，创立藏文字；迎娶了唐文成公主，开启藏汉亲如一家之先河。赤松德赞请印度高僧莲花生进藏传播佛教，修建西藏第一座佛、法、僧三宝俱全的寺院，并组织翻译佛经，拓展疆域为吐蕃之最。赤德祖赞坚持与唐王朝和睦相处，数次会盟，

吐蕃三法王唐卡（中间松赞干布，左侧赤松德赞，右侧赤祖德赞）
北京民族文化宫藏

立唐蕃会盟碑于拉萨与长安，以甥舅关系，以夸后世。藏族有谚语云：“天上有日月一对，地上有汉藏舅甥。”

由于松赞干布、赤松德赞、赤祖德赞祖孙三人在吐蕃历史发展中，促使汉藏亲如一家，推动佛教广泛传播，贡献巨大，对西藏社会影响深远，被后人尊称为“吐蕃三法王”。

松赞干布：创建吐蕃政权，迎娶唐朝文成公主，肇始藏汉民族友好

松赞干布（617—650 年）是吐蕃第三十三代赞普（唐史称弃宗弄赞）。之前的青藏高原，散布着 44 小部落，后逐渐合并为 12 大部落，至吐蕃政权建立前夕，主要有三大部落：藏中悉补野、藏西象雄、藏北苏毗。其中最强大的悉补野部落位于雅砻河谷。雅砻河谷位处雅鲁藏布江流域中部，土地最为肥沃、物产最为丰富，吐蕃由此发端而兴盛。此地因而素有“高原粮仓”“藏民族发祥地”之称。

1. 建立吐蕃政权

松赞干布在西藏历史上，成就非凡，他是“吐蕃政权的创建者、民族英雄、藏汉友好缔造者”。[1] 他于 620 年登上王位，并执政到 650 年，“吐蕃历史上的每件事都有他的足迹。事实上，我们知道的西藏是他开创的”。[2]

藏学家曾国庆与郭卫平曾在 20 世纪 80 年代出版过一本《历代藏族名人传》，收录了从 7 世纪到 20 世纪 40 年代藏族著名人物 95 位，由于在西藏历史上影响极大，唐文成公主和金城公主也被列入篇章。

我与国庆戏说，你写的这 95 个藏族名人，论历史的贡献和在民族中的威望，松赞干布应该是 1 人大于等于其他 94 人。他深以为然。

各民族的历史都有个各自创世纪的神话传说，西藏亦不例外。而且，在西藏的历史中，神话、传说的“野史”内容，甚至多于文字记载的“正史”。

今日的西藏山南市首府泽当，在遥远的时代，是野猴玩耍的坝子，现在则是一座现代化的繁华城市。此地位于雅砻河谷一片广阔的平地，南临蜿蜒的雅鲁藏布江。雅鲁藏布江发源于西藏西部冰川，南入印度布拉马普特拉河，全长 2104 千米，其中在西藏境内长 2057 千米。在雅砻这一段，雅鲁藏布江流域最为宽阔，蓝天白云低垂，江水浩荡汇入天际。上溯河谷的深处，有十余座培土而成的吐蕃时期若干赞普大墓，其中就有松赞干布大墓。墓顶守墓的寺庙至今香火旺盛。

传说远古时期，雅砻河谷的贡布日山有女魔鬼罗刹经常出没，造孽四方。观音菩萨慈悲心大发，变化为一猕猴，到山洞与女魔生下一群小猴子。老猕猴常带着猴群到山下平坦的坝子玩耍。一日，老猕猴指着田地里长出的青稞，让小猴子烧来吃，说，吃吧，吃吧。猴子们留恋熟食的美味，就在坝子上住了下来。日久天长，猴子变成了人。

西藏早期历史的记录存在两种方式，一是经书，二是壁画。有关“猴子变人”的传说，在布达拉宫、罗布林卡以及许多寺院的壁画上，都有绘制。这个猴子变人的传说，令藏民族大为自豪，20 世纪 80 年代末，我采访过西藏著名的学者东嘎·洛桑赤列教授。他谈到自己曾在日内瓦国际藏学学术会上，说人类由猴子进化而来的说法，西藏的传说较早就出现了。

神话和现实，深深地混淆在一起，两者在西藏民间没有明确的界线。猕猴与观音菩萨繁育了藏族祖先，所以藏族人极信奉观音，他们把英明的赞普松赞干布、赤松德赞、赤祖德赞当作亲临世间的观音菩萨。就连后来的历代达赖喇嘛，也被视为观世音的现世化身。

上古时期的雪域高原，雪山绵绵，森林沼泽密布，野兽魔鬼出没，生民苦难万端。由于高原位处地球之巅，天神之子首先来到尚未开化之雪域高原。传说，几个牧人在贡布日放牧时，看见一伟岸男子顺天梯由云端而降。问："此为何地？"答："这里是雅砻悉补野。"曰："我就是雅砻之王。"众人大喜，结木为椅，抬上奇男子，拥立为王，恭称"聂赤赞普"。这是高原悉补野部落第一个王。"聂赤"藏语意为"脖子"，赞普藏语意为"王"，也是古代西藏对部落首领和王朝统治者的尊称。"其俗谓雄强曰赞，丈夫曰普，故号君长曰赞普。"[3]

出泽当，沿路北上，进入雅砻河谷。一座小山突兀而现眼前，山巅建有城堡式建筑，曰雍布拉康，当初专为聂赤赞普修建，为西藏历史上第一座王宫。远眺雍布拉康，有一貌似烟囱的建筑，高耸云端，据说就是天梯。赞普从天而降，代天神而治俗世，逝世后，还得顺天梯返回天界。顺石阶登上雍布拉康，站在白色的石墙后，蓝天白云下，群山连绵，田野郁郁，河谷尽收眼底。现在，凡到西藏旅游的人，此地是必去之名胜。

在西藏，我们都知道，藏族人自称"博巴"，汉文史料称为"蕃"。"博巴"就是生活在博这个区域的人，如康巴就是生活在康区的人，门巴就是生活在门域地区的人。也有一种说法，藏族把草原称为"塘"，如藏北称"羌塘"，把森林地区称"绒"，把半农半牧区称"蕃"。

历史上，悉补野赞普世系兴起于雅隆，当时这一地区是经营高原农业的中心，故名“蕃域”。悉补野赞普世系是将地名当作王号，称为“吐蕃赞普”。后来，吐蕃赞普世系从雅隆周围开始逐渐将权势扩展到卫藏地区。特别是赞普松赞干布时期起，将吐蕃四面八方的部落纳入统治之下，疆域扩大，王号当作地方名称，将吐蕃控制下的一切地方取名为“吐蕃”。[4]

唐太宗贞观三年（629），13岁的松赞干布继位悉补野部落第三十三代赞普，不久，率部族占据逻些（今拉萨）。地理上，逻些两山相拥，河谷狭长，红山耸立，居于河谷之中，进退适宜，适合建都。当然，也有吐蕃疆域扩展的需要，在大相噶尔·禄东赞和学者吞弥·桑布扎的协助下，松赞干布置宫室于红山之巅，建吐蕃都城于逻些，开创了青藏高原第一个统一的政权——吐蕃。尔后逐步征服苏毗、羊同、白兰、党项以及吐谷浑和西羌，并将北印度、尼婆罗纳入附属，成为当时在亚洲仅次于唐的强盛政权。

吐蕃政权建立后，松赞干布采取一系列措施巩固政权，仿唐朝藩镇制，在吐蕃势力范围划分军政合一的“四茹”，茹，是区域概念，如同唐朝的“道”，有“部”或者“翼”的意思。卫茹，即中翼，以拉萨为中心；约茹，左翼，以雅砻为中心；叶茹，右翼，含雅鲁藏布江西北、象雄，以南木林为中心；如茹拉，西翼，以雅鲁藏布江南萨迦为中心；苏毗茹，东北翼，含羌塘、青海。

松赞干布还设置了管理朝政的“三尚一论”体制，统一法规、度量衡、税赋等，建立驿站，创立文字，颁布六大法典之三十六制度。

六大法典内容简要如下：

第一，六大法典的内容包括：各行政地区的界限、行政与军事法律基础、大臣等官员的地位和任务、农牧领域、人的美德、度量衡的标准、君王的取舍程序等法律，其中人的美德所含的内容非常多。

第二，六大政治原则，是一些关于施政法规的主要内容的规定。

第三，六级褒奖，是关于如何奖励有功臣民等级的规定。

第四，六种标志，是关于国王的主要功绩类别标志的规定。

第五，六种诰身，是关于奖善罚恶的奖励法规。

第六，六种勇饰，是关于对国家安全、巩固边疆做出成绩的英雄奖赏的规定。[5]

吐蕃时期，适逢大唐盛世，唐朝之强盛和繁荣，令各国各邦首领和使节络绎来朝。与此同时，吐蕃之强悍，疆域之广袤，在西藏地方史中留下最为辉煌的记录，为中华民族的发展壮大做出了杰出的贡献。

2. 迎娶尼婆罗和唐朝公主

现在的拉萨，有三个与松赞干布相关的遗址。一是布达拉宫的法王洞，二是药王山下的查拉鲁普，三是拉萨北郊的帕崩卡。

7 世纪初吐蕃政权建立后，仰慕尼婆罗佛教文化和唐朝文明，同时也考虑以联姻的方式巩固政权。松赞干布于 639 年派大相噶尔·禄东赞持琉璃宝盔为礼，先是南下佛教之国尼婆罗，迎娶该国公主；尔后于 640 年持黄金盔甲为礼，北上大唐长安，迎娶唐王朝公主。可以说，正是这两位公主开创了西藏盛行千年而至今的崇佛之风。

据说，释迦牟尼生前，他的弟子为他塑造了三尊等身像，并由释迦牟尼佛亲自开光加持。尼泊尔和唐朝两位公主进藏，除了带有大量书籍、各种植物良种和各类匠人以外，还各自随身携带了一尊佛像。尼泊尔尺尊公主携带的是佛祖八岁等身像，文成公主携带的是佛祖十二岁等身像。佛祖在尼婆罗菩提树下悟道前的三十岁等身像，在天竺战乱中，被一些信徒暗送到大帆船上，准备漂洋过海运往他乡供奉。半途遇着风暴，船被巨浪掀翻，佛像从此沉没于南印度洋。尼泊尔公主带进藏的佛祖八岁等身像后来又失落于吐蕃战乱。十二岁等身佛像也经历坎坷。前秦时，昭帝符坚听说印度僧人鸠摩罗什携带佛祖十二岁等身像到西域传法，于是派大将吕光去西域迎佛像并请鸠摩罗什来关中。吕光到凉州时，前秦已覆灭。后秦弘始三年，姚兴出兵凉州，获得佛像，于是迎回长安，供奉在大雁塔上。吐蕃使臣到长安给赞普求婚，经唐太宗恩准，由文成公主从大雁塔请出佛像，携带到吐蕃。

《西藏王统记》用韵诗记录了唐太宗送文成公主佛像的情况：

爱女积福所凭依，有我所供本师像，
施主帝释天所造，其质乃由十宝成，
毗首羯摩为工匠，亲承如来赐开光。
如是无比如来像，见闻念触诚叩请，
佛说急速证等觉，利乐源泉觉卧像，
舍此如舍寡人心，仍以赏赐我娇女。[6]

现今拉萨大昭寺里供奉的就是佛祖生前所塑的十二岁等身像。

北京故宫藏有一幅《步辇图》，是中国十大传世名画之一，为唐代大画家阎立本绘制。画面内容就是唐太宗李世民坐于宫女抬着的步辇上，接见吐蕃大臣噶尔·禄东赞。当时，大食、突厥、天竺、西域诸国等派使节入唐，朝觐唐朝皇帝均请赐公主联姻通好。吐蕃亦无例外，形成诸国使节竞争迎娶唐朝公主的场面。太宗出了很多题考验迎亲使节，唯有聪慧的禄东赞胜出。

脍炙人口的几个传说是，太宗将100匹马驹与100匹母马混在一起，令使节辨认出母子，皆不能，唯禄东赞将马群饿上一天一夜放出后，马驹纷纷奔向自己母亲吮奶；太宗出示一九眼曲折的宝石，令使节将丝线穿过，皆不能，唯禄东赞捉一蚂蚁，将线系蚁腰上，弯曲宝石另一端抹上蜂蜜，蚂蚁闻蜜香带线穿九眼曲折宝石而过；太宗将文成公主与诸多宫女蒙面，令辨认，皆不能，唯禄东赞提前得知公主通体芳香，见有蝴蝶在一宫女头上飞舞，当即辨认出文成公主。最终，唐太宗欣然将文成公主赐婚吐蕃。

“丁丑，命礼部尚书江夏王道宗持节送文成公主于吐蕃。赞普大喜，见道宗，尽子婿礼。慕中国衣服、仪卫之美，为公主另筑城郭宫室而处之，自服纨绮以见公主。其国人皆以赭涂面，公主恶之，赞普下令禁之；亦渐革其猜暴之性，遣子弟入国学，受《诗》《书》。”[7]松赞干布亲自赴唐蕃边界迎接文成公主。现在的由青海至拉萨的唐蕃古道，还能看到许多文成公主进藏的历史遗存。文成公主携带的最珍贵礼物就是由天竺至长安供奉在大雁塔的佛本身像。大昭寺供奉释迦牟尼像正殿外两侧，不是大家常见的四大天王，而是四大力士。传说，公主一行刚进入拉萨河谷时，载着十二岁佛等身像的木轮车陷进一片沙地。四个长安城的大力士费尽了力气不能移动车轮半步。文成公主说，看来佛祖愿意被供奉在这里了。于是就让人们用布幔将佛像围了起来，并让四个大力士日夜守护。后来，松赞干布遂了文成公主的心愿，就地专门修建了供奉十二岁等身佛像的小昭寺，并将寺门朝东，向着长安的方向。松赞干布为文成公主修建了小昭寺后，又想为尺尊公主建大昭寺，以供奉由尼婆罗公主携带入藏的释迦牟尼八岁等身像。文成公主以《周易》的知识打卦占卜，对松赞干布说，雪域高原是罗刹女魔的形状，拉萨谷地中间的湖泊正是罗刹女魔的心脏。只有以土克水，在此建寺才能镇压女魔，让吐蕃兴盛。有关拉萨历史的书籍中记载，松赞干布听取了文成公主的建议，让白山羊驮土，用井字形木架架在湖面上，填一层土，架一层木架，直至把湖填平。现在在大昭寺大殿的西墙，还可以清晰地观赏到一幅当年松赞干布率众修建大昭寺场景的壁画。

松赞干布又在红山上修建王宫，为文成公主专辟宫殿居住。“今我得尚大唐公主，为幸实多。当为公主筑一城，以夸示后代”。[8]

西藏的历史中，神话与传说占了很大比例。历史学是严肃的，考察、考据、考证非常重要。但了解历史，运用想象，敬重先人，不是更有人文意义吗？西藏档案馆收藏有一幅唐卡“女魔图”。图上整个西藏高原地形如一侧卧的女魔，其心脏就是拉萨。

文成公主进藏时，随身带了许多有关天文历法五行经典、医方百种和各种工艺书籍，同时带来了精通造纸法、雕刻、酿造和工艺技术人员。她不仅为唐蕃之间经济、文化交流做出了伟大贡献，而且实现了唐蕃间的联姻关系，在汉藏两个民族长期友好方面产生了有深远历史意义的伟大影响。[9]

3. 创建藏文字

时势造英雄，不得不说，每个民族都有自己的天才领袖。松赞干布之前，藏民族记事以刻木结绳为主，20 世纪 80 年代，我到西藏东部采访，还看到一些村民仍保留着使用刻木结绳以记事的遗风。松赞干布统一高原各部落、创立吐蕃政权后，亲自制订法律，完善政治和军事制度，尤其是令最信任的大臣创造了藏文字，西藏高原由松散的氏族部落过渡到部落联盟，终于进入了更高一级的社会形态。

在曾国庆和郭卫平所著《历代藏族名人传》中，吞弥·桑布扎位列第二，这是因为，创造文字对一个民族而言，是极重要的事件，其历史意义是非凡的。“吞弥·桑布扎是藏族社会早期的一位伟大的语言文字家和翻译家，他的名字连同他的不朽的业绩将永载青史并为后人所景仰。”[10]

吞弥·桑布扎出生于拉萨西南的尼木县“吞”地，吞弥，即吞地的人。传说，松赞干布十三岁继位赞普，四方部落首领及西域诸国、大唐或派使节或是书信致贺。松赞干布感慨没有文字，难成统一诸部落之大事，难以与四邻尤其是与强盛的大唐交往。于是吐蕃政权甫定，松赞干布即派吞弥·桑布扎等 16 位优秀的青年南下天竺学习。数年后，因天竺炎热的气候等原因，其他 15 个青年先后病逝。吞弥·桑布扎没有因不适应气候而折返，他游历天竺、尼婆罗等地，四处拜访名师，在因明学和声明学上，尤有心得。学成后回到吐蕃，隐居帕崩卡三年，在梵文基础上终于创造出了拼音的藏文字。

传说松赞干布之先祖拉脱脱日年赞，某日闲坐雍布拉康宫堡顶上，阳光明媚，突然天降书箧，内有经典若干，名曰“宁布桑瓦”，意为“看不懂的神物”。空中传来妙音对拉脱脱日年赞说：“汝五世后，将出一王，能了斯义。”五世之后，正是松赞干布。吞弥·桑布扎创立藏文字初成，即呈献予赞普。赞普大喜，拿出“宁布桑瓦”，令吞弥·桑布扎以新创立的藏文翻译后释读，藏史称此标志着藏文翻译佛经之始。此后，松赞干布还在帕崩卡潜心向吞弥·桑布扎学习藏文，学成后，以新学成的藏文制定了治理军政的六大法典和教化民众的“十善法”，并在吐蕃所辖之境正式颁行藏文字。这样一来，有了文字，藏民族的文明就上升到一个崭新的高度。

吐蕃古昔并无文字，乃于此王之时出现也。吐蕃典籍律例诏册，论相品级官阶，权势大小，职位高低；为善者予以奖赏，作恶者予以惩治，农田耦耕一天之亩数、牧场一件皮褐所需之皮张数、笼区长度均作统一规定。乃选升、合、斤等一切量度，举凡吐蕃一切纯良风俗、贤明政事，均为此墀松赞王者之时出现也。一切庶民感此王之恩德，乃上尊号曰“松赞干布”[11]。

俗话说，地灵人杰，吞弥·桑布扎的家乡尼木至今仍然是西藏造纸之乡、藏香之乡，2003 年我曾写过一篇短新闻，现录之于下：

西藏发现 1300 年前藏文创始人故居

公元七世纪创造藏文字的藏族大学者吞弥·桑布扎的故居近日在西藏自治区尼木县吞巴乡吞巴村重现天日。

数月前，吞巴村的村民白玛桑珠清扫房屋，将贴满正中间大屋墙上的报纸揭去，并清洗了以前粉刷的白灰，惊奇地发现墙面布满色彩斑斓的壁画。这个西藏普通的农民怎么也没想到，自己在此居住了 30 多年的农家院落，竟是西藏传统文化的鼻祖——吞弥·桑布扎的故居。乡政府当即将这间具有传奇色彩的房子保护了起来。

记者日前随西藏自治区、拉萨市及有关部门的领导和专家学者来到吞巴村，参观了这所西藏历史上充满传奇色彩人物的故居。墙上壁画所画的吞弥·桑布扎旧宅竟和现在这所农家院格局一般无二。

吞巴村距拉萨市 140 余公里。西藏早有人传说这里是吞弥·桑布扎的故乡，但这位藏族智者居住过的旧宅，却无人知道。1959 年西藏民主改革时，三户穷苦的农民受到政府关照住进了一所大院，大院宽大的正屋后来被当作了粮食仓库。

吞巴村景色极美，古树参天，溪流潺潺，草地柔软如毯，鸟鸣之声此起彼伏。此地至今还保留着传说是吞弥·桑布扎发明的藏香、藏纸和雕版制作工艺。记者看到，几乎每条溪流上都有旋转的水车，水车木叶带动木夯，把柏木片磨打成用于制作藏香的泥粉；除了每家都制作藏香以外，许多村民家还有制作藏纸和雕刻木经板的小手工作坊。据乡长群果次仁介绍，这些都是西藏传统文化的精华，其制作方式，千余年延续至今。

赤松德赞：修建西藏第一座寺院，拓展疆域，曾攻占长安 15 天

在拉萨，高耸着布达拉宫的红山前面，有一座不起眼的石碑：恩兰·达扎路恭纪功碑，上面记载了吐蕃时期大臣达扎路恭协助赤松德赞铲除叛逆，巩固赞普王位和该大臣率吐蕃军攻占长安的事迹。

赤松德赞，又称墀松德赞，松赞干布的曾孙、金城公主的儿子，身有藏汉血统，是吐蕃第三十七代赞普（唐史称挲悉笼腊赞）。在位期间，兴盛佛教，拓展疆域，与唐朝三次和盟，使吐蕃臻于全盛。

1. 金城公主出嫁吐蕃

8 世纪的唐朝和吐蕃，时战时和，边界纷争不断。早先，第三十六代赞普赤德祖赞（唐史称弃隶蹜赞）娶了南诏国的公主，生下一个王子。王子江察拉温长大后，赞普按祖上惯例，于唐神龙元年遣使到长安，求唐朝皇帝将公主出嫁吐蕃。唐中宗李显欣然同意，“以所养雍王守礼女为金城公主许嫁之”[12]。四年后，吐蕃大臣千里迢迢来到长安迎接公主，中宗率众大臣宴吐蕃使臣于皇苑马球场，

并命驸马组织人员与吐蕃使者当场进行马球比赛。唐史未记录比赛输赢结果，但这肯定是有文字记载的汉藏第一次马球友好比赛。

雍王是中宗之弟，其女金城公主则是中宗亲侄女并被中宗收为养女，上溯是高宗李治和女皇武则天的重孙女。远嫁吐蕃，赠赐颇丰，有万匹锦缎、各种工匠、乐师、画师、杂耍艺人以及大量的书籍等，并派左骁卫大将军河源军使杨矩为专使，护送金城公主入吐蕃。唐朝公主及宗室女与外藩有诸多联姻，而金城公主入藏的送行仪式，则是最盛大的一次。

金城公主后来就是吐蕃第三十七代赞普赤松德赞的亲生母亲。

金城公主出长安，中宗亲率王公大臣送到始平县，“中坐酒阑，命吐蕃使进前，谕以公主孩幼，割慈远嫁之旨，上悲泣歔欷久之。因命从臣赋诗饯别，曲赦始平县大辟罪已下，百姓给复一年，改始平县为金城县，又改其地为凤池乡怆别里”。[13] 中宗还令随行的大臣赋诗送别。《全唐诗》记载有兵部侍郎崔日用、工部侍郎张说、吏部侍郎崔湜、中书舍人沈佺期、修文馆学士武平一、中书令李峤、著作郎阎朝隐、中书舍人韦元旦、工部侍郎李适、崇文馆学士刘宪、中书舍人苏、修文馆学士徐彦伯等奉和送金城公主适西蕃应制诗若干。我认为其中阎朝隐的诗最有意味：

舅甥重亲地，君臣厚义乡。
还将贵公主，嫁与褥檀王。
卤簿山河暗，琵琶道路长。
回瞻父母国，日出在东方。[14]

据藏文史籍《西藏王统记》所载，金城公主有一面宝镜，镜里能看见她想看到的一切（西方也有类似传说）。中宗嘱她思乡时，就掏出宝镜来看看，镜中可以看到繁华的长安、皇宫和养父皇帝。经过漫长的路途，长安来的马队抵达汉藏交界处，金城公主掏出宝镜，想看看未来夫婿的模样。之前吐蕃婚使已在皇宫描述过吐蕃王子是容貌俊美的大帅哥。在100多年前，唐朝和吐蕃就建立了亲密的“舅甥关系”，文成公主进藏也曾在此歇息。金城公主是唐王朝第二个远嫁吐蕃的公主。金城公主拿出宝镜时，一会儿，平滑光洁的镜面上出现了一个高大英俊的年轻人。陪同的吐蕃使臣高兴地说：“这就是我们吐蕃勇武的王子啊。”翻过喀拉山口，来到青海日月山下草滩，吐蕃迎亲的使者指着远处说：“公主，我们英武的赞普和他的王子就在扎玛止桑（吐蕃赞普的行宫，现存有遗址）等候公主到来哩。”骑在马上的金城公主心扑扑地跳，她再一次掏出宝镜来看，然而，这一次镜中显现的却不是英俊的王子，而是一位长髯长者。

心里疑惑不解的金城公主在扎玛止桑受到吐蕃王室最隆重的欢迎。旌旗飞扬，牛角号声震天，百姓跳起欢快的舞蹈。在大臣、武士簇拥下，执酒走在前面的正是长髯飘胸的吐蕃第三十六代赞普赤德祖赞。吐蕃人昵称其“麦阿葱”，即胡子大叔。

原来，江察拉温与父王一起去青海日月山迎接大唐公主，公主未到时，吐蕃臣僚为庆贺王子，畅饮后与王子月下驰马，马惊跳而起，江察拉温摔落马下，堕地身亡。还另有一说法，吐蕃涅氏贵族有一位美丽的女儿，贵族想让女儿嫁给王子江察拉温，结好王室，派人执重礼向赤德祖赞提亲，赞普考虑再三，没有答应贵族的提亲。涅氏贵族以为赞普看不起他，恼怒之下，派刺客在江察拉温一次外出狩猎时，刺杀了王子。

赤德祖赞在向公主讲述了王子被害的实情后，直率地说：“王子已逝，公主你们可以由原路返回汉土。不过，我吐蕃王室、贵族、大臣有众多勇武、聪明的子弟，公主您可随意选择。当然，如果您愿意，不嫌弃我老的话，就嫁给赞普我吧。”

公主沉思了一会儿，轻声说道：“我父皇让奴出降吐蕃，就是要嫁给伟大的吐蕃赞普啊。”

就这样，金城公主给赤德祖赞做了王妃。欣喜万分的赤德祖赞遣使长安，向已继位的玄宗皇帝上表请约和好书，称“外甥是先皇帝舅宿亲，又蒙降金城公主，遂和同一家，天下百姓，普皆安乐。……伏望皇帝舅远察赤心，许从旧好，长令百姓快乐，如蒙圣恩，千年万岁，外甥终不敢先违盟誓”。玄宗赐书“金城公主远降殊方，底宁蕃落，载怀贞顺之道，深明去就之宜，能知其人，而献其款，忠节克著，叹美良深”。同时也赐书吐蕃赞普：“今有使臣远来，方悉忠诚弥固，舅甥之礼，万里如初，协和之勤，一心逾亮，义节可尚，情见乎词。朕以公主在蕃，亲爱之极，纵有违负之过，讵移骨肉之情，深明至怀，知得良算。至于止戈为武，国之大猷，怀远以德，朕之本意。”[15]令大学士沈佺期拟诏，并派使臣正式册封金城公主。不久，也是在扎玛止桑，金城公主生下了王子赤松德赞。

很多藏文史料记载了吐蕃宫闱里争夺王子的传说。据《西藏王统记》所载，金城公主有了身孕以后，大妃那囊萨妃心怀妒忌，亦称妊娠在身。金城公主生产后，那囊萨妃近前假装慰问，乘机将公主之子抱走，声言为己所出，公主以乳水示之，那囊萨抹药于胸，出水如真乳，吐蕃众臣虽疑，未识其诈。王子一岁时，吐蕃宫中设喜筵庆贺，藏汉亲众分列两侧。赞普先是令王子敬酒，王子举杯入公主怀，“赤松我乃汉家甥，何求那囊为舅氏”。然后，又让公主与那囊萨各持王子一手，王子去向谁边，就为谁之子，拉扯之下，公主不忍拉伤王子，主动松手哭泣。赞普及众臣乃信王子为汉妃之子。

现在去山南的雍布拉康，山下还保留有一块青稞田地，这就是传说中当初观音撒下种子，自然生长出青稞，老猕猴对小猕猴说“吃吧吃吧”的地方。金城公主到西藏后，用中原农耕技术，深耕细作这块麦田，一年两季，周边农人争相仿效。后世在田边立有一石，上面文字介绍是“西藏第一块农田”。

2. 修建西藏第一座寺院桑耶寺

吐蕃第三十七代赞普赤松德赞在西藏历史上占有独特的地位。他是军事强人，攻城略地，肆虐四方；他也是虔诚的佛教徒，开创西藏兴佛之先河。

有着藏、汉两种血统的赤松德赞受母亲的影响，对大唐文化十分向往。他派贵族子弟专门到长安学习汉地的历法和文化，并学习唐朝制度，在唐蕃边界置诸道节度使，屯军耕田，完备法律，加强吏治，规定徭役差赋，清查田地和人口数量。这些措施使吐蕃达到鼎盛时期。有关削弱地方苯教的影响，我听说过一则吐蕃“请君入瓮”的故事。

据说，赤松德赞派人到印度请来高僧，到吐蕃传播佛教，并巧妙地惩处推崇苯教又觊觎王室权力的贵族势力。他令人挖了一个深洞，请来崇苯反佛的大臣马尚，和颜悦色地说：“我吐蕃雪山众多，地域辽阔，江河数以万计。现在需要一位权重位高的大臣到地洞中，向苯教诸位大神祷告，请山神、地神、水神保佑我吐蕃，您是吐蕃德高望重的大臣，请君入洞吧。”待马尚一进入地洞深处，赤松德赞即命人填平了洞口，将马尚活埋于地洞中。

早在松赞干布时，佛教已渐次传入青藏高原，尼婆罗尺尊公主和唐王朝文成公主进藏已分别携带佛像，《吐蕃王朝世系明鉴》记载，唐太宗以释迦佛像、珍宝、金玉书橱、三百六十卷经典、各种金玉饰物作为文成公主的嫁奁。松赞干布在拉萨修建大、小昭寺，分别供奉两位公主带来的佛像。但这两寺如同大的佛龛，仅供佛，没有僧人和法事活动。

西藏第一座具有三宝“佛法僧”的寺院，是赤松德赞时期建立的。

金城公主是个虔诚的佛教徒，到藏后，多方寻找，将因战乱封藏在墙内的释迦牟尼佛十二岁等身像取出，供奉于大昭寺，同时也找到尺尊公主带进藏的佛像，供奉于小昭寺，并令带来的汉地僧人供奉香火，首创西藏寺内尊佛奉祀制度。当时吐蕃，有许多由西域于阗流亡至吐蕃西北一带的僧人，赤松德赞父亲收留并资助他们兴建寺庙，翻译佛经。赤松德赞亲政后，派遣大臣巴赛朗到长安请佛经和汉僧。但在苯教贵族的反对下，佛教未能得势。大臣巴赛朗被贬于天竺接壤的芒域（今西藏吉隆一带）期间，乘地理之便，由尼泊尔到印度，朝拜大菩提寺和那烂陀寺，随博学的那烂陀寺首座堪布寂护学习（寂护又称静命、菩提萨埵，汉文史籍称寂护）。巴赛朗将他学佛的情况报告赞普后，即以吐蕃赞普名义延请寂护到吐蕃传法。寂护讲解十二因缘等佛教理论，遭到苯教贵族反对，离藏前，向赤松德赞推荐了印度密宗大师莲花生，说，唯有莲花生能慑服苯教势力。

寂护和莲花生进藏传佛，是西藏佛法兴盛的转折点。

传说莲花生一路与苯教徒斗法，降妖伏魔，将众多苯教护法神降服为佛教护法，随寂护来到雅鲁藏布江边，赤松德赞亲自在江北渡口迎候。赤松德赞看着远处的原野和蜿蜒的雅鲁藏布江说：“大师，您认为怎样才能弘扬佛法呢？”

莲花生当即伸出手掌，在手掌中幻生出一座美妙之极的伽蓝寺院。赤松德赞呵呵大笑：“那就建一座桑耶寺（桑耶，藏语“幻象”之意）吧。”

于是，赞普站在高高的山岗上，拉开硬弓，射出一支金箭。金箭破空而去，就在赞普金箭落下的地方，开工修建了桑耶寺。桑耶寺经四年建成（藏族学者东嘎·洛桑赤列认为桑耶寺于763年始建，766年落成）。

桑耶寺建筑规模宏大，殿堂林立，以金碧辉煌的“乌孜”大殿为主体，组成一座庞大、完整的建筑群，总面积达25000余平方米。整个寺院的布局，是按照佛教想象中的“世界”的结构设计而成。一般认为是以古印度摩揭陀地方的欧丹达菩提寺（即飞行寺）为蓝本；也有人认为，桑耶寺的建筑形式与佛教密宗的“坛城”（即曼荼罗）相似，是仿照密宗的曼荼罗建造的。位于全寺中心的“乌孜”大殿，象征宇宙中心的须弥山；“乌孜”大殿四方各建一殿，象征四大部洲；四方各殿的附近，各有两座小殿，象征八小洲；主殿左右两侧又建两座小殿，象征日、月；主殿四角又建红、绿、黑、白四塔，以镇服一切凶神邪魔，防止天灾人祸的发生；而且在塔四周围遍架金刚杵，形成108座小塔，每杵下置一舍利，象征佛法坚不可摧。此外，还有一些其他建筑，为护法神殿、僧舍、经房、仓库等。最后，在这些建筑周围，又围上一道椭圆形围墙，象征铁围山。围墙四面各设一座大门，东大门为正门。

……

据有关文献记载，“乌孜”大殿的结构吸取了西藏、内地和印度建筑风格。因为当时参加修建桑耶寺的不仅有吐蕃和印度工匠，而且还有内地工匠，有些史书记载说桑耶寺的地点就是由内地的卜算者选定的。大殿底层采用藏式建筑形式，中层采用汉族建筑形式，上层采用印度建筑形式。……这种藏、汉、印合璧的建筑风格，在我国建筑史上还是非常罕见的，所以，有人据此称桑耶寺为“三样寺”。[16]

桑耶寺建成后，赤松德赞请首任堪布寂护和莲花生大师主持开光典礼。寂护说：“以前吐蕃没有出家人，就连具有无限加持力的大昭寺，也只有汉地的和尚与天竺的僧人在彼说法译经，所以佛法在吐蕃很难弘扬光大。请赞普选择一批聪慧的青年吧。”在赞普指派下，以巴赛朗为首的七个大臣与贵族子弟，由寂护剃度出家桑耶寺学法译经，这是藏族的第一批出家人，藏史称“七觉士”。从此，西藏就有了佛、法、僧三宝俱全的寺庙。

吐蕃时期所铸铜钟现今仅存三口，均在桑耶寺。大的铜钟在寺的大门上方高悬，小的两口铜钟为寺内部收藏。20 世纪 90 年代，我乘船由雅鲁藏布江北到江南，那时去桑耶寺，还在大门口跳起来用手敲响钟声。现在为保护，钟悬得高了，已无法够着了。据《桑耶寺简志》载，赤松德赞妃子甲茂赞，笃信佛教，拜来藏地的汉僧摩诃衍为师并出家。桑耶寺建成后，甲茂赞请赞普为自己专修一小殿堂，并供奉一口铜钟。在寺的大门南侧墙边，还立有一块长方形石碑，现在已用细铁丝网围护。此乃大名鼎鼎的赤松德赞“兴佛盟誓碑”。石碑保存完好，由碑座、碑身、碑帽组成。碑文就是桑耶寺落成后，赞普召集大臣、贵族、藏汉印僧侣和远地来贺的部落首领，共同盟誓，在吐蕃奉行佛法，世代不离不弃供养三宝所依之处。

据说，在供奉释迦大菩提像的首层殿堂内，还供奉着寂护的头盖骨。本人多次去过桑耶寺，但无缘谒见。

3. 拓展疆域

赤松德赞（755—797 年）是继松赞干布之后又一位具有雄才大略的赞普。“此赞普陛下，深沉果断，政基巩固，由此威德远播，天下之别部国王均纳贡赋，小邦收抚为编氓。由是之故，国政远及四境，国内安乐均沾。吐蕃民庶之中凡效忠尽职者，无不施以正善永固之恩泽。往昔各代赞普政事宏伟，实无有超越此赞普也”[17]。

赤松德赞也是 13 岁继位赞普，在位达 42 年，历经唐王朝玄宗、代宗、德宗、宪宗四位皇帝。他在位赞普期间，吐蕃军事力量达到鼎盛，疆域亦最广。据范学宗所编《唐代吐蕃大事纪》记载，吐蕃的历史中，赤松德赞时期唐蕃战事最为频发，时战时和，以战为多。从唐肃宗至德元年（756 年）到唐德宗贞元十年（794），唐蕃几乎年年战事，而且吐蕃胜多输少。西部攻陷过新疆高昌、甘肃和宁夏的庆阳、临潭、固原等地；北边攻陷过青海和陕西的西宁、黄陵、榆林等地；东边攻陷过松州（今四川松潘）等地。代宗时期，朝政涣散，唐朝大将郭子仪数次上书，曰“吐蕃、党项不可忽，宜早为之备”。[18] 代宗不以为然。吐蕃尽取河西、陇右之后，直逼长安。郭子仪等唐将不得已与吐蕃连番苦战，常能败后取胜，三次为长安解围。唐蕃之战危害最大、情势最严重的是唐代宗宝应二年（763）吐蕃骑兵攻陷唐朝京师长安。

我们再回到布达拉宫前的恩兰·达扎路恭碑。

这座石碑呈方柱形，高 8 米，碑顶庑殿式，上有火焰宝珠碑帽。此为现存吐蕃时期遗存年代最早的石碑。碑体三面刻有藏汉文字，正面碑文是赤松德赞的诏誓，表彰达扎路恭，赐以大银字告身，永作盟书证券，后人世代享受特权，如同“免死牌”。后面的碑文记载了赤松德赞初登赞普大位前后发生的两件大事。

其一，754 年，其父赤德祖赞在赛马时被两个大臣下毒戕害，随后二人欲再加害赤松德赞。大臣达扎路恭（唐史称其名马重英）急忙密告，并率兵平息叛乱，拥立赤松德赞，重处了两逆臣。“弃隶缩赞赞普之时，恩兰·达札路恭忠诚业绩卓著，时，末·东则布、朗·迈色正任大相，忽生叛逆之心，由是，父王弃隶缩赞被害宾天，王子赤松德赞政躬亦濒危境，蕃境黔首庶政大乱。斯时，路恭乃将末·东则布与朗·迈色叛逆事实启奏王子赞普赤松德赞圣聪。末氏、朗氏叛乱劣迹确乎属实，遂将彼等治罪，路恭之忠贞明矣！”[19]

其二，早在唐玄宗天宝十四年（755），也就是赤松德赞继位赞普的头一年，唐朝发生“安史之乱”。这是唐朝由盛到衰的历史转折点。玄宗年间，开元盛世，天下承平日久，兵备松懈。安禄山、史思明叛军所到之州府，不是唐军一触即溃，就是官民闻讯而逃。玄宗调遣各兵马勤王，然屡战屡败，不得已，逃往蜀地，在马嵬坡发生兵变，权臣杨国忠被杀，杨贵妃被缢死。太子李亨于灵武自行登基为肃宗，年号至德，尊玄宗为太上皇，起用大将郭子仪为兵部尚书。尔后，安禄山、史思明先后因内乱被杀。七年“安史之乱”，使唐王朝受到重创，诗人杜甫的“三吏三别”就写此乱世凄凉景象。其中一首诗云：“野哭千家闻战伐，夷歌数处起渔樵。卧龙跃马终黄土，人事音书漫寂寥。”

唐玄宗开元二十一年（733），唐蕃双方本来已经立盟，划定边界，约定互不侵犯。然而安史之乱给了吐蕃可乘之机。吐蕃违约，达扎路恭率吐蕃兵先后攻占河西、陇右等地。唐代宗广德元年（763），长驱直入，竟攻占长安 15 日，立金城公主的侄儿承宏为帝，“吐蕃剽掠府库市里，焚闾舍，长安中萧然一空”。[20] 不久，郭子仪率唐兵至，吐蕃兵闻讯即退。藏汉史籍对这段历史均有记载。达扎路恭碑文曰：“赤松德赞赞普深沉果敢，议事有方，所行政事靡不佳妙，攻取唐属州郡城池多处。唐主孝感皇帝君臣大怖，年纳绢缯五万匹为寿，以为岁赋。其后，孝感皇帝驾崩，唐主太子广平王登基，以向蕃地纳赋为不宜。值赞普心中不怿之时，恩兰·达札路恭乃首倡兴兵入唐，深取京师之议，赞普遂以尚琛野息囊通与论达扎路恭为攻京师之统军元帅，直趋京师，于周厔之渡口岸畔与唐兵大战，蕃兵掩袭，击唐兵多人。唐帝广平王乃自京师出走，遁陕州，京师陷落。”[21]

藏学家王尧引用汉地史籍互证这段历史：“关于这次吐蕃用兵侵唐，深入长安，乃至据京师，立新君等事，均见于史籍。《新唐书·吐蕃传》：‘吐蕃以吐谷浑、党项兵二十万，东略武功，渭北行营将吕日将战盩厔（地名，今陕西周至）西，破之。又战终南，日将走，代宗幸陕，子仪退趋商州，高晖引虏入长安，立广武王承宏为帝，改元，擅作赦令、署官吏……吐蕃留京师十五日，乃走，天子还京。’《资治通鉴》卷33，代宗广德元年冬十月：‘戊寅，吐蕃入长安，高晖与吐蕃大将马重英等立故邠王守礼之孙承宏为帝。’所记与碑文大致相符。”[22]

在西藏山南琼结县一条河谷中，分布着16座藏王墓，墓区面积达300多万平方米，墓葬均为唐代风格的封土墓。墓区最大的墓是赤松德赞墓。封土为方形，远眺气势不凡。我在20世纪90年代探访过该墓，其时墓前还有两座石狮，一座基本完好，一座残缺不全。雕刻简洁，颇有唐代古风。在琼结县城医院的大院内，还保存有赤松德赞纪功碑。碑帽庑殿式，顶端火焰宝珠，碑座有祥云线条，碑则两边有线刻飞龙。藏文碑文，内容可译为：

先祖，神圣赞普，治理天人，礼教尽善，武功煊赫。

神圣赞普，赤松德赞，恪遵祖训，不违圣典，谐和天地之教，功德圆满，众口交誉，勒铭于石，永不圮毁。伟大法王，丰功伟绩，军威所向，开土拓疆，如斯等等，详志它方。

赞普赤松德赞，天神化身，四方诸王，无与伦比。睿智聪明，武功赫赫，上自大食边境，下迄陇山隘口，无不臣服。疆土辽阔，南北东西，广袤无际。吐蕃大国，富强繁荣，境内众生，安居乐业，赞普发心菩提行，胸怀广阔，得澄超凡出纪之妙谛。恩惠广施，贵胄黎民，来世今生，咸受其泽。万众尊号，曰大觉天神化身。[23]

在赤松德赞赞普时期，唐蕃之间始终是打打谈谈，而吐蕃始终占据主动。至唐建中四年（783），唐蕃于清水会盟（今甘肃清水县），双方休兵，订立和约（唐蕃第六次和盟）。“此时，吐蕃西取小勃律，北占北庭及甘、凉、瓜、沙等州，包括葱岭、天山、贺兰、陇山。东与唐争安戎城及嶲州。南降尼婆罗，征服了印度的克什米尔、孟加拉、阿萨密，北部缅甸亦为其一度征服，定恒河为印蕃疆界，立界碑于加尔各答境内。总的来说，它此时的疆域：在国内包括青海、西康全部，新疆、甘肃大部，四川、云南一部；国外有尼泊尔和印度、缅甸一部。”[24] 此为吐蕃极盛时代。

赤祖德赞：休养生息，唐蕃长庆和盟，规范佛教经典《三藏》

在拉萨大昭寺门前，最为著名的就是“唐蕃会盟碑”。碑文用藏汉两种文字，记载了赤祖德赞在位时期的唐长庆二年（822），唐蕃分别遣使在长安和拉萨会盟，“舅甥二主，社稷如一，结立大和盟约，永无沦替……”为唐蕃时期藏汉民族和睦相处之最佳时期。

1. 厘定文字，规范佛典

赤祖德赞（806—838 年），赤松德赞之孙，又称墀祖德赞，唐史称“可黎可足”，吐蕃第四十一代赞普。9 岁继赞普位（唐宪宗元和十一年），在位 23 年，仿唐制建吐蕃年号“彝泰”。这也是吐蕃政权 200 多年里唯一的赞普年号。赤祖德赞成人后，因梳有两条长辫，藏地俗称“热巴巾”，藏语意“长发辫人”。

后来，其弟朗达玛继赞普位，由崇佛而灭佛，走向极端，在位仅 5 年，被僧人刺杀，吐蕃政权随即土崩瓦解，朗达玛成为最后的吐蕃赞普。之后，西藏高原分裂状态延续 400 多年，直到元朝建立，西藏归入元朝行政建制管辖，这才恢复河山一统，不过，此“吐蕃”已非彼吐蕃，面积缩水到西藏现今本土及周边少许地方。权力亦不为王者掌握，而渐入喇嘛之僧袍也。

安史之乱使唐朝由盛而衰，而吐蕃的穷兵黩武，也使吐蕃同样由盛而衰。赤祖德赞采取偃武修文策略，在休养生息同时，积极与唐朝修好。唐蕃之间除了小的边界摩擦，鲜有大规模战争，进入相对平静的时期。

如果说赤松德赞大力兴佛，使藏传佛教在青藏高原扎根，那么，热巴巾带有狂热性质的崇佛，使佛教的地位在吐蕃达到极致。“藏文文献《韦协》对吐蕃佛教有一个很准确的表述：佛陀之妙法传入蕃地，起始于赞普拉托托日年赞时期，开宗于赞普赤松赞（即松赞干布）时期，兴旺于赞普赤松德赞时期，而厘定译经文字，规范译例，则成事于赞普赤祖德赞热巴巾时期”[25]。

热巴巾执政后，将他崇敬的高僧纳入行政最高决策层，而且僧人大论地位还高于贵族大论，这是西藏僧侣参政干政之始。他广建佛寺，在位期间，吐蕃境内佛寺已达1008座。精心组织大批藏、汉、印高僧、堪布和译师等，对先前由汉地和天竺请进藏的佛教经典以及由梵、汉文字翻译的大量经典，重新进行校勘修订。在桑布扎创立的藏文字基础上，有针对性进行改革，广泛就藏文字、文法进行规范。其工作量最大的是对译过的佛经就文字和词语进行标准化。

首先修订译语，改制新名，然后用之翻译佛教典籍。如是厘定文字，举凡三次。即下至如升斗秤一切度量权衡器，亦皆取法天竺之制。建立闻、修、思之静修院与及讲、辩、著之讲学院。复于三十座寺庙中成立僧团，建智、净、贤之律仪院。于每一沙门，供民七户以为服役。王每中坐时，极喜以发辫两端束以锦绫，敷设于僧伽所坐之左右两旁，请僧众坐于其上，以示崇敬称为“头顶二部僧伽”。[26]

2. 唐蕃会盟，和为一家

但说到热巴巾的功绩，应首推他力主进行唐蕃和盟，其中唐蕃长庆会盟，尤令他名垂青史。

长庆会盟是唐蕃之间最后一次会盟，但取得的成果最大，对后世的影响绵延至今。

唐朝对吐蕃遣使请和盟是非常重视的，因为历年战乱，加之唐蕃双方最高执政者更替频繁，唐蕃双方此时都愿意偃武修文，休养生息。唐代名士众多，灿如星河。唐与吐蕃的盟文多由朝中大学士代拟。如陈子昂、张说、沈佺期、张九龄、郭子仪、刘禹锡、元稹、白居易等，都为朝廷拟过敕书。仅白居易在元和初年和长庆初年，或为节度使代笔，或为皇帝拟敕书，先后代拟了 9 封制书和敕书，这些都是研究唐蕃关系的重要史料。

长庆元年（821），吐蕃论讷罗到长安请立和盟，白居易代唐穆宗拟制书，派遣太子詹事刘元鼎等大臣与吐蕃使会盟于京师。刘元鼎与吐蕃使盟文曰：

越岁在癸丑冬十月癸酉，文武孝德皇帝诏丞相臣植、臣播、臣元颖等，与大蕃和使礼部尚书讷罗论等，会盟于京师，坛于城之西郊，坎于坛北。凡读誓刑牲，加书复壤，陟降周旋之礼，动无违者，盖所以偃兵息人，崇姻继好，懋建远略，规恢长利故也……中夏见管，维唐是君，西裔一方，大蕃为主。自今而后，屏去兵革，宿忿旧恶，廓焉消除，追崇舅甥，曩昔结援，边堠撤警，戍烽韬烟。患难相恤，暴掠不作，亭障瓯脱，绝其交侵，襟带要害，谨守如故。彼无此诈，此无彼虞。呜呼，爱人为仁，保境为信，畏天为智，事神为礼，有一不至，构灾于躬。塞山崇崇，河水汤汤，日吉辰良，奠共两疆。西为大蕃，东实巨唐，大臣执简，播告秩方。[27]

长庆二年，刘元鼎等唐朝使臣随吐蕃使臣论讷罗，千里迢迢来到拉萨。他在《使吐蕃经见纪略》中写道："赞普坐帐中，以黄金饰蛟螭虎豹，身披素褐，结朝霞帽首，佩金镂剑。钵掣逋立于右，宰相列台下。唐使者始至，给事中论悉答热来议盟，大亨于牙石，饭举酒行，与华制略等。乐奏秦王破阵曲，又奏凉州胡渭绿要杂曲。百伎皆中国人。盟坛广十步，高二尺，使者与夷大臣十余对位，酋长百余坐坛下，上设巨榻。钵掣逋外，告盟一人，自旁译授予下。已歃血，钵掣逋不歃。盟毕，以浮屠重为誓，引郁金水以饮，与使者交庆乃降。"[28]

再一年，即长庆三年唐蕃会盟碑于大昭寺门前高高立起。20 世纪 80 年代，我居住拉萨时，时常走过大昭寺门前，会盟碑裸露立于文成公主当年手植唐柳旁边，现在已圈有围墙保护。关于这块会盟碑的情况，前文（第五讲）已有详述，此处不再赘述。

藏学家恰白·次旦平措如此评价道："会盟碑记载了松赞干布至墀祖德赞间近 200 年来唐蕃和亲友好的历史，表达了唐蕃不再战争、万代和好的永固誓愿。从此，根本上结束了唐蕃之间长期以来所进行的大小规模的战争。墀祖德赞时期，不仅为当时唐蕃之间的和平友好做出了良好的历史贡献，而且为汉藏两个民族之间发展建立了具有伟大意义的功绩。"[30]

参考文献

[1]《西藏百科全书》编辑委员会：《西藏百科全书》，西藏人民出版社，2005 年，第 381 页。

[2] 沈宗濂、柳陞祺：《西藏与西藏人》，中国藏学出版社，2014 年，第 37 页。

[3]《新唐书》卷 216 上《吐蕃传》。

[4] 恰白·次旦平措等：《西藏通史简编》，五洲传播出版社，2000 年，第 1 页。

[5] 恰白·次旦平措等：《西藏通史简编》，五洲传播出版社，2000 年，第 11 页。

[6] 萨迦·索南坚赞：《西藏王统记》，西藏人民出版社，1981 年，第 68 页。

[7] 苏晋仁：《通鉴吐蕃史料》，西藏人民出版社，1982 年，第 6 页。

[8]《旧唐书》卷196上《吐蕃传》。

[9] 恰白·次旦平措:《西藏通史简编》,五洲传播出版社,2000年,第23页。

[10] 曾国庆、郭卫平:《历代藏族名人传》,西藏人民出版社,1996年,第14页。

[11] 王尧:《王尧藏学文集(卷一):敦煌吐蕃历史文书·吐蕃制度文化研究》,西藏人民出版社,2012年,第238页。

[12]《旧唐书》卷196上《吐蕃传》。

[13]《旧唐书》卷196上《吐蕃传》。

[14] 范学宗、王纯洁:《全唐文全唐诗有关吐蕃史料选辑》,西藏人民出版社,1988年,第391页。

[15] 范学宗、王纯洁:《全唐文全唐诗有关吐蕃史料选辑》,西藏人民出版社,1988年,第26-27、259-260页。

[16] 何周德、索朗旺堆:《桑耶寺简志》,西藏人民出版社,1987年,第9-11页。

[17] 王尧:《王尧藏学文集(卷一):敦煌吐蕃历史文书·吐蕃制度文化研究》,西藏人民出版社,2012年,第233页。

[18] 苏晋仁:《通鉴吐蕃史料》,西藏人民出版社,1982年,第108页。

[19] 西藏自治区文物管理委员会编:《拉萨文物志》,1985年,第112页。

[20] 苏晋仁:《通鉴吐蕃史料》,西藏人民出版社,2012年,第112页。

[21] 西藏自治区文物管理委员会编:《拉萨文物志》,第112页。

[22] 王尧:《王尧藏学文集(卷二):吐蕃金石录》,西藏人民出版社,2012年,第102页。

[23] 侯石柱:《西藏考古大纲》,西藏人民出版社,1991年,第70页。

[24] 黄奋生：《藏族史略》，民族出版社，1985 年，第 97 页。
[25] 张云、林冠群：《西藏通史：吐蕃卷（上）》，中国藏学出版社，2016 年，第 38 页。
[26] 萨迦·索南坚赞：《西藏王统记》，西藏人民出版社，1981 年，第 137 页。
[27] 范学宗、王纯洁：《全唐文全唐诗有关吐蕃史料选辑》，西藏人民出版社，1988 年，第 236-237 页。
[28] 范学宗、王纯洁：《全唐文全唐诗有关吐蕃史料选辑》，西藏人民出版社，1988 年，第 238-239 页。
[29] 西藏自治区文物管理委员会编：《拉萨文物志》，第 107 页。
[30] 恰白·次旦平措：《西藏通史简编》，五洲传播出版社，2000 年，第 41 页。

第九讲

藏族民间三圣：格萨尔、云丹贡布、汤东杰布

藏族漫长的历史中，出现过许多名王、贤士、学者和高僧活佛，其中三个人物亦人亦神，他们的神奇事迹在雪域高原口口相传，但凡生活在青藏高原的藏族人，无论男女，无人不知，无人不晓，这就是有“藏族民间三圣”之称的雪域战神格萨尔、藏医始祖宇妥·云丹贡布、藏戏鼻祖汤东杰布。

格萨尔——藏族之武圣

20 世纪 80 年代初的一天，我到西藏大学采访，采访对象是格萨尔说唱艺人。当时，西藏大学成立了《格萨尔史诗》收集整理小组，从西藏各地约请了几位民间专事说唱格萨尔的艺人。我至今还记得，那个最负盛名的说唱艺人扎巴，就盘腿坐在一堵土墙下晒太阳，他旁边坐着女性中最为有名的格萨尔说唱艺人玉梅。那天，太阳暖洋洋的，扎巴穿着一领羊皮袄，玉梅着女式氆氇，谁想，这两个牧人般的男女，胸中竟藏着格萨尔王跌宕起伏的故事。根据文化传承记录的需要，西藏大学对他们当时的韵诗般说唱，已录制了近千小时、数百盒录音带。

藏族长篇英雄史诗《格萨尔》，主要流传于西藏、青海、四川、甘肃、云南等地，以及蒙古族、土族、纳西族、裕固族等信仰藏传佛教的民族中。“搜集的藏文本有五六十部，知晓名称的有 200 多部，据专家估计唱词可达 100 多万行，1500 多万字，是目前世界上最长的一部英雄史诗，同希腊著名的荷马史诗和《罗摩衍那》等印度史诗一样，是世界文化宝库中一颗璀璨的明珠，是伟大的藏族人民对人类文明的重大贡献。”[1]

格萨尔研究大家降边嘉措已涉足格萨尔研究40多年。他1986年出版的《〈格萨尔〉初探》一书中提出：“希腊有《荷马史诗》，印度有《罗摩衍那》，中国也有自己的史诗，那就是《格萨尔》。”2013年他以扎巴老人的说唱为蓝本，主编出版了总计40卷、51册、1600万字的藏文版《格萨尔》；2018年出版了他主编的汉文精选版《英雄格萨尔》。

1985年2月，降边嘉措随中国代表团参加芬兰民族史诗《卡勒瓦拉》出版150周年学术纪念活动。会上降边嘉措一边放映扎巴说唱格萨尔史诗的录像，一边讲解格萨尔史诗。当场引起巨大轰动，这是一次向国际较大规模地介绍格萨尔史诗。

传说格萨尔出生于青藏高原东北部的岭国，他的父亲是阿尼玛卿神山的山神，因而格萨尔也是神之子。岭，一个字就说明了其地理位置。青藏高原雪山纵横，尤其是藏东，横断山脉切割了长江、怒江、金沙江，山谷深邃，大河汹涌。格萨尔出生时相貌丑陋，不受家族待见。成年后，在一次赛马会上脱颖而出，夺得岭国王位，相貌也变得高大英俊起来。尔后，他率领诸多勇士，降魔除妖，历尽艰难险阻，地狱救母，夺回被霍尔王掠走的美丽王妃珠牡，惩罚了把持朝政的奸臣晁同；征服了拉达克、卫藏、霍尔、门域（藏南），缅甸、恒河以北印度、克什米尔、突厥、大食等，成为世界之王。

这部故事无尽的史诗，以地域分部，展示格萨尔征战四方之武功。其中与汉地相关的有这样一部故事，约5000行诗。

格萨尔壁画（资料）

一个皇帝的皇后是个女妖，祸乱内宫。皇后死后，近侍按她的指令保留了尸体。死尸作妖，将汉地的日月星辰关进黑屋，中华大地一片黑暗。后来，女妖又欲将连接藏汉两地的金桥拆掉，断绝藏汉民族来往。公主托人赶到岭国，向格萨尔王求救。格萨尔经过多方磨难，寻找到降妖的法宝，于是率勇士保卫金桥，来到汉地的京城，进入皇宫，用法宝降魔，设计烧掉了妖后的尸体，打开黑屋，让汉地百姓重见光明。

从汉地返回以后，格萨尔的宠妃阿达拉姆已经病逝，坠入地狱。格萨尔以神通进入十八层地狱，击败了无数阻挠的鬼怪，如孙悟空那样大闹阎王殿。后来完成了阎王提出的要求，塑了 1008 座佛陀金身和 1008 座银塔，从最底层阿鼻地狱救出王妃阿达拉姆。

世界上若干民族都有史诗，其中西方社会最著名的莫过于《荷马史诗》，生动地讲述了希腊神话中众神的故事。但是，世界上最长的史诗，则非《格萨尔》莫属。由于格萨尔史诗是由民间说唱艺人口口相传，最早的文字记载时间已无从考证。“我们未掌握已被确定写作年代的古文献，我们也完全不知道这部史诗的传播史。具有可靠时间的第一个文本是北京木刻版本（1716 年）。它派生自一种未知的藏文本。”[2]

半人半神的史诗英雄格萨尔，是西藏神话与现实相融一体的最典型人物。从他那征讨魔域、霍尔、门域、羌等地的英雄事迹中可以看出，格萨尔是统一雪域众多部落的藏族先祖的化身，也是收服众多魔怪的莲花生的化身。他身上有莲花生和松赞干布的双重性格，或者说，格萨尔是世俗之王松赞干布和神界之高僧莲花生合而为一的传说人物。他像莲花生一样，一生都忙于降魔伏妖；同时，他的一生也反映了西藏高原部落的兴衰史，南征北战，驰骋雪域高原，正是松赞干布一统西藏吐蕃各部落的缩影。

2017年,中国社科院与西北大学共同举办史诗《格萨尔》研讨会,会上专家们认为:“堪称世界史诗之冠的《格萨尔》,是一部全面反映藏族社会生活的百科全书,其影响所及,已逾越了民族、国家界限,成为世界文化的瑰宝。其传播地域之广阔、涉及语言之众多,在世界上罕见。2009年,中国‘《格萨尔》史诗传统’被联合国教科文组织列入《人类非物质文化遗产代表作品名录》。”[3]

格萨尔是传奇人物,他存在于藏民族历史与传说之中,在青藏高原各民族中,几乎无人不晓。藏汉文史资料对格萨尔的记载大多一笔带过,我没有能力对格萨尔其人其事做出汉史那样的细密梳理和清代学者那样的考证。格萨尔的事迹鲜见于正史,多见于野史和民间传说。且不说,格萨尔是否真实存在,但他在民间传说中是活生生的,有血有肉,他活在藏民族口口相传的故事里,是藏民族最为信仰的武神。这部史诗在青藏高原广为流传,是一部活在当下的英雄史诗,只有开头,未知结尾在何方。

我看到的有关格萨尔研究的学者,国内主要有降边嘉措等;而国外恐怕就是堪称西方国家研究藏学的泰斗法国学者石泰安,他写过若干有关西藏的学术著作,但较为详细的,我以为还是关于格萨尔的研究。

石泰安在1959年出版了博士论文《格萨尔史诗和说唱艺人研究》,这是70多万字的大部头专著,也是迄今为止,西方学者研究格萨尔之最权威著作。“逐个故事、逐项内容和逐层主题地分析这部史诗,这也是大家可以从整个叙述过程中所看到的注释,这种注释形成了如同是史诗这面镜子反映出来的西藏社会的画面,其中还论述了史诗中的英雄作为崇拜对象、进入喇嘛教万神殿以及被定为中原汉地战神的问题。……英雄人物和说唱艺人的形象具有一种跨国或跨地区的特征，我们敢于希望这一部已超越了纯西藏问题的著作的意义恰恰正在于此。……因此，西藏史诗、其英雄人物及说唱艺人都具有双重意义。了解和理解这一切就已经能使尚未能最终确定的西藏文明之形象更加明显地变得充实和深厚起来。但在西藏之外，它们却高度地涉及了伊朗到中国中原和从西伯利亚到印度的整个亚洲文明史。”[4]

石泰安提到的汉地中原战神应该是指关公。关羽是三国时期的武将，历史上确有其人。他的故事由人而神。格萨尔是青藏高原的传奇人物，其故事浓缩了西藏历史上若干英雄人物的事迹，神话色彩浓厚，虽是传说的神话人物，却与藏民族生活息息相关，与百姓方方面面关联最密切，亦人亦神，人的成分更多一些。神话与现实浑然一体，此乃西藏社会的现实。拉萨的关帝庙，藏族人也称为“格萨尔庙”，因为，同样作为汉地武神的关公，在西藏也备受尊崇，称为“汉格萨尔”。

纵观格萨尔的故事，可看出他主要活动在青藏高原东北部。20世纪80年代，我得到一本青海出版的《岭·格萨尔》，以长诗体讲述格萨尔的传奇故事，书中格萨尔与他手下大将身着盔甲的插图，尤其令我着迷。

康区有的学者，则认为历史上格萨尔确有其人，岭，就是德格的“灵”地，岭国都城就在四川甘孜州德格县俄支乡附近。永乐四年（1406），明成祖册封灵藏灌顶国师著思巴儿监藏为赞善王，其统治区域“灵”就在现在的德格一带。

据《明史》记载：“赞善王者，灵藏僧也。其地在四川徼外，视乌斯藏为近。成祖践阼，命僧智光往使。永乐四年，其僧著思巴儿监藏遣使入贡，命为灌顶国师。明年，封赞善王，国师如故，赐金印、诰命。”[5]

据根秋多吉主编、四川民族出版社出版的《康巴奇迹》一书介绍，2012 年 7 月，四川大学温玉成教授一行到德格俄支乡考察，温教授举例已故历史学家谭其骧主编的《中国历史地图集》，其中唐代吐蕃地图的东部明显标记了“灵”地。他认为格萨尔王真有其人。“格萨尔王戎马一生，扬善抑恶，弘扬佛法，传播文化，成为藏族人民引以为豪的旷世英雄人物。但‘格学家’们往往强调了他的神奇传说和神秘故事，掩盖了他的历史真实性。”考古队伍查阅了大量历史资料得知，“格萨尔诞生于公元 1038 年，与多次考察发现的格萨尔遗迹、文物等年代基本吻合，由此可以推断格萨尔王是 11 世纪至 12 世纪灵（岭）国的伟大国王”。“他生活的大致年代是 11 世纪至 12 世纪，即吐蕃政权崩溃以后，蒙古军南下川西以前的一段历史时期之内”[6]。

现在在德格县的阿须乡，还留存有格萨尔庙，一些崇拜者还在草滩上塑造了高大的格萨尔骑马征战的铜像。

在青藏高原，有许多格萨尔的遗迹。由那曲至昌都，索县是必经之地。当地的雅拉多乡，传说是格萨尔王妃珠牡的出生地。20 世纪 90 年代我途经此地，早上出县城外至草坡摄影，但见日出草原，彤云满天，远处有一座山包，上面是红白色建筑的赞丹寺。这是个有故事的寺庙。早先曾是格萨尔与王妃珠牡在此的王宫，建筑层层叠叠，由山势而起，当地人称“小布达拉宫”。由拉萨北上，经当雄至那曲不远，公路边立有八座白塔，塔身周围总是哈达、经幡飘飘，藏北人都知道这八塔的威严和神秘。传说格萨尔征战四方，在此有一场恶战，损失八大名将，就地掩埋并建了八座白塔纪念。

曾国庆与郭卫平所著《历代藏族名人传》是一部权威著作，得到藏学专家吴丰培的认可。所列自 20 世纪 40 年代，上推至 7 世纪吐蕃所往，凡 94 位名人，唯独没有格萨尔。此非学者遗漏，因为格萨尔其人其事鲜见于史料，多是存在于民间传说和藏民族心目之中。历史上藏民族是否确有格萨尔王其人，一直都有争论。

云丹贡布——藏族之医圣

2018 年 12 月，从毛里求斯首都路易港传来喜讯，联合国教科文组织在此举办的第十三次国际文化遗产大会上，中国申报的“藏医药浴法——中国藏族有关生命健康和疾病防治的知识与实践”，被正式列入联合国教科文组织人类非物质文化遗产代表名录。

这对历代藏医辛勤地奉献和藏医学丰富的内容来说，实至名归。藏医学历史悠久，是中华医学宝库中重要的组成部分。

宇妥・云丹贡布（708—833 年）是藏民族最伟大的医学家。这个世代为医的家族与吐蕃赞普世系有关系，因为是历代赞普之御医，在吐蕃时期最为显赫。云丹贡布的祖父在给松赞干布做御医时，松赞干布给了他一块领地，在拉萨西郊的堆龙德庆，因为屋顶是青色的石板，故称之为“宇妥”。藏语“宇妥”就是“青色屋顶”之意。藏族贵族世家，或以地名、或以房名为家族名称。如阿沛・阿旺晋美，他家族的领地在藏东林芝的“阿沛”村，故其家族的人名前都要冠以“阿沛”。

云丹贡布又称老宇妥，家中世代为医，祖父洛追哲吉是赞普芒伦芒赞的御医，父亲琼保多吉是赞普都松芒保杰的御医。云丹贡布出生时，他母亲做了一个梦，梦见一个白衣人将她肚皮划开，放进

宇妥·云丹贡布铜塑像（资料）

许多医书，说：“药王就在你肚子里，你要好好照顾他”。语毕，东方升起万道霞光，直射进她的身体。

云丹贡布从懂事起，就随父学医，父亲传授他行医经验和医者的品德：“我要用摸人们的脉搏的方法去诊断疾病；我要用饮食处方驱使疾病走投无路；我要用药物像闪电般的箭去打击它们；我要用放血和烧灼的疗法、外科手术把疾病置于法庭审判席上。我将慈爱而谦虚地探视我的患者，不论我多么疲倦；我将不顾我的难受而去探视我的病人。对于我的病人，我将一视同仁地加以治疗，不论他们是穷是富，地位是高是低，或者送什么礼物与否，我将毫无克扣地给病人必要的药物。”父亲还教导他“一个学习了所有的书本，具有既深又广的知识水平的人，才是一个真正的医生；一个清楚地知道怎样按教义实践的人，是一个好医生；一个能够区分各种语言及其意义的人，是一个好医生；一个能准确地针对疾病给药的人是一个好医生；一个能够击中疾病要害的医生是个好医生；具有菩萨般慈悲心肠的人也是好医生”。[7]

成书于14世纪的《汉藏史集》就吐蕃医学的历史有这样的记载：“在大多数的口诀当中，把病说成是四百零四种：其中一百零一种是短时间之病，不予治疗任其自然也多数能够存活；一百零一种为遍计中魔之病，不驱除邪魔难以治疗；一百零一种为成实之病，不治疗会死亡，加以治疗多数能存活；一百零一种为前世业缘之病，医药无效，被称为死症，又被简称为九种送命之病。这样将病划分为四百零四种之后，冷热各种病症全都包括在内。……因此，当一个医生要做到以下四点：在诊断病情时，要像鹰一样敏锐，在思考诊断方法时要装得像羊一样愚钝，在清除病根时要像狐狸一样细心，在使用手术器械时要像老虎一样勇猛。”[8]

云丹贡布聪慧好学，10 岁时，被赤松德赞赞普亲自送到桑耶寺学习深造。在高僧指点下，加之家传医学的修养，很快获得佛学和医学的精湛知识。成年后，随侍有“胡子大叔”之称的赞普麦阿葱。当时，赤松德赞邀请汉地医生东嘎松瓦、印度医生宪辛底噶巴、大食医生哈拉宪弟、尼泊尔医生达玛西拉、克什米尔医生古雅巴扎等，令一些贵族子弟和青年僧人随之学习。云丹贡布成为汉医东嘎松瓦的得意弟子，学习治疗癫症、痉挛症、狂犬症等。在九大弟子的医学成果辩论中，取得第一，成为“吐蕃九大名医”之首。后来因治好赞普的牙病和眼疾，又升为赤松德赞赞普的御医。某日，云丹贡布说，伟大的赞普啊，我的知识还需要补充，还有很多病人需要治疗，我也需要到四方走走。赞普说，好吧，你去把更好的医术学回来。这样，云丹贡布开始云游，去了印度、尼泊尔、克什米尔和祖国内地等。一边拜师学习、行医，一边收取学生，著书立说，凡有病人，有求必应。据说，还到汉地的京城皇宫，为皇帝治好了病。45 岁时，云丹贡布根据学习心得和行医实践，编撰了皇皇医学巨著《四部医典》。

这部医典由本论、释论、密诀论、后论四部分组成，共有 157 章，79 幅插图。分别详细介绍了人体的生理与病理、诊断与治疗的常识；介绍了胚胎发育、人体解剖、疾病产生的原因和规律，介绍了药物性能、保健方法、医德医风；介绍了药物配制、加工炮制、外科手术以及藏医特色的脉诊、尿诊等。

四部医典，藏医药学重要医典。又译《四学四续》《据悉》。八世纪，由‘藏医九圣’之一的宇妥·云丹贡布编著完成。该书根据前人所著《医学大典》《月王药诊》《无畏的武器》等医学典籍，结合个人经验编著而成。历代藏医均以其作为学医的主要教材和行医的主要依据。……藏文四部医典刻本甚多，其中以 1546 年扎塘木刻本为最早，也最流行，称为《扎塘据悉》。1982年西藏人民出版社根据四川甘孜德格木刻版排印了藏文本《四部医典》，内蒙古人民出版社根据十八世纪蒙古文刻本排印了蒙古文本。1983年、1987年人民卫生出版社和上海科技出版社分别出版了汉文版。1988年苏联的西伯利亚科学出版社还出版了俄文版本。[9]

藏医的成就与唐蕃汉藏民族的交流有根本的关系。唐太宗贞观年间，文成公主远嫁吐蕃，《西藏王统记》以传统说唱诗的方式记录了唐太宗送文成公主的陪嫁礼，除了最珍贵的如来等身像，还有：

诸种府库财帛藏，告身文书金玉制，
经史典籍三百六，以此赏赐我娇女。
诸种食物烹调法，与及饮料配制方，
玉片鞍翼黄金鞍，以此赏赐我娇女。
八狮子鸟织锦垫，并绣枝叶宝篆文，
汉地告则经三百，以此赏赐我娇女。
工巧技艺制造术，高超能令人称羡，
如此工艺六十法，以此赏赐我娇女。
四百又四医方药，四方五诊四论典，
凡二万匹绵绫罗，六医器械皆赐汝。[10]

有一次，学生拜登达尔保问云丹贡布，据悉《四部医典》书里记载了454种病，这么多疾病，怎么分辨呢？云丹贡布说：“有许多疾病，如果加以归纳，不外两种：热病与寒病。疾病的不同指征是不可靠的。因为有时发热的症状能表明是一种气类病，而一种气类病的症状却能表明是疫病，而疫病的症状却能指明疟疾的寒战。

这些症状都是相似的，但容易被人所误诊。……在根据不同的症状认清了疾病之后，一个人应学会用什么药治什么病的知识。”[11]

拉萨河谷有三座山，由大到小，一线蜿蜒排列至河谷北面。居中是红山，上面建有布达拉宫，传说红山是观音菩萨灵魂寄居之地，曰“藏普陀”（汉普陀在浙江舟山）；相对红山南面最高之山峰，藏族称其“加波日”，传说是文殊菩萨魂居之所，又因宇妥·云丹贡布在此修行，著书立说，也称药王山；往西最小之山坡，曰“巴玛日”，在西藏称其为金刚手灵魂居所，因其状如磨盘，又称磨盘山。最早，赤松德赞为表彰宇妥·云丹贡布，请石匠在加波日山崖石壁上，刻下一尊巨大的药师佛像，尊宇妥·云丹贡布为在世药王。后经历代石匠在施主的请愿下，围绕药师佛，刻下数以千尊佛像，有佛本生、若干佛菩萨、护法神和度母，也有藏传佛教各教派之高僧。这座与云丹贡布大有缘分的药王山，山脚的东侧，有一眼泉水，清澈甘凉，据说是药王为给百姓治病，用手指一戳，岩石下出现一眼泉水，喝了治肚子痛，洗眼可去眼疾。我在小时候多次去过药王山下打水，遗憾的是现在这眼泉水干涸了。现在山上还遗存洞窟式寺庙，石壁上刻有宇妥·云丹贡布的半圆雕塑像，而且还有专门供奉的殿堂。

康熙二十七年（1688），五世达赖提出要在拉萨建一所利众藏医学校，培养更多的藏医。当时的摄政第巴·桑结嘉措正在整理《四部医典》的各种版本。他围着拉萨转，但没有找到合适的地点，坐在加波日山下休息时，仆人端来一罐清水，喝下以后，清爽无比，一问得知是药王宇妥·云丹贡布当年在此著书时留下的泉水。再抬头一望，加波日山势高耸，其形如帝释天之城。第巴·桑结嘉措以为此为吉兆，修建藏医学校，非此地莫属。于是报告五世达赖，认为这是修建医校的上选之地。后来，第巴·桑结嘉措颁布命令，在药王山上修建了西藏第一所藏医学校，同时命令各寺庙都派出一位聪慧僧人来此学习藏医。自此之后，凡藏地藏医，多是出自寺院僧人，修佛修医，皆为度人于劫难也。

第巴·桑结嘉措本人热衷于学习藏医，他搜集各种《四部医典》木刻版本，亲自校对、修订、注释，于1689年新出版拉萨刻印《医学广论药师佛意庄严四续蓝琉璃》（简称《四部医典蓝琉璃》）一书。此书集藏医之大成，概述藏医发展之历程，详细描述藏医理论、治疗手段、对症药方、手术方法、藏地草药标本，亦标明其产地，说明四季之药性。直到现在，此书仍然是青藏高原所有藏医通用的范本，也是藏医学习的必备工具书。

难能可贵的是，桑结嘉措还请唐卡画师洛扎·丹增诺布根据《四部医典蓝琉璃》的内容绘制了一套藏医学的彩色挂图，藏语称“勉唐”。这套唐卡学术内容共79幅，加之一幅有关历代藏医名医介绍，挂图共有80幅。这套藏医挂图我在青海西宁唐卡展览馆、西藏博物馆、西藏藏医药大学博物馆、拉萨门孜康（现西藏自治区藏医院）看到过。至于原始版本在哪里，不得而知。但可以说，以图画的方式，用4900多个图案系列解释藏医学的理论和医疗技术，为世界医药史所仅见，其中对人体解剖、药物标本的绘制十分细腻精确，令人叹为观止。

汤东杰布——藏戏之鼻祖

1990年，我到西藏阿里采访，途经札达一条狭窄的山谷，河水在谷涧流淌，深谷间有一座废弃的桥梁。这是一座在藏地常见的

唐卡画汤东杰布（资料）

铁索桥，两端桥基是石块垒砌，上面梯次如斗拱般延伸出木梁。长长的木梁几乎腐朽，上面铺设的木板已荡然无存，空荡荡的铁索在河水上方摇晃。同行的藏族朋友告诉我，这是西藏桥梁鼻祖汤东杰布（又称唐东杰布）留传下来的藏式桥梁。

汤东杰布在西藏民间的地位十分特殊。是的，心灵手巧的汤东杰布在西藏被称为“智慧之王”。世上几乎没有他不懂的学问，没有他不会的技艺。在藏族的先贤中，他如同西藏的鲁班，是藏族的铁匠之祖、木匠之祖、桥梁之祖，如西藏的汤显祖，还是藏地戏剧之王——藏戏鼻祖。

往事悠悠，20 世纪 90 年代，我以记者的身份走遍西藏，亲眼看到过许多铁桥和溜索的遗存。桥梁遗址大都还残留有卵石垒砌的桥基，黑幽幽的铁索，还晃晃荡荡在河谷上方。2001 年冬，我带一个三人采访组，因报道滇藏茶马古道现况，经 214 国道，开车由拉萨经藏东芒康，入云南迪庆，而至丽江，路经怒江、金沙江，看到过江面上遗存若干铁索桥。但见铁索桥，一江飞架，江面仅留一条铁索，一个当地青年，束身挂钩于铁索，哧溜一声，滑向对岸，其江也险峻，其人也悠闲，令人感叹，印象深刻。白云苍狗，经历数百年，山川依旧，事过境迁，达官贵人，大德高僧，当地人唯记得给地方带来便利、造福百姓的汤东杰布。

汤东杰布（1385—1464 年），出生在后藏雅鲁藏布江畔的沃迦拉孜仁钦定（今西藏日喀则市昂仁县多白区）。传说他母亲怀孕长达 60 年，他出生时，已是须眉皆白的老头般的婴儿，取名卓沃班丹。6 岁出家强定寺为僧，随香巴噶举僧人尼玛僧格学习噶举派密宗知识。稍长，就带着父亲给的牦牛尾和麝香，当作生意本钱，到印度边界的朵卡做生意。经过一个地方，路遇地方部落首领要处死当地的七兄弟。汤东杰布于心不忍，献出所携的生意本钱，赎救了七兄弟。空手返回家乡后，父亲怒气勃发，折柳枝一顿责打。母亲好心卫护，将他送回强定寺。经过磨难，汤东杰布静下心来学习，循显密渐次修行，尤其对五明学中的工巧明感兴趣，获得圆满，师父称赞他聪慧如天人，青出于蓝，于是赠名“汤东杰布”，意即“旷野里的国王”。

父母双亡以后，忧伤的汤东杰布踏上云游之旅。他最初的打算是到拉萨寻访高僧，深研佛法，但是在一次等待渡船的时候，改变了他的人生轨迹。离开家乡之后，在拉萨河渡口，等牛皮船过江，几位过江百姓因船资与船工争吵起来，汤东杰布出面劝解，却受到贪心船工的嘲笑，于是他发下誓愿，要为两岸百姓修建桥梁，方便过河。先是修木桥，但容易损毁，后来，观音菩萨化身为一女子，牵着一条小狗从汤东杰布面前走过。受到拴狗细链条的启示，汤东杰布请来铁匠，一起打造铁链。刚开始，铁链也容易断裂，他分析一番，寻找上等铁矿石，加入铜、铝等，一起冶炼。他从山上找来一块巨石，当作砧座，架起黄泥抹成的火炉，拉动牛皮风箱，与铁匠和徒弟轮番锤打，打出了铁桥第一条铁环、第一根铁索，铁链、铁环结实而有韧性。汤东杰布修桥的善举，感动四方的僧人、农民、牧人、渔夫，甚至流浪的乞丐也参与进来，为修桥出力。就这样，在拉萨河上，出现了西藏第一座铁索桥。

20 世纪 80 年代，还有若干铁索桥存在于西藏的山谷之间、大小河流之上。但见河谷两侧岸边，用巨大卵石培之于土，垒起方形桥基，各树立高大门式木梁，河中用片石筑起椭圆形桥墩，拉起数条铁索，中间铺上木板或是树枝，用牛皮绳捆绑结实，悬空于河流之上。铁索桥经几百年风雨，有的毁损，有的依然保存良好，供人畜经过。“据有关史料记载，唐东结波即汤东杰布，一生共建造了铁索桥58座、木桥60座，另外，还制造了大小舟船118只，培养了一批桥梁建筑工匠，尤在铁索桥建造方面功绩卓著，故被世人称为‘贾桑朱古’（藏语意即‘铁桥活佛’），藏族工匠也尊其为祖师。”[12]

与西藏历史上杰出人物一样，汤东杰布也慢慢地由人为神，或者说人神合一。他的塑像出现在西藏许多寺庙里，很好辨认，形象是白眉须白胡子，面容慈祥，手持八节铁索链。我有一次在西藏比如县，遇见一些村民正在修房子，一株大树下挂着汤东杰布画像。筑墙开始前，年长者煨桑，在青色的桑烟中，几个喇嘛摇铃诵经。

修铁桥花费巨大，汤东杰布就请来能歌善舞的乡人，以说唱方式化缘募资，同时也以说唱鼓舞修桥的工人。第一支说唱艺人的团队来自琼结。据说，汤东杰布到雅砻的琼结河谷修桥时，听见悠扬的歌声，循声而去，见到七个美貌如仙的女子，于是邀请她们到修桥工地为工人说唱解乏，亲自修改撰写唱词，设计衣服和舞蹈动作，将早先寺庙的跳神舞与民间歌舞揉在一起，后来再加上钹、鼓等乐器伴奏，这就是藏戏的雏形，称“阿吉拉姆”（意为“仙女姐妹”）。可以这样说，藏戏乃为汤东杰布建造西藏铁桥而生。现在的琼结，被称为“藏戏之乡”，我曾到那里采访过民间藏戏艺人，留下深刻印象，对此我在《苍茫西藏》一书中有较为详细的描写。

藏戏为广场剧，主要形式是唱、诵、舞，乐器伴奏为一鼓一钹。内地京剧演员多是以脸谱色彩表现人物，而藏戏多是以面具表现人物。主要的白色面具，表示纯洁善良，多用于老者和神仙；红色面具多用于国王，与佛教的宗教含义一样表示权威威严；黄色面具多用于活佛高僧；半白半黑多用于妖魔和奸佞。配角一般不用面具，简单化妆即可。藏戏演出一般分为三部分：第一部分“顿”，是开场白说唱，祭神，向汤东杰布致敬，向在场的达官贵人和观众致敬；第二部分“雄”，主要演出正剧内容，大多数正剧演出十分冗长，有的甚至演出时间长达一整天，演演歇歇，很随意；最后是“扎西”，是结束的祝福。白面具“扎西雪巴”，有的还带有牦牛舞，现在多用于庆典中，烘托气氛。

藏学家丹珠昂奔认为：“藏戏虽称为戏，其实类似歌舞剧。它的来源大致分为三个方面：一是原始苯教的跳神仪式（实为祭祀仪式）。二是佛教的跳神，据《巴协》记载莲花生大师和寂护在桑耶寺开光仪式上，传授了这类舞剧（金刚剧）。三是民间歌舞。”[13]藏戏研究学者强巴曲杰、次仁朗杰认为：“阿吉拉姆戏剧是一部集中了藏族众多文化艺术的综合性戏曲，它的产生与藏民族的历史同步，它的形成与发展也与藏民族文化发展一致。……阿吉拉姆戏剧中的面具是剧中各种具体人物形象的标志，也是这一戏剧艺术的一大特色。”[14]

西藏山南地区的琼结县是五世达赖喇嘛的家乡，藏戏在五世达赖喇嘛的倡导下发展起来。以前藏戏都是在民间演出，演员大多是民间的，平时是农民或牧民，逢节庆就自发组织在一起，由一些大户资助，就地搭起帐篷演唱。可以说，从五世达赖喇嘛起，西藏才有了专业的藏剧团。据说，五世达赖在琼结日乌德钦寺修行时，有天晚上他梦到几个人前来唱戏，音腔高亢婉转，动听如仙界妙音。醒来后，五世达赖喇嘛据此从家乡挑选了十几个会唱藏戏的人，组织成一个藏戏队。这就是以前西藏专业的、直属达赖的觉木隆藏戏团，也是现在西藏自治区藏剧团的前身。藏戏一般是广场剧，1957年，西藏藏剧团第一次到北京参加了全国民间文艺汇演，舞台上的演出引起轰动。这是藏戏第一次走向全国，让戏曲爱好者一饱眼福。

拉萨一年一度最大的民间节庆除了藏历新年，就是藏历八月的雪顿节。雪顿，意为“酸奶”。每逢八月，草地青青，林木葱郁，正是吃酸奶的好日子。修行的僧尼也下山加入世俗百姓的节日中。节日开始，首先要在宽阔的地方搭上大帐篷，四面八方的藏戏班子过来演出，因而雪顿节又称“藏戏节”。演出场地，都供奉汤东杰布白发白眉白须的唐卡画像。演出开始前，一个白面具艺人都要围绕唐卡，歌颂汤东杰布事迹，然后才正式演出。现在藏戏已基本成长为西藏地方一种特有的戏剧。“藏戏不仅有着深厚的宗教祭祀性，而且还有着已经高度发展且能深刻反映藏族政教合一中世纪特殊社会各种现实冲突的戏剧艺术性。藏剧传统剧目，尤其是几百年来，至少是近百年来不断传创演出、日臻完美的八大藏戏，表面看来还是说唱体小说和英雄史诗一样的作品，但它们同祖国中原汉族的一批古典戏曲名著一样，拥有广泛的读者，世代流传不息；而且它们分别都成了多如繁星的民间戏班排练演出的保留剧目，一直到今天还在经常演出，为广大群众喜爱。”[15]

藏戏由白面具跳神演绎的舞蹈，到蓝面具带有故事情节，演出过程有严格的程序，使用的语言十分丰富，有格言、宗教用语、谚语、谐语，大量使用寓言和诗，可谓藏语之精华，民族戏剧之“活化石”。2006 年，藏戏入选首批国家级非物质文化遗产名录；2009 年，藏戏经联合国教科文组织认定，入选为人类非物质文化遗产代表名录。

现在，西藏各地经常演出的主要有八大藏戏：

《文成公主与赤尊公主》，主要内容是吐蕃大臣禄东赞到长安面见唐太宗为松赞干布赞普请婚，经过若干挫折，文成公主来到吐蕃。公主与松赞干布赞普真心相爱，帮助吐蕃繁荣发展，表达了藏汉民族友好一家的亲情。

《诺桑王子》，有点像黄梅戏董永与七仙女的故事。诺桑王子窥见洗浴仙女，娶之为妻，相亲相爱，被王妃嫉妒，巫师作法，放逐王子，加害仙女。诺桑王子历尽千难万险，回到家乡，为仙女复仇，最终得到王位，两人幸福相聚。

《朗萨雯蚌》，八大藏戏中唯一讲述平民百姓的故事。朗萨是江孜地方一个平民姑娘，被贵族少爷看上强娶为妻。朗萨姑娘受尽折磨，出家为尼，被少爷毒打致死。朗萨死后被神接到天上，让贵族一家慑服。贵族少爷也改邪归正，为地方百姓造福。

《卓娃桑姆》，国王噶拉旺布看上猎人之女卓娃桑姆，强娶为妻，生下一儿一女，宫中魔鬼王妃找各种办法加害他们。卓娃桑姆逃走，其儿女也双双远遁邻国，所幸其子在邻国接任国王，带兵回到家乡，用箭射死妖妃，治好国王疾病，严惩奸臣，令百姓过上幸福生活。

《苏吉尼玛》，一个猎人在森林中迷路，遇上仙女苏吉尼玛，仙女赠送其能辨别方向的吉祥草。国王得知，隆重迎娶苏吉尼玛为妃，但受到宫中其他王妃妒恨。妖妃派巫师偷走苏吉尼玛的护身符，将其流放，最后成为说唱艺人。国王听她说唱以后，明白真相，与其双双出家。

《白玛文巴》，是觉木隆藏戏团悠久的剧目。白玛文巴是富商之子，信仰佛教，心地善良，经常施舍乡亲。国王和异教徒奸臣嫉恨加害，不能得逞。最终，国王和奸臣被罗刹吞噬，白玛文巴当上了国王，象征着正义战胜邪恶。

《顿月顿珠》，顿月和顿珠是同父异母兄弟，后妃欲加害兄长顿珠，唆使国王流放顿珠，但兄弟二人十分友爱，顿月在陪同顿珠流放时，病死于路途。顿珠也因旱灾为百姓祈雨，投身湖中喂龙，感动上苍，天降甘露。最后神仙帮助顿月起死回生，顿珠的善行也感化了后妃，但顿珠最后还是谦让顿月继位国王。

《智美更登》，相传古时白岱国的王妃不孕，虔诚祈祷，感动大梵天，派鹤仙下凡送子，王妃生下智美更登。王子成人后，奸臣挑唆国王，将王子放逐，王子夫妇游历四方，帮助百姓，甚至将双眼献予瞎眼老者，后来与众乡亲揭露奸臣阴谋，在鹤仙帮助下双眼复明，国王幡然醒悟，铲除奸臣，与家人团聚，禅让王位。

参考文献

[1] 谢启晃等：《藏族传统文化辞典》，甘肃人民出版社，1993年，第603页。

[2]〔法〕石泰安著，耿昇译：《格萨尔史诗和说唱艺人研究》，西藏人民出版社，1993年，第107页。

[3] 南如卓玛：《专家学者挖掘多民族〈格萨尔〉史诗的传承与保护》，中国社会科学网，2017年11月3日。

[4]〔法〕石泰安著，耿昇译：《格萨尔史诗和说唱艺人研究》，西藏人民出版社，1993年，第1-2、6页。

[5]《明史》卷331。

[6] 根秋多吉：《康巴奇迹》，四川民族出版社，2018年，第61页。

[7] 日琼仁颇且·甲拜衮桑：《西藏医学》，西藏人民出版社，1986年，第212-213页。

[8]〔元〕达仓巴·班觉桑布：《汉藏史集》，西藏人民出版社，2020年，第117页。

[9]《西藏百科全书》编委会：《西藏百科全书》，西藏人民出版社，2005 年，第 363 页。

[10] 萨迦·索南坚赞：《西藏王统记》，西藏人民出版社，1981 年，第 68-69 页。

[11] 日琼仁颇且·甲拜衮桑：《西藏医学》，西藏人民出版社，1986 年，第 315-316 页。

[12] 张天锁：《西藏古代科技简史》，河南教育出版社，1999 年，第 129 页。

[13] 中国戏曲志编辑委员会：《中国戏曲志·西藏卷》，文化艺术出版社，1993 年，第 9 页。

[14] 强巴曲杰、次仁朗杰：《西藏传统戏剧：阿吉拉姆艺术研究》，中国藏学出版社，2012 年，第 3、13 页。

[15] 刘志群：《西藏祭祀艺术》，河北教育出版社，2000 年，第 249-250 页。

第十讲

藏传佛教四大教派

很多人都说西藏是神秘之地。我认为，说西藏神秘，首先是高海拔的地理环境，高山连绵，江河纵横，雪峰耸立云海之间，草原坦荡蓝天之下，高寒缺氧，敬畏自然，这是一片风景独特、人迹罕至的神秘之处。另一个则来自藏传佛教的人文环境，印度佛教与西藏本土万物有灵的信仰结合，已深深根植于藏民族的精神世界。从大寺院到小寺庙，乃至老百姓家中的经堂，拜佛敬佛已是日常生活的一部分，加上西藏特有的活佛转世与神山圣湖的自然崇拜，成为西藏传统文化的另一神秘之处。

经过千余年，藏传佛教教派林立。究其主要原因，我以为：一是传承方式有差异；二是与青藏高原地方的原始宗教不同的结合而拥有各自的护法神体系；三是元以来西藏政教合一的特点，即宗教势力深深地渗透到地方政治、经济、社会生活与文化活动之中，世俗势力支持和介入力量的大小，深刻影响到不同教派的发展及生存。

我在西藏工作生活多年，也涉猎过一些藏学方面的书籍，但对藏传佛教的认识，仍然是略知皮毛的门外汉，在这里不过是拾人牙慧罢了，对博大精深的藏传佛教我深有敬畏。

藏传佛教源自印度佛教，主要以大乘佛教为主，显密次第修持。在此消彼长之中，藏传佛教形成了四个较大的派别：格鲁派、噶举派、宁玛派、萨迦派。

宁玛派

宁玛派初创于吐蕃赤松德赞时期，尊莲花生大师为创派祖师，在藏传佛教诸派系中历史最为悠久，苯教色彩也最为浓厚，苯教的传统仪轨保留较多。宁玛是古老陈旧之意。宁玛派，其藏语意为“古老旧派”。“所谓古，是说这个教派认为他们的一套教法，是从8世纪的时候由莲花生传下来的。而西藏佛教其他教派是在11世纪中叶以后新创立的，所以宁玛派的历史渊源要比其他教派早300年。这样当然就是古了。所谓旧，在显宗方面不分新旧，只是在密宗方面，一般都以仁钦桑布为界。”仁钦桑布，958年出生于西藏阿里古格昂然达，13岁出家受沙弥戒，17岁赴天竺，在密宗大师那若达巴座下学习。49岁时在高僧达沃桑布等班智达处受比丘戒。返回阿里以后，主要从事译经。85岁时，就译经及佛学理论中的疑难，请教于正在阿里传法的阿底峡大师，并结善缘。仁钦桑布圆寂于古格的托林寺。这位十世纪藏传佛教的大译师，一生三次赴印度，带回大量佛教经典，仅密宗经典就整理翻译了108部，均收录于藏文大藏经《甘珠尔》之中。“在他之前翻译过来的密宗经典算是旧派，他以后的算是新派。”[1]

宁玛派僧人自称是佛教大师莲花生的嫡传。莲花生由印度到西藏传播佛教，大都是独自一人行走在雪山河谷之间，与各种苯教徒、巫师斗法辩经。他的经历，充满了神秘色彩。因而，宁玛派僧人讲究独来独往，精修显密二宗。该派寺庙也不多，大多是由上师或家族内部代代相传莲花生的心法教义，以个人悟道为主，戒律也不严，可以在寺里学习，也可以在家里的经堂独自修行，甚至有的还娶妻生子，既耕种放牧，又在乡村牧区为人打卦、占卜、祈福、驱灾等，有很重的“巫”的成分。西藏很多地方家里如果有人去世，一般都是请宁玛派僧人来念经超度。

莲花生在西藏传播佛教，早期遇到地方势力的阻力很大，在与地方原始宗教交往中，莲花生埋藏了许多经典，藏传佛教称之为“伏藏”，宁玛派僧人以发掘伏藏为己任。宁玛派的传承也就是以对伏藏的解读为主。伏藏分为“经典伏藏”和“心解伏藏”。经典伏藏，就是莲花生大师所埋藏经典发掘出来后的解读传承；心解伏藏，就是代代口传伏藏，没有经典印证。说神秘一点，就是佛教经典，有些是被上辈高僧埋藏起来，后人寻找出来后，可以潜心解读考证；而更多的佛教教义是伏藏在心中的，需要在独自修行时，冥思苦想，豁然开释，悟得真谛。这与中原佛教禅宗流派的修行有所相同。我理解，与萨迦、噶举、格鲁等大教派有皇室、王公、贵族等护佑不一样，宁玛在藏传佛教中独具特色，个人的悟力决定了个人的修为。这个派别和西藏其他热衷于与权势交往的流派不一样，既不与显贵交往，也疏远其他藏传佛教流派，颇有些清高。

世界上各民族的原始宗教都差不多，崇拜自然，把解释不了的现象都予以神秘化，有很重的“巫”的成分。在佛教传入之前，吐蕃流行的主要是原始拜物的苯教，崇尚万物有灵。“苯教最初是在原始自然崇拜的基础上发展起来的自然宗教。约在公元前 5 世纪，古象雄王子辛绕米沃创建苯教，最初流行于后藏阿里一带，后自西向东传播遍布西藏各地。8 世纪，吐蕃政权抑苯兴佛，苯教为原始拜物教，势力渐衰。苯教有自然崇拜、图腾崇拜，还有祖先鬼神崇拜，各种崇拜依靠诵经、施法术等繁多仪式达到祈福禳灾的目的”[2]。

8 世纪，吐蕃政权贵族大多崇尚苯教巫师，信奉鬼神，而赤松德赞赞普源于祖上松赞干布，有崇佛之心，为抑止贵族势力，巩固王权，于是请印度佛教寂护和莲花生大师进藏传播佛法。莲花生以密宗的咒语、降神术等折服苯教徒，并在赤松德赞的支持下，在吐蕃腹地雅鲁藏布江边修建了西藏第一座寺院——桑耶寺。莲花生、寂护接收贵族子弟七人为西藏第一批专业佛教僧人，学习佛法。莲花生聪明之处在于吸收苯教大量祈福祭祀仪式，将苯教崇拜的神灵鬼怪，收为佛教的护法神，用苯教的活动形式传播佛教理论，很快受到吐蕃王室及百姓的推崇，在西藏高原站稳了脚跟。因而使之后的藏传佛教与外地佛教有了较大区别，形成独具一格的宗教特色：形式上体现了苯教的特点，内容上主要是印度佛教的经典。打个比方来说，即骨头是本，血肉为佛。

到 11 世纪，经三代“素尔”的努力，宁玛正式形成一个派系。素尔是后藏的一个家族，第一代是素尔波钦·释迦迥乃（1002—1062 年，波钦，“大”的意思），在其领地即现在的日喀则市边雄乡塔玛村一座称为乌巴垅的山坡上，创建乌巴垅寺，使宁玛派有了第一个有仪轨、有寺院组织的固定传法道场。大素尔门徒众多，传说著名的有“四尖端一锋芒”5 个出色的弟子和 108 位大瑜伽行者。

第二代素尔是释迦迥乃之子素尔琼·喜饶扎巴（1014—1074 年，琼，“小”的意思），是大素尔“四尖端”弟子之首。小素尔原是一行乞僧人的儿子，被大素尔收养。其聪明伶俐，得大素尔真传，继任乌巴垅寺主持，并向外地传播宁玛教法。小素尔的弟子更为出色，后代宁玛派僧人形容小素尔构架了宁玛派体系，将其出色的弟子归结为：四柱、八梁、十六椽、三十二桷等。传说，有一次其他教派的四个显宗僧人慕名寻来，与其辩论佛法，小素尔以博学善辩使他们折服并拜其为师，成为“四柱”弟子。

第三代素尔是喜饶扎巴之子素尔·释迦僧格（1074—1134 年）。出生当年其父去世，由舅父带大，从小跟随素尔琼的“四柱”弟子学习，继承乌巴垅寺主持后，又因在卓浦地方修建卓浦寺而被尊称卓浦巴·释迦僧格，宁玛派教史称他有近千弟子。

桑耶寺主殿乌孜仁松拉康，具有藏、汉、印三种建筑风格　转载新华网

三素尔弟子众多，一部分在卫藏传法，一部分到多康传法，在后来 13 世纪的绒·却吉桑布、14 世纪的隆庆绕绛巴等宁玛高僧的努力下，宁玛派在藏地获得极高威望。却吉桑布将宁玛教法分为三部分，即：心部、自在部和教授部，并逐渐成为宁玛派主要教义。隆庆绕绛巴先后在青浦寺、桑耶寺学习弥勒的《现观庄严论》和法称的《量释论》，显密兼通，还系统整理了宁玛派经典，将宁玛教法传播至不丹、尼泊尔、多康地区。隆庆绕绛巴的一个后代弟子释迦沃曾将一部"伏藏"经典献给元世祖忽必烈，忽必烈封其"拔希"（蒙古语"法师"之意）称号。此后，藏传佛教噶玛噶举的高僧也得到过蒙哥汗封赐的"拔希"称号，是为著名的噶玛拔希。

宁玛派最主要的教法源自莲花生大师的"大圆满法"，有点像中原禅宗的顿悟。世俗之人皆有佛性，但垢净皆存于心。需要通过观心入定的秘密修行，随见何境，唯是自心，心性现自然智慧。

桑耶寺大殿主供的莲花生大师塑像（资料）

本来莲花生主持修建的桑耶寺应算是宁玛派的主寺，但由于这是西藏的第一座寺院，既是寺，又是佛学院，后来毁于战乱，由萨迦派高僧修复，萨迦派僧人入驻，成为萨迦寺院。再后来，逐渐成为藏传佛教各教派共同的寺院，但仍以供奉莲花生大师为主。

现在西藏宁玛派三个著名大寺院我都去过。最著名的敏珠林寺建于 17 世纪，在西藏山南地区扎囊县一条山谷深处。这个寺庙以研究天文历算和藏医药而著名。敏珠林寺做的藏香，里边有传统的藏药，是藏香中的上品。多吉扎寺位于雅鲁藏布江北岸，环境安静，香火旺盛，寺院塑像及壁画十分古旧，保存良好。规模最大的是四川甘孜州的白玉寺，有 100 多座属寺，分布在青海果洛，四川甘孜、阿坝和西藏昌都等地。

萨迦派

萨迦派是藏传佛教中最早传入蒙古及中原地区并受到广泛信仰的教派。对加强西藏地方与祖国内地的联系，起到了特殊的作用。宋末，蒙古铁骑已达青海、甘肃并进入西藏北部。为使百姓避免战祸，西藏萨迦派高僧贡噶坚赞与两个侄儿，千里迢迢穿越羌塘大草原，北上凉州与蒙古大汗窝阔台的儿子凉王阔端会谈，贡噶坚赞与阔端就西藏归附、蒙古兵不进入西藏达成一致，书写《告吐蕃僧俗百姓书》（又称《致蕃人书》）广布西藏地方僧俗，以和平的方式结束了自吐蕃政权瓦解以后长达400多年的分裂与战乱局面。元朝建立后，忽必烈封萨迦法王八思巴为国师、帝师兼管西藏政教事务，首开西藏政教合一之先河。因而说，萨迦派不仅对藏传佛教的发展有重要贡献，而且还对西藏社会发展做出过重要贡献。

在后藏的萨迦县，坐落着一座灰色外墙有红、白、蓝三种条状色带的城堡式寺院，即萨迦南寺。这是藏传佛教萨迦派的祖寺。萨迦，意为“灰白土”，也有“花色”的意思。这个教派最著名的人物就是元朝皇帝忽必烈的帝师八思巴。

后藏有名的大贵族昆氏家族创立了萨迦派。这个家族的家长昆·白布齐是吐蕃时期赤松德赞的一个大臣。“此尊者被桑耶之法王赤松德赞看中，委任其为内大臣，财物十分富足，故称其为昆贝波且，由此而得名为昆氏家族。”[4] 赤松德赞请莲花生大师修建的桑耶寺是西藏第一座佛、法、僧三宝俱全的寺院，吐蕃赞普选择七个吐蕃贵族子弟由莲花生和寂护大师剃度为僧，出家修习佛法，藏史称“七觉士”。昆·白布齐的儿子昆·鲁益坚赞就是桑耶寺“七觉士”之智慧第一者，后来被萨迦派奉为祖师。大概在1073年，

玉雕八思巴像　布达拉宫藏

宋神宗时，昆氏家族的第七代昆·贡却杰布选中了仲曲河北岸形如卧象的这片山坡，盖起了萨迦北寺。阿底峡大师由象雄途经此地曾预言，仲曲河两岸将兴旺佛教。这片山坡的土质呈灰白色状，萨迦寺因地而得名。寺庙外墙的红色代表文殊，白色代表观音，蓝色代表金刚手。后来，八思巴奉忽必烈之命筹建西藏地方的萨迦政权，又在仲曲河南岸修建了南寺。南寺规模更为宏大，仿元朝的城堡式建筑修建。南寺为中心，北寺为密宗院，大小殿堂 40 多座。后经萨迦五祖的努力，逐步形成了萨迦派。

萨迦派最有成就的五位高僧藏史尊称“萨迦五祖”。前三祖贡噶宁布、索南孜摩、扎巴坚赞，仅受居士戒，以在家修行为主，平

萨迦寺（南寺） 唐召明摄

正在维修地面的萨迦寺广场 唐召明摄

时身着白色藏袍，故而又称“白衣三祖”。后两祖在西藏历史上大名鼎鼎，即贡噶坚赞和八思巴，他们叔侄二人受过比丘戒，主持寺院，身着红色僧袍，故而称“红衣二祖”。

萨迦形成自己的一套教法，称为“道果”法。“道”指经过修行，而“果”意为达到悟道，“道果”即是“有果之道”。此法主要依靠口传，不注重文字记载，所以道果法享有“只能意会而不能言传”的说法。……道果法是萨迦派的主要密法，而且是藏密的重要组成部分，其修炼有显宗和密宗之分，一般以先修显宗后修密宗为修习次第。萨迦派的密宗道果法同宁玛派的大圆满法和噶举派的大手印法相同，是一种很高深的功法，修习者在未进入正修“道果”法之前，必须先修习“四加行法”。四加行法是藏密功法的基础法，相当于一切密法的基石。[5]

萨迦派也吸纳了西藏原始苯教的一些特点，注重密传，个人讲究练气养神。据说萨迦派有 72 种密法，有烦琐的密宗仪式，每种密法均需上师传授，个人闭门修习。萨迦派的僧人可以娶妻生子，但除了自己的发妻，不允许接触其他女性。20 世纪 80 年代，我曾到萨迦寺观访一次跳神活动。据说这是西藏数十年来恢复宗教活动以后最大规模的一次跳神，恰好被我遇上。近距离地观赏西藏非常神秘的跳神活动，身着盛装的僧人随着钹鼓声，缓慢地踮动脚步，动作优雅，气氛庄严，令我印象深刻。

第一个在西藏获得统治权的藏传佛教教派也是萨迦派。1239 年，蒙古大将多达那波进入西藏北部，派人禀报阔端，分析说，西藏诸教派中萨迦派最有影响。于是阔端致信邀请萨迦寺主萨班·贡噶坚赞到凉州会面。贡噶坚赞带着 10 岁的八思巴和 6 岁的恰那多吉两个侄儿，经过一年半的长途跋涉，来到甘肃凉州与阔端会面。会谈结果就是西藏和平归顺蒙古的事宜。贡噶坚赞与八思巴就是后来萨迦派五祖中最知名的两位。贡噶坚赞写给西藏地方僧俗百姓的信，全文收入《萨迦世系》一书。据藏学家王尧先生介绍，20 世纪 50 年代，他将这封藏文的重要信件翻译成汉文，发表在南京大学历史系的刊物上，信的名称是“致说藏语的各地高僧大德领袖人物公开信”。（全文参见第五讲《简述西藏地方史》）

贡噶坚赞对萨迦派的发扬光大贡献最大。他精通佛学五明和梵文，学问很高，藏史称“萨迦班智达”。他多采用西藏的俗语传播佛教理论、谚语、格言等，通俗易懂，为普通僧俗百姓接受。传说几个印度僧人慕名来到萨迦寺，与贡噶坚赞辩论五明，断断续续辩论了 13 天，结果印度僧人都被折服，全部皈依萨迦派，贡噶坚赞给印度僧人剃度的头发，现在还留在萨迦寺的钟楼上。

贡噶坚赞用处世格言形式说法，集结成书，即是西藏历史上第一部哲理格言诗集《萨迦格言》，内容分九章，即观察学者品、观察上等人品、观察愚人品、观察贤愚混杂品、观察恶行品、观察正确处世品、观察不正确处世品、观察事物品、观察教法品。这部诗集在西藏文学史上也有相当高的地位。我手头有一本西藏人民出版社 1985 年出版的汉文版《萨迦格言》，次旦多吉等翻译，书中介绍该格言诗集共有 457 首，多为四行诗。

1251 年，阔端与贡噶坚赞相继在凉州去世。八思巴继任萨迦寺法台，为萨迦第五祖。次年，忽必烈征服大理后，途经四川德格，听说了萨迦派在西藏的巨大影响，派人去凉州邀贡噶坚赞会面，后来是八思巴到多伦与忽必烈会面。年轻博学的八思巴令忽必烈倾倒，拜为上师。此后若干年，八思巴一直追随忽必烈征战直到元朝建立。1260 年，忽必烈继大汗位，即封八思巴为“国师”，在中央设总制院，授命八思巴统领并兼领天下释教。1265年，八思巴回到阔别20年的西藏萨迦寺，筹划西藏地方行政体制。大概萨迦派的高僧都有语言方面的天赋，八思巴奉忽必烈命，用6年时间为蒙古创立了文字，忽必烈当即下诏全国通行八思巴文，并册封八思巴“皇天之下大地之上西天佛子化身佛陀创制文字辅治国政五明班智达八思巴帝师”，加封大宝法王，赐玉印。元朝共册封了14位帝师，大多是萨迦寺高僧或昆氏家族出生。

八思巴在中国历史发展进程中，建立了卓越的历史功勋。他在元中央政府的支持帮助下，结束了西藏400年间陷于分裂、割据、战乱的局面，他曾两次往返于萨迦和内地之间，主持规划和建立元朝在藏族地区的各级行政机构，派官设治、清查户口、征收赋税、屯戍军队、处理纠纷，把乌思藏纳入元中央政府统一下的中国行政区域。同时，他带动当地佛教各教派上层人物与元朝建立关系，加速各民族之间物质文化和精神文化交流。其次，沟通了藏蒙汉民族之间的经济贸易往来，协助元朝政府在乌思藏各地设立驿站，建立与内地联系的交通网。此外，他还积极吸收汉、蒙古等民族文化，在元政府机构里，设立专门的译经所，翻译大量梵经。[6]

元朝瓦解，明朝建立，萨迦派也逐渐势微，后来分化为若干小支。到14世纪时，萨迦派出了一个著名的高僧仁达瓦·宣奴罗追。他致力研究印度高僧月称的《中观论》及萨迦派显宗十三部经论，经过释读整理，广为传授，成为藏传佛教各派必学的显宗理论。后来，著名的宗喀巴拜其为师，专门学习中观论和其他显宗知识，并在此理论基础上创立了格鲁派。宗喀巴的两大弟子贾曹杰和克珠杰也曾慕名拜仁达瓦为师，经过一段时间学习，仁达瓦指点说，我的知识就这么多了，你们还是找宗喀巴继续深造吧。

现在，具有元代城堡建筑风格的萨迦南寺，保存完好。著名的萨迦派寺院还有卫藏的扎塘寺、四川德格的贡钦寺、青海玉树的结古寺等。萨迦派对藏传佛教文化贡献巨大，最著名的印经院——德格印经院为萨迦派所建立。萨迦寺藏有元以来大量珍贵的文物，如唐卡、瓷器、封诰文书、印章等，其中西藏各个时期、各种版本的经书包括珍贵的贝叶经就达数万余册，有“第二敦煌”的美誉。

噶举派

藏传佛教各派系以噶举派派系最多、最复杂。其分支噶玛噶举派在藏传佛教中首创活佛转世制度，以后被西藏各佛教教派接受并沿用至今。

噶举，其藏语意为“口传”。噶举派形成于宋时，大约与萨迦派同时期。云游僧人玛尔巴曾多次到尼婆罗和印度学习密法，从密宗大师那若巴那里得到真传，回藏后创立了噶举派。噶举派讲究口耳相传，修持密法，内部的分支最多，十分繁杂。主要有两大支派：塔布拉杰·索南仁钦传承的塔布噶举和琼波南交巴传承的香巴噶举。香巴噶举于15世纪后势微，西藏的铁桥祖师和藏戏鼻祖汤东杰布就是香巴噶举僧人。位于羊卓雍湖附近的桑顶寺，也属香巴噶举，桑顶寺女活佛是西藏唯一的女活佛，其影响颇大。

现在说到的噶举派，一般指塔布噶举。该支派有四大支八小支。四大支是帕竹噶举、蔡巴噶举、拔戎噶举、噶玛噶举，其中最具影响力的就是噶玛噶举。

“大手印”是噶举派的主要教法。实为大印，由梵文翻译成藏文为“大手印”。与佛像中各种结手印无关。大，无所不包；印，乃表示象征。显宗修心，密宗修身。显宗的大手印，就是心体之上，专一而住；密宗的大手印，专住本心，引风息入、住、融于中脉，现前体验到本元之心。噶举派神秘色彩浓厚，还有相当浓厚的“巫”成分。如闭关修行、吃草饮水、修炼法术，可以表演吞刀吐火、法术咒语、空中行走、召唤冰雹雨雪等。僧人早期大多是苦行僧，西藏寺庙壁画上经常可看到一个瘦骨嶙峋的僧人，那就是最著名的苦行僧米拉日巴。米拉日巴出生在后藏一个农民家庭，7岁时父亲去世，家产被伯父和姑母霸占。米拉日巴与母亲、妹妹流浪在外，后来学了苯教巫术，用法术降冰雹将伯父一家打死，报仇后又悔恨不已，云游求佛，先是学习宁玛派的大圆满，人到中年，又跟玛尔巴学习密宗。玛尔巴用很多繁重的劳动磨炼米拉日巴，最后将密法全部传授予他。米拉日巴学成回家，母亲已病亡，妹妹也乞讨不知去向。米拉日巴深感人生无常，便进入深山洞穴静坐，冥思苦索佛法。米拉日巴嗓音洪亮，喜欢以唱民歌的方式传经布道，他的弟子桑吉坚赞把流传在民间的米拉日巴道歌搜集整理为《米拉日巴道歌集》。道歌采用当地民歌方式，讲究音律，用词排比，有很高的民间文学价值。《米拉日巴道歌集》共分58节，约400多首道歌，反映了消极厌世的人生观，追求苦修，同情弱小，批判贪婪，在西藏文学史上也占有重要的地位。

米拉日巴大弟子塔布拉杰于1121年在达拉岗布修建了岗布寺，教授徒弟，使塔布噶举渐成气候。前些年，我曾沿崎岖的山路到过达拉岗布山顶，山里寺院十分安静，经幡猎猎，山巅嶙峋怪石传说是专心听法的108个高僧坐化而成，真是一个气场强大的道场。远处，群山连绵，无边无际；俯视，但见雅鲁藏布江蜿蜒于山谷之中。

楚布寺主殿　车刚摄

大译师·吉祥玛尔巴·却季洛追（玛尔巴）、吉祥至尊·米拉协班多吉（米拉日巴）、吉祥无匹岗布瓦（塔布拉杰），“这三位上士名为噶举派三祖师，是一切候选传承系统的教主，而所谓噶举‘四大八小’也全是此三祖师的传承继持者，而且藏地的讲修大教主、智者、成就者和成为如本师第二等许多正士也显然是这三位上士之语旨与传规的续持者。”[7]噶玛噶举是噶举教派的一个支派，由于其他支派日渐衰落，噶玛噶举现已是噶举派的代名词。1147年，塔布拉杰的弟子都松钦巴（1110—1193年）在藏东昌都一个叫噶玛的山谷里，创建了噶玛丹萨寺，噶玛噶举派也因此而得名，噶玛噶举首领也被尊称为“噶玛巴”。40多年以后，都松钦巴去拉萨，在堆龙的楚布河南岸又建起了楚布寺，由于都松钦巴圆寂于楚布寺，楚布寺后来成为历代噶玛噶举派的噶玛巴驻赐之地。

噶玛噶举在元、明、清三朝均很得势，首领多次被皇帝召见，被赐封过“大宝法王”等称号。1354年，元顺帝时，信奉帕竹噶举的帕竹万户强曲坚赞起兵推翻当时已势微的萨迦王朝，建立了帕竹政权。强曲坚赞专门派人进京向元顺帝请封。元顺帝为稳定西藏局势，没有追究他推翻萨迦王朝的缘由，当即册封强曲坚赞为“大司徒”，令其接替萨迦法王掌管西藏政教事务。这是第二个以教派为主、并以政教制度统治西藏的地方政权。

噶玛噶举派首创活佛转世制度，现在噶玛噶举噶玛巴已转世至十七世。1253年，忽必烈在亲征云南大理以后，途经四川德格等地北上，感受到噶举派在青藏地区的势力，而且也从当地喇嘛那里听到噶玛噶举的名声，立即致信二世噶玛巴，邀请其至四川嘉绒相见。一段时间后，二世噶玛巴婉言谢绝了忽必烈请他随侍征战的要求，继续北上青海、甘肃一带传播噶举教法。几年以后，

噶举派直贡提寺金刚神舞　普布扎西摄

二世噶玛巴从敦煌返回西藏的路上，接到了蒙哥大汗派使者送来的亲笔诏书。经过慎重考虑，他转道北上，赶到蒙古的和林，觐见了蒙哥大汗。二世噶玛巴为蒙哥及其身边的王公贵族灌顶、传法，使他们改为信仰藏传佛教，并拜其为师。他还善言劝蒙哥释放囚犯，停止杀戮俘虏等，蒙哥欣然接受，因欣赏二世噶玛巴的学识才华，赐封其为“噶玛拔希”（拔希，蒙语意即“法师”），并赐予金边黑帽和金印。金边黑帽后来成为噶玛噶举派至高无上的象征。

没有多久，蒙哥战死，忽必烈和阿里布哥两兄弟为争夺汗位，进行了长达一年的恶战，此时的噶玛拔希正好在阿里布哥身边传法。最终阿里布哥兵败，忽必烈称汗。曾支持阿里布哥的噶玛拔希被投入监狱。深谋远虑的忽必烈考虑到，要长久地稳固佛教教派众多的青藏地区，光依靠萨迦一个教派不行，于是表现出对噶玛拔希的善意，在处死了噶玛拔希两个随侍弟子后，释放噶玛拔希回了西藏。噶玛拔希先是回到藏东昌都深山中的噶玛寺，住了一段时间。1985年我曾于昌都骑马去了噶玛寺，这是有汉式风格的建筑，屋顶是绿色琉璃瓦，寺庙已破败不堪，院墙外还有残存的泥塑。看到寺庙僧舍窗上竟然钉着几块银汁写着“皇帝万岁”的木牌，一打听，老僧人说，是噶玛拔希回来时皇帝赐的。我说这是难得的文物，对噶玛寺有很大的价值，请他们将木牌供在了大殿上。噶玛拔希后来回到拉萨北边的楚布寺，直至1283年在此寺圆寂。

到了明朝，朝廷对西藏管理比较务虚，采取了“多封众建”“羁縻厚赏”的政策。前后分封了八个王，最早赐封的是大宝法王，源于元朝赐封八思巴的封号，其地位最高、受皇室礼遇最隆。1405年，明成祖登基后立即派藏族宦官侯显和汉族和尚智光进藏，召五世噶玛巴到南京。次年，五世噶玛巴到南京后，在灵谷寺为先皇帝朱元璋夫妇荐福，并在皇宫为皇帝和一众大臣灌顶做法事。永乐帝赐予五世噶玛巴“万行具足十方最胜圆觉妙智慧善普应佑国演教如来大宝法王西天大善自在佛”封号，赐印诰、金、银、瓷器等若干礼品。自五世噶玛巴以后，大宝法王封号成为噶玛巴的专有封号。

噶玛噶举本来分红帽系和黑帽系，黑帽系始于蒙哥赐予噶玛拔希的黑帽。红帽系一世活佛扎巴僧格原是三世噶玛巴让迥多吉的弟子，后来分立。1334年扎巴僧格赴京城觐见元顺帝，顺帝赐予其“遍通教法噶玛巴”诏书，并赐“灌顶国师”封号和印诰，同时赠予扎巴僧格一顶红色僧帽，此为红帽系之始。1780年六世班禅额尔德尼进京为乾隆皇帝祝寿，竟因患天花在京城黄寺圆寂。当时随班禅喇嘛进京的有扎什伦布寺仲巴呼图克图大喇嘛与十世红帽系活佛沙玛尔巴，因未分到六世班禅在京城获得的诸多财物，沙玛尔巴一怒

西藏昌都噶玛寺保存的“皇帝万岁牌” 刘伟摄（1985年）

之下，竟引狼入室，勾结廓尔喀人入侵日喀则，抢掠扎什伦布寺。乾隆派福康安进藏驱逐廓尔喀人。后来，乾隆令福康安会同驻藏大臣及达赖喇嘛、班禅喇嘛制定善后治藏章程，同时下令将红帽系废止，该系寺庙及僧人转归格鲁派所属。

格鲁派兴起于明末清初之际，在清中央朝廷和蒙古王公的大力支持下，逐步掌握西藏政教，噶玛噶举便成为仅有宗教色彩的一个教派了。当然，昔日显赫的政教地位使该教派在西藏信教群众中仍有较高威信，而且在海外尤其是欧洲有数量不少的信徒。

格鲁派

格鲁派是现在藏传佛教的第一大教派。除了核心建筑布达拉宫、大昭寺以外，有六大寺院，举世闻名。即西藏拉萨的甘丹寺、哲蚌寺、色拉寺，后藏日喀则的扎什伦布寺；青海西宁的塔尔寺；甘肃甘南的拉卜楞寺。

佛教出自印度，但却在其他地区发扬光大。南传一支以小乘为主，传播至南亚诸国，以泰、缅、老挝为盛；北传一支以大乘为主，早在汉魏时期就传播至中国中原地区，晋至唐渐次兴盛，成就汉传佛教之势；再有一支，以金刚乘为主，越过喜马拉雅山，来到西藏高原，很快融入当地崇拜大自然的信仰之中，起于莲花生、阿底峡等印度高僧传播的努力，分化为藏传佛教四大教派，盛于元、明、清时期中央和地方集团势力的鼎力支持。

格鲁派在藏传佛教各教派中形成最晚，但规模最大、人数最多、最有权势。我以为有三大原因，最重要的是得到中央政府和地方势力的支持，其次是宗喀巴大师的著述给格鲁派打下扎实的理论基础，再次是格鲁派发展时期，西藏局势相对稳定，寺院建设得到上至皇室、下至有钱施主的捐赠，建成了一批规模宏大的寺院——传播道场。教恃政而兴，政因教而立。西藏发端于元代的萨迦派的政教合一制度，到格鲁派兴盛时，因直接受到皇室支持而达到比较完备的程度。

格鲁，藏语原意为“守戒”，要求僧人循序渐进学习佛法，严守戒律。

14 至 15 世纪期间，西藏一些教派的僧人沉溺世俗，追求权力，不遵寺规，不守戒律，敛财敛物，出现很多伤风败俗之事。青海僧人宗喀巴（1357—1419 年）到拉萨等地求佛学经，目睹许多佛门伤风败俗之事，提出僧人要遵守戒律，回归佛教正宗。

宗喀巴 3 岁即受噶玛噶举四世噶玛巴授近事戒，7 岁师从噶当派高僧顿珠仁钦受沙弥戒，19 岁随萨迦派高僧仁达瓦学习中观论。40 岁时，受帕竹政权首领扎巴坚赞邀请，到拉萨讲经说法，完成了他的宏大著作《菩提道次第广论》，此书后来成为格鲁派及其他教

宗喀巴唐卡画像　民族文化宫藏

派僧尼的必读书。宗喀巴在藏期间遍访各教派高僧大德，博采众长，他从学习方法和组织上进行了大规模宗教改革。一是大力提倡僧尼守戒律，不得干预世俗事务；二是与各地方势力建立广泛的“施主”关系，保证寺院经济来源；三是主张学习佛经要循序渐进，先显后密，次第闻思修；四是著书立说，《菩提道次第广论》《密宗道次第广论》建立格鲁派的理论体系；五是在寺院创立讲经法会，定时开展讲经、辩经活动。

明永乐七年（1409），宗喀巴在拉萨发起传召大法会，对广大僧俗讲经说法，这是在藏传佛教史上规模空前并产生重大影响的祈愿大法会，现场僧俗民众上万人。“这是一次不分教派、不分地区的西藏佛教徒的大集会，声势之大是过去所没有过的。宗喀巴能够发起这样一个大法会，说明这时他已经被公认为西藏佛教界的一个领袖人物。”[8]接着，他和他的弟子在当地帕竹势力的支持下，先后创建了甘丹寺、哲蚌寺、色拉寺，这三大寺的创建标志着格鲁派正式形成，宗喀巴也被公认为藏传佛教界领袖，被尊称为“佛陀第二”。现在每年藏历十月藏地各大寺院都要举行的燃灯节，即是纪念宗喀巴圆寂的日子。

格鲁派有严密的组织，寺院内部一般有三个组成部分：最低一级是“康村”，寺里僧人按相同或相近的籍贯编成同一生活区，即称为“康村”；中间一级称“扎仓”，有地域属性，独立性较强。如果把一个大寺庙比作一个大企业集团，扎仓则是集团的骨干企业，有自己的经堂、佛堂、下属小寺及所属土地，扎仓的主持者称“堪布”。最高一级是过去的“拉吉”，“拉吉”由各个扎仓的堪布组成。设显宗院，主要场所是“措钦”，意为“大经堂”，为全寺僧人集会之所；密宗院则有独立的经院、殿堂。寺院都有执法的僧人，因过去执法喇嘛大都手执铁棒，一般称为铁棒喇嘛。法会期间，铁棒喇嘛有很大的执法权，可以任意棒击、鞭挞朝佛人群中的拥挤者和违反寺规的一般僧人。现在各大寺最高的决策部门是寺庙民主管理委员会，如扎什伦布寺，民主管理委员会之上的最高决策者就是班禅活佛。寺庙里等级森严，丝毫不亚于世俗社会中的贵族和平民的等级区别。

宗喀巴认为戒律为佛教之本，守戒也就是僧人修行之本，僧人的作为要依律而行，循序渐进，先学显宗而后学密宗各法。宗喀巴对佛学的严格要求成为格鲁派所有寺院遵循的规定：因明学学习五年，般若四年，中观两年，俱舍四年，戒律一年。经历了 16 年学

哲蚌寺主殿——措钦大殿　觉果摄

习过程的僧人，就基本掌握了《甘珠尔》（译成藏文的释迦牟尼全部经典，分为三大部分，称之“三藏”，即经藏、律藏和论藏）和《丹珠尔》（译成藏文的印度和西藏高僧大德对释迦牟尼经典教义的阐释和论述）。学完戒律，经参加层层辩经考核通过后，可以在传召法会上参加辩经，经考试合格获取佛学最高学位——格西拉然巴。没考上的，还可入密宗院继续修习密宗。

格鲁派最高宗教领袖是达赖喇嘛和班禅喇嘛，这两大活佛转世系统成为藏传佛教的一大特点。

藏传佛教早在元朝就有了活佛转世现象，首开活佛转世的是噶玛噶举派；首开活佛转世金瓶掣签的是格鲁派，并在清乾隆时期形成法律性制度。

乾隆时期，制定了二十九条章程的法律性文件，从根本上完善了西藏大活佛从金瓶掣签到中央政府批准认定的制度。

哲蚌寺措钦大殿外的僧人　觉果摄

宗喀巴进行宗教改革，创立格鲁教派，本意是传播佛教，将藏传佛教回归佛教经典，使僧人远离政治和世俗，严守戒律，潜心学经。但格鲁派为清皇室和地方大领主出于政治需要而倚重，格鲁派集世俗权、神权、王权于一身，该派首领几乎都深深地介入到政治之中，其后来的发展，恐怕是宗喀巴始料未及的。

扎什伦布寺彩绘　伦敦大英图书馆藏

参考文献

[1] 王辅仁：《西藏佛教史略》，青海人民出版社，2005年，第67-68页。

[2] 《西藏百科全书》编辑委员会：《西藏百科全书》，西藏人民出版社，2005年，第19页。

[3] 土观·罗桑却季尼玛：《土观宗派源流》，西藏人民出版社，2002年，第39页。

[4] 阿旺贡噶索南：《萨迦世系史》，西藏人民出版社，2005年，第8-9页。

[5] 《西藏百科全书》编辑委员会：《西藏百科全书》，西藏人民出版社，2005年，第322页。

[6]《西藏百科全书》编辑委员会：《西藏百科全书》，西藏人民出版社，2005 年，第 8 页。

[7] 措如·次朗：《藏传佛教噶举派史略》，宗教文化出版社，2002 年，第 8–9 页。

[8] 王辅仁：《西藏佛教史略》，青海人民出版社，2005 年，第 194 页。

第十一讲

达赖喇嘛和班禅喇嘛

在藏传佛教流行的广大地区，达赖喇嘛和班禅喇嘛在信教僧俗群众中有着极高的威望。藏传佛教教派众多，现在主要有四大教派，其中格鲁派体系最为庞大、影响最为深远，其最大的活佛是达赖喇嘛和班禅喇嘛。

过去，藏传佛教信教僧俗群众中流传着“天上有太阳月亮，地上有达赖班禅”的谚语，可见他们在藏传佛教中地位之尊崇。

达赖喇嘛称号的由来

藏传佛教首领以转世方式传承衣钵，即活佛转世，由噶玛噶举首创。此话题前文已讲述，这里仅就达赖喇嘛的名号及转世简要介绍如下。

达赖，这个称号不是自封的，不是藏传佛教自己创造的，也不是旧西藏统治阶层设计的，更不是蒙古人赠送的。达赖，蒙古语意为“大海”。“达赖”的称号最早是明朝时期游牧并占据青海和蒙古土默特部俺答汗赠予的，全称是“圣识一切瓦齐尔达喇达赖喇嘛”，表现了多民族的语言特色。

明末时期，藏传佛教众多教派中，以萨迦、噶举、噶当最得势，但许多僧人胡作非为，忘却佛祖教诲，追逐名利，不守戒律，不尊寺规，不敬师傅，吃喝玩乐，诱奸妇女，诈骗财物，令百姓十分厌恶。当时有个出生于青海的僧人叫宗喀巴，他到西藏学习佛法，感到这些僧人与佛祖和佛经要求相距甚远，于是就提出要对西藏各教派进行改革，发愿创立新教派。宗喀巴于 1402 年和 1406 年分别写成《菩提道次第广论》和《密宗道次第广论》，为格鲁派的形成奠定了理论基础。他认为，佛教徒首先应该尊崇释迦牟尼，潜心学习经、律、论三藏，修持戒、定、慧三学。宗喀巴的理论，中心思想就是守戒律，敬佛祖，学习领悟佛经经典原意，脱俗修行，潜心静观，对佛教之大小乘兼学并修，显密双修共进。

让僧人远离政治，是西藏地方势力渴望而力不能及之事。宗喀巴对宗教的改革，很快得到西藏贵族和农奴主的支持。1409 年正月，宗喀巴在拉萨大昭寺首次举行传召大法会，同年又在拉萨东北的山上兴建甘丹寺，并自任甘丹赤巴（住持），这是格鲁派正式形成的标志。后来，该派势力逐步扩大，修建了以哲蚌寺、色拉寺、扎什伦布寺等为代表的寺院。这些规模宏大的寺院成为格鲁派的根基，恪守戒律的格鲁派迅速在藏、青等地兴起，很快成为藏传佛教第一大派。

格鲁派是藏传佛教若干教派里面出现最晚的，但在中央王朝的支持下发展成为势力最大的教派。各种原因也说明，只要得到皇室、中央政府或世俗政权的支持，教派规模再小，也可成为影响一方的大教派。

达赖喇嘛最早的称号来自三世达赖喇嘛索南嘉措。嘉措，藏语意为“大海”。以后的历辈达赖名号中都有“嘉措”两个字。

索南嘉措是宗喀巴的三代弟子，由哲蚌寺高僧寻访、认定、拥戴为该寺法台根敦嘉措的转世，成为格鲁派首位正式转世的大活佛。明嘉靖三十八年（1577），索南嘉措千里迢迢到青海传播格鲁派教义，控制青海的蒙古土默特部俺答汗正好是个佛教徒，尤其信奉藏传佛教，听说来了西藏的高僧，倾力接待。一番会晤，俺答汗十分欣赏索南嘉措的佛学才识，尊奉他为上师，封赠其“圣识一切瓦齐尔达喇达赖喇嘛”称号。

这个称号是多民族语言结合体。前四字汉意，圣识一切；瓦齐尔达喇，梵文译音，藏语意“执金刚”；达赖，蒙语意“大海”，其语义与藏语的嘉措相同，意思是“智慧如大海”；喇嘛，藏语意“上师”。这个称号把多民族最美好的词汇都赠予索南嘉措。索南嘉措则回赠俺答汗“咱克喇瓦尔第彻辰汗”，意为“聪慧的转轮法王”，并恭称俺答汗是“成吉思汗转世”。这是西藏高僧与蒙古汗王第二次对历史有重大影响的会晤，上一次是330多年前的萨迦派高僧贡噶坚赞在凉州会晤凉王阔端。第一次会晤的结果是西藏全域和平地归附蒙古，也就是后来的元朝。

有了“达赖喇嘛”这个称号，加上索南嘉措是前任哲蚌寺活佛根敦嘉措的转世，由此上溯，追认并尊奉扎什伦布寺、哲蚌寺和色拉寺三大寺院法台根敦嘉措为二世达赖喇嘛，扎什伦布寺首任法台根敦珠巴为一世达赖喇嘛。当时，俺答汗已被明朝中央政府册封为“顺义王”，在各蒙古部落中最具实力，举足轻重，“达赖喇嘛”

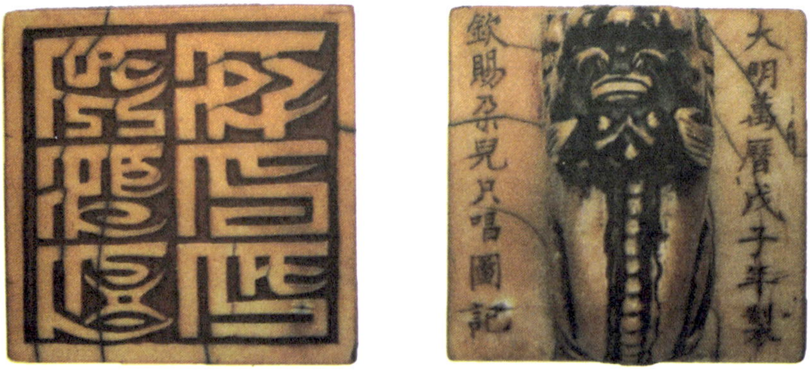

明神宗敕封索南嘉措“朵只儿唱”印（象牙） 西藏博物馆藏

因而也得到蒙古各部落首领的尊崇，格鲁派迅速成为西藏最有影响的教派。明神宗亦封赐索南嘉措“朵儿只唱”，意为“金刚上师”。

明崇祯十五年、清崇德七年（1642），蒙古和硕特部固始汗征服青海、四川康区并进入西藏，推翻噶举派支持的藏巴汗在西藏的统治，将青藏高原供奉给尊为自己上师的五世达赖喇嘛。

顺治十年（1653），五世达赖喇嘛进京。此时，格鲁派已是西藏第一大教派，影响到涉藏地区和所有的蒙古地区。而拥有统治西藏世俗权力的则是由青海进入西藏的蒙古固始汗。“安蒙古则安众天下”是清初的国策，固始汗以达赖喇嘛为上师，尊崇西藏第一大教派格鲁派，而各蒙古部落也信奉藏传佛教，重视达赖喇嘛的格鲁派亦可安抚固始汗及各蒙古部众。顺治帝赐封五世达赖喇嘛，使格鲁派为清王朝治藏的依托，格鲁派首领达赖喇嘛自然也在西藏拥有了中央政府授予的宗教权力。达赖喇嘛因中央政府的封敕，也从此逐渐成为西藏政教合一政权的主要领导者。

自从清中央政府确定达赖喇嘛的地位，顺治皇帝授权其在西藏的宗教大权以后，从五世达赖喇嘛起，至十三世达赖喇嘛，每世达赖喇嘛都是爱国的。可以说，达赖喇嘛的称谓和权力都来自中央政府的赐封，历世达赖喇嘛在爱国这方面都有共性，都忠诚于中央政府，都热爱祖国、维护国家统一和完整。

我们一起看看历世达赖喇嘛的封号和政教权力是怎么来的。

一世、二世达赖喇嘛是三世达赖喇嘛索南嘉措受到青海蒙古俺答汗封赠后追认的。索南嘉措 46 岁圆寂。

四世达赖喇嘛云丹嘉措是俺答汗的曾孙，因蒙古族普遍信仰藏传佛教，不排除地方蒙古王借达赖喇嘛之威望，在蒙古各部族掌握话语权。这是达赖喇嘛体系中唯一的蒙古族转世。三世达赖喇嘛索

五世达赖喇嘛觐见顺治皇帝　布达拉宫壁画

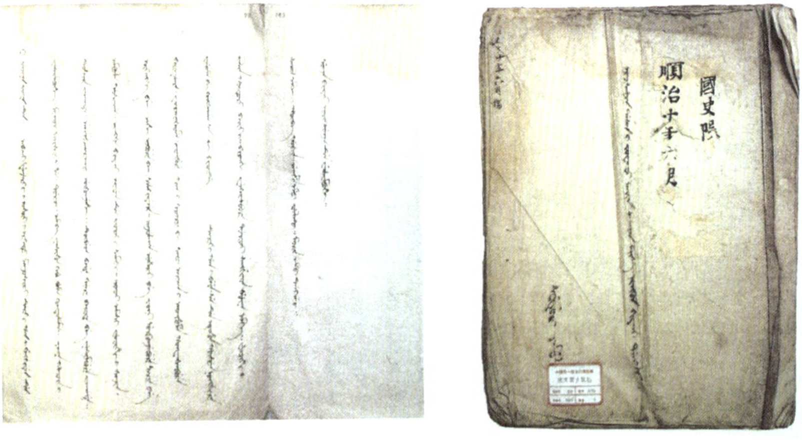

五世达赖喇嘛奏谢顺治皇帝封敕文　中国第一历史档案馆藏

南嘉措在蒙古圆寂以后，随侍三世达赖喇嘛的蒙古与西藏高僧认为云丹嘉措是转世灵童，西藏三大寺派出代表到蒙古，确认以后，先迎到呼和浩特，尔后拥护进藏，由甘丹寺主持甘丹赤巴在大昭寺释迦牟尼像前，正式认定为三世达赖喇嘛转世灵童。尔后，由德高望重的扎什伦布寺主持四世班禅罗桑确吉坚赞剃度，报送中央政府后，明万历皇帝封赐“恰达多吉桑结”，即“遍主金刚佛”之意，赐印信及衣帽。明神宗万历三十一年（1603），云丹嘉措在热振寺坐床，28 岁在哲蚌寺圆寂。

五世达赖喇嘛阿旺洛桑嘉措由清顺治皇帝册封，赐满、汉、藏三种文字金册、金印。他是西藏历史上著名的宗教领袖，也是藏传佛教格鲁派在西藏政教合一政权的开创者，在历世达赖喇嘛中最有学识和智慧，最为藏传佛教信众尊崇。明熹宗天启二年（1622），西藏琼结地方一个 5 岁的儿童（那里有西藏吐蕃历代赞普的土封墓地）被认定为四世达赖喇嘛转世灵童，迎请到哲蚌寺，由四世班禅罗桑确吉坚赞剃度、取法名，并以班禅为师。在热振寺坐床以后，兼任哲蚌寺和色拉寺法台。其时，达赖与班禅都受到当时西藏地方政权领袖藏巴汗歧视，两人为了格鲁派的事业，共同商议派人去青海请固始汗的蒙古军队进藏。固始汗在击败康区白利土司后，继而进军西藏腹地击败藏巴汗，固始汗的和硕特部控制了西藏全域。固始汗早就是格鲁教派信徒，既拜五世达赖喇嘛为上师，还以施主的身份，将西藏全域奉献给五世达赖喇嘛为教化之地，格鲁派从此在藏传佛教各派中一家独大。

1652 年，五世达赖喇嘛到北京，清顺治皇帝对其格外尊重，给予优渥待遇，册封其为“西天大善自在佛所领天下释教普通瓦赤喇怛喇达赖喇嘛”，授其金册金印。由于中央政府的册封，五世达赖

五世达赖喇嘛镀金铜像
转载《西藏珍宝——国宝大调查图录集萃》第50页

铜像背面下端刻有藏文铭文：勤于积福多世转世海上，怙主慈悲明月时常映照，净罪证悟之前紧随左右，祝愿如愿实现心意希求！此为依据司膳果热瓦·洛桑玛显泽在塑造本人造像的后记中祝愿世代加持的要求，由萨霍比丘写作。

从此铭文分析，此造像为伟大的五世达赖喇嘛在世间雕塑。

喇嘛不仅巩固了格鲁派在藏传佛教第一大派的地位，维护了西藏地方的统一，同时，也成为全国性的佛教领袖。五世达赖喇嘛聪慧好学，知识渊博，在青藏高原广建格鲁寺院，进一步完善格鲁教派的各项制度和修行、佛事活动仪轨等，深受西藏僧俗爱戴。其著有《西藏王臣记》《菩提道次第论讲义》，组织刻印《宗喀巴全集》、大藏经《甘珠尔》及藏医典籍等29卷经典；亲自主持扩建布达拉宫白宫，在启动修建布达拉宫红宫那一年圆寂，时年66岁。

六世达赖喇嘛仓央嘉措身世扑朔迷离，充满传奇。五世达赖喇嘛圆寂以后，摄政第巴·桑结嘉措秘不发丧，在门隅寻得转世灵童，秘密送到当地的寺院培养。15岁时，仓央嘉措由五世班禅剃度，授沙弥戒，并拜五世班禅为师。之前，康熙皇帝在平息准噶尔叛乱之后，获悉五世达赖喇嘛已圆寂，先是震怒，而后又大度地钦命章嘉活佛专程到拉萨，与桑结嘉措一起在布达拉宫主持六世达赖喇嘛坐床典礼。但是，由于实际控制西藏的固始汗曾孙拉藏汗与桑结嘉措矛盾日深，桑结嘉措在与拉藏汗武力交战中被擒杀。拉藏汗顺势废黜了25岁的六世达赖喇嘛。六世达赖喇嘛后来的身世有多种说法，其中主要一说是康熙皇帝下令将六世达赖喇嘛解送至北京，途经青海时在青海湖畔圆寂；另一说是由护送的蒙古信徒释放，尔后六世达赖喇嘛云游蒙古、五台山等地，最后圆寂于内蒙古阿拉善广宗寺。我在广宗寺还拜谒过六世达赖喇嘛仓央嘉措的衣冠冢。仓央嘉措是西藏著名的诗人，留世有很多诗，其中一偈言诗云：

> 洁白的仙鹤请你停一停，
> 把你的双翅借给我。
> 不往远方飞，
> 只到理塘就回。

七世达赖喇嘛格桑嘉措恰好就是理塘人。拉藏汗废黜了六世达赖喇嘛以后，康熙皇帝命十四子允禵在青海塔尔寺与哲蚌寺、甘丹寺等格鲁派寺院高僧一道确认3岁的格桑嘉措为六世达赖喇嘛转世灵童，康熙皇帝赐满、汉、藏三种文字金册、金印。格桑嘉措49岁圆寂。

八世达赖喇嘛强白嘉措出生于后藏南木林，章嘉喇嘛进藏与六世班禅共同主持寻访认定，奏报乾隆皇帝，谕旨确认为七世达赖喇嘛格桑嘉措转世灵童，翌年，由驻藏大臣及六世班禅喇嘛等主持，迎到布达拉宫坐床，由六世班禅剃度，乾隆皇帝赐金册、金印。46岁圆寂。八世达赖喇嘛强白嘉措治理西藏时期，兢兢业业，维护中央权威，是非常爱国的大活佛。他做的三件大事被载入史册：协助中央政府派遣清军进藏，驱逐入侵西藏的廓尔喀人，并让廓尔喀成为臣服清朝中央的藩属；协助钦差大将军福康安与驻藏大臣筹措并报乾隆皇帝亲自拟准二十九条章程，这是中央政府治理西藏最完备的法律性文件；协助驻藏大臣并报乾隆钦定核准，设立藏传佛教大活佛金瓶掣签制度。

九世达赖喇嘛隆朵嘉措由嘉庆皇帝谕旨免于金瓶掣签，驻藏大臣主持在布达拉宫坐床。10 岁圆寂。

十世达赖喇嘛楚臣嘉措由道光皇帝谕旨，驻藏大臣和班禅喇嘛通过金瓶掣签认定，皇帝赐诏书和礼品。21 岁圆寂。

十一世达赖喇嘛克珠嘉措由道光皇帝谕旨，驻藏大臣和班禅喇嘛通过金瓶掣签认定，皇帝特派钦差赐诏书和礼品。17 岁圆寂。

十二世达赖喇嘛赤列嘉措由咸丰皇帝谕旨，驻藏大臣和热振活佛在罗布林卡的皇帝画像前进行金瓶掣签认定，皇帝赐诏书和礼品。19 岁圆寂。

十三世达赖喇嘛土登嘉措一生也跌宕起伏。3 岁时由拉萨三大寺高僧寻访认定为转世灵童，再由西藏地方噶厦政府及驻藏大臣奏呈光绪皇帝，谕旨免于掣签。驻藏大臣、八世班禅为灵童剃度、取法名并主持在布达拉宫坐床，光绪皇帝赐赠礼品，恩准使用上辈达赖喇嘛之金印。

十三世达赖喇嘛时期，正逢清末乱局。1904 年，英印军队第二次入侵西藏，并首次侵入拉萨，西藏军民殊死抵抗，但面对现代武器的英印军最终失败。英军入侵，亲英势力开西藏分裂之祸端。十三世达赖喇嘛到北京觐见了慈禧太后与光绪皇帝，并参加了宣统皇帝的登基大典。遗憾的是，因其两次出走，两次被清政府革去“达赖喇嘛”称号，晚年醒悟，谋求西藏内向中央。十三世达赖喇嘛也是学识广博，佛学精湛。在颠沛流离的生活中，著作达39卷之多。1933年，时年57岁圆寂于拉萨，民国政府追封其为“护国弘化普慈圆觉大师”尊号。

十四世达赖丹增嘉措。丹增嘉措原名拉木登珠，是青海省湟中县一个农民的儿子，1935年5月5日出生在塔尔寺附近祁家川的当采村。十三世达赖喇嘛于1933年12月17日在拉萨圆寂后，西藏地方政府和拉萨三大寺按照宗教仪轨，派员寻找转世灵童。当时共找到3名转世灵童。根据二十九条章程规定，转世灵童必须经过清廷批准，如果找到的灵童不止一个，那就要经过金瓶掣签来决定。就是要把所有选出的灵童姓名，用汉、满、藏三种文字写在签上，放入金瓶，由清政府驻藏大臣在大昭寺佛祖像前，或者在布达拉宫皇帝万岁牌面前，当着西藏各大寺院代表的面，从金瓶内抽签，抽中的灵童即为上辈达赖喇嘛或班禅喇嘛的转世灵童。掣签结果出来后，需报中央政府批准。这就是“金瓶掣签”制度。十三世达赖喇嘛转世灵童既然有3个，就必须履行“金瓶掣签”。为此，西藏地方政府摄政热振活佛于1938年冬向国民政府负责蒙藏事务的蒙藏委员会委员长吴忠信呈报说，在青海找到灵童拉木登珠，

拉木登珠一家（资料）

即现在的十四世达赖。国民政府于是电令青海省政府主席马步芳，派兵护送青海灵童拉木登珠入藏，并拨给护送经费。拉木登珠一行于1939年7月自西宁起身，10月初顺利到达拉萨。西藏地方政府致电呈报蒋介石，并表示，“对灵儿的发赠号并受戒以及坐床（就任）等各典礼自当诹吉继续举行，随即次第呈报”。

随后，热振活佛又向中央报告，认为青海灵儿拉木登珠很是“灵异”，提出免于“金瓶掣签”。1940年1月26日，热振活佛致函蒙藏委员会委员长吴忠信称：“西藏僧俗大众，贵贱大小皆忠心诚信，认为十三辈转世之真身。因群众情投意合，不须掣瓶，照例发受戒，业已呈报中央在案。”吴忠信收到热振这封信后，于次日电呈国民政府行政院，1月31日，蒋介石即向国民政府呈文，请颁发明令，同意免予抽签，准予拉木登珠为十四世达赖，并拨发坐床大典经费。据此，1940年2月3日，国民政府主席林森签发“国民政府令”如下：

国民政府特准拉木登珠免于掣签继任为第十四世达赖喇嘛及拨发坐床大典经费令

民国十九年（1940年）二月五日

府字第898号

国民政府令

青海灵童拉木登珠慧性湛深，灵异特著，查系第十三辈达赖喇嘛转世，应即免予抽签，特准继任为第十四辈达赖喇嘛。此令。

拉木登珠业经明令特准继任为第十四辈达赖喇嘛，其坐床大典所需经费，着由行政院转饬财政部拨发四十万元，以示优异。此令。

中华民国二十九年五月二日

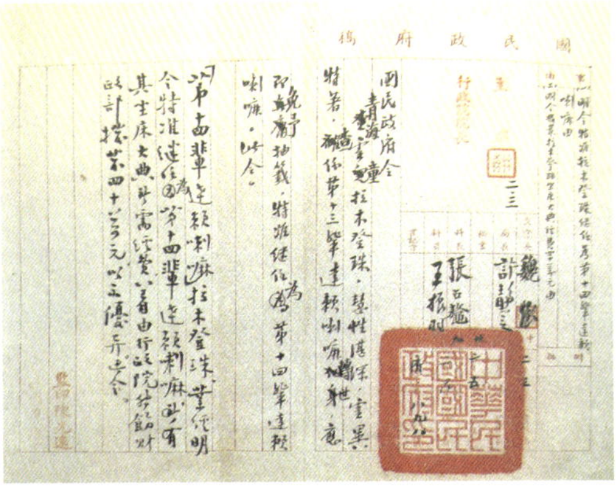

民国政府认定拉木登珠为十四世达赖发布的命令　中国第二历史档案馆藏

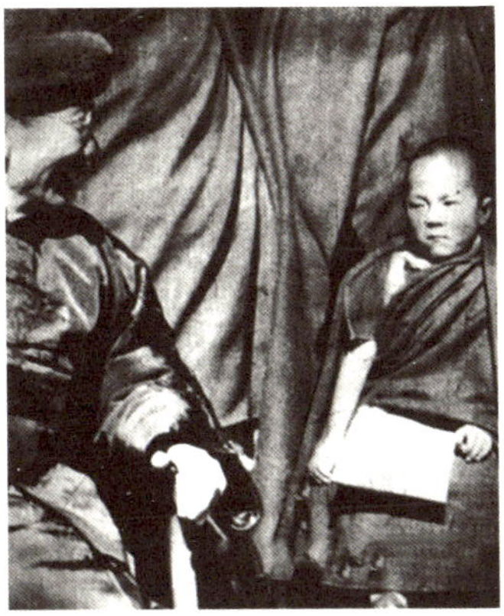

民国政府蒙藏委员会委员长吴忠信看视十三世达赖喇嘛转世灵童拉木登珠（资料）

1940 年 2 月 22 日，十四世达赖坐床时，国民政府根据历来的规定和西藏地方政府的要求，指派吴忠信进藏，先是代表中央看视灵童，然后主持了坐床典礼。

1951 年 5 月 23 日，中央政府代表和西藏地方政府代表在北京中南海勤政殿正式签订了《中央人民政府和西藏地方政府关于和平解放西藏办法的协议》。次日，毛泽东主席在中南海怀仁堂设宴款待参加签字的双方代表，庆祝和平解放西藏协议的签订。5 月 28 日，《人民日报》全文刊登十七条协议。

十七条协议在北京签订以后，中央人民政府代表张经武携带毛泽东的亲笔信、十七条协议副本及附件，千里迢迢赶到西藏南部小镇亚东，滞留在此的十四世达赖最终决定返回拉萨并给毛主席发去电报，毛主席亦复电十四世达赖。

在第一次全国人代会上，十四世达赖被选举为全国人大常委会副委员长，成为年轻的新中国国家领导人之一。

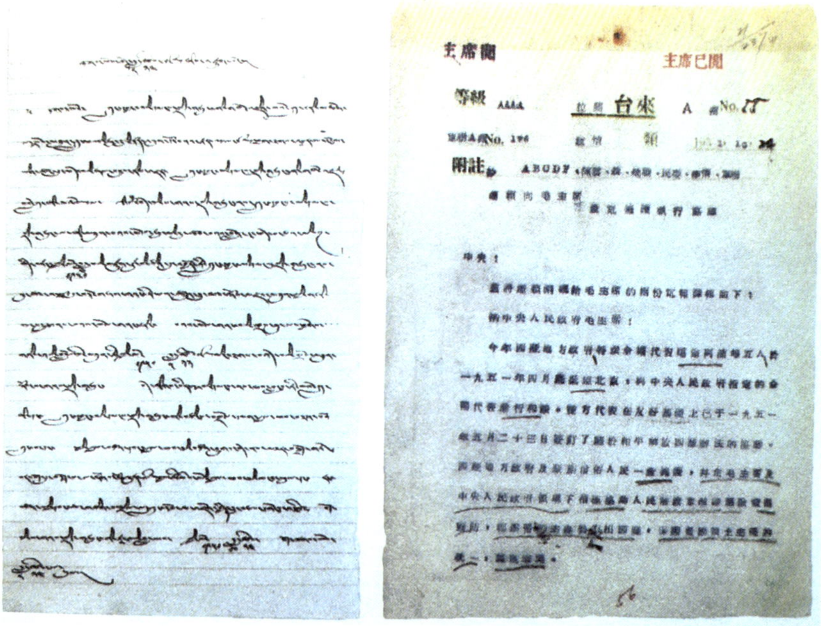

十四世达赖拥护“十七条协议”致毛泽东主席电　中央档案馆藏

从 1951 年到 1957 年，毛泽东一共给十四世达赖写过 12 封信和电报，其中亲笔信 7 封。第一封信是由中央驻西藏代表张经武经由印度到中国西藏边界亚东，当面交给十四世达赖，并劝说他回拉萨。最后一封信是 1957 年 8 月 18 日，信中肯定了十四世达赖在参加了释迦牟尼诞辰 2500 周年纪念活动后从印度回到中国西藏的行为。从来往的信件、电报看，毛泽东曾对年轻的十四世达赖寄予厚望，希望十七条协议在达赖喇嘛的推动下得到贯彻落实。

1959 年 3 月 10 日西藏发生叛乱后，毛泽东在第十六次最高国务会议上谈及十四世达赖逃到国外一事时说：“如果他愿意回国，能够摆脱那些反动分子，我们希望他回国。但是，事实上看来他现在难于回国。……他那个世界观是不是能改变？六十年以后也许能

十四世达赖与十世班禅在第一次全国人大代表大会上投选票（资料）

改，也许不要六十年。而现在看来，一下子要他回来也难。他如果想回来，明天回来都可以……”1959年5月7日，毛泽东在北京与十世班禅、阿沛·阿旺晋美等人谈话时说：“达赖，现在一个可能是回来，一个可能是不回来。最近印度报纸放出来的空气是他要回来。但是，达赖的两个声明，完全是反对中央，反对祖国大家庭，要求西藏独立的。这样，回来的路，达赖就自己堵塞了。”又说：“我们是留有余地的，还选举他做人大副委员长，自治区筹委会主任委员的位子也给他留着。留有余地，我们的态度就很主动。”就这样，中央耐心等待十四世达赖分裂祖国态度的转变，留给达赖的全国人大常委会副委员长的职位，一直空置到1964年。

十四世达赖自从1959年叛逃外国以后，言行上从来没有停止过分裂祖国的行为。20世纪70年代以前，十四世达赖及其集团处在沉寂的状态。70 年代以后，尤其是 1989 年以来，在西方反华势力的大力支持下，十四世达赖在国际舞台上十分活跃。仅是出访国家和地区就达上百个，其中到美国的次数最多。

十四世达赖所到之地都要受到所在国家和地区主要政要的会见。实际上那些西方国家的领导心里也明白，并不是十四世达赖有多大的魅力，有多高的国际地位，而是利用他的政治价值，通过他来牵制中国的精力，遏制中国的发展和崛起。谁支持最有力，从十四世达赖访问过国家的次数就可窥其一斑。

中国的领导人对待十四世达赖一直是宽厚而耐心的。1978 年 12 月，时任中共中央副主席的邓小平在会见美联社记者斯蒂尔时说："达赖可以回来，但他要作为中国公民。……我们的要求就一个：爱国，而且我们提出爱国不分先后。"次年的 2 月，十四世达赖的私人代表回国，与中央有关部门的代表接触。3 月，邓小平接见了十四世达赖的代表。他说："根本问题是，西藏是中国的一部分。对与不对，要用这个标准来判断。"

1997 年 11 月，时任国家主席江泽民在美国哈佛大学发表演讲后，有人提问中国中央政府与十四世达赖的谈判问题。江主席明确回答说："只要达赖真正放弃'西藏独立'的主张，停止分裂祖国的活动，公开声明西藏是中国不可分割的一部分，承认台湾是中国的一个省，中华人民共和国政府是代表全中国的唯一合法政府，谈判的大门是敞开的。"

2008 年 3 月 26 日，时任国家主席胡锦涛在与美国总统布什通电话时明确阐述了中国对十四世达赖的政策："中国政府对达赖的政策是明确的、一贯的。我们一直以极大的耐心保持着与达赖方面的接触。只要达赖真正放弃'西藏独立'的主张，停止分裂祖国的活动，特别是停止目前在西藏等地煽动策划暴力犯罪活动和破坏北京奥运会的活动，承认西藏和台湾是中国领土不可分割的一部分，我们愿意同他继续进行接触商谈。”

党的十八大以来，以习近平同志为核心的中共中央再次重申：“中央对十四世达赖本人的政策是一贯的、明确的，达赖只有公开声明西藏自古以来就是中国不可分割的一部分，放弃‘西藏独立’的立场，停止分裂祖国的活动，才谈得上改善与中央的关系。”

班禅喇嘛称号的由来

前面我介绍过，藏传佛教格鲁派的祖师宗喀巴有著名的八大弟子，其中的两个弟子克珠杰和根敦朱巴，后来分别发展成为班禅喇嘛和达赖喇嘛两个活佛转世系统。

“班禅喇嘛”的封号最早始于四世班禅喇嘛。四世达赖喇嘛云丹嘉措圆寂以后，格鲁派当时在西藏最有名望的是后藏扎什伦布寺寺主罗桑却吉坚赞，他应邀到拉萨，主持三大寺僧务及达赖喇嘛灵童寻访和转世事宜。罗桑却吉坚赞博学多才，为人温和厚道，能够转圜西藏地方与各教派势力，使西藏局势大体上能平稳过渡。五世达赖喇嘛坐床以后，受到信奉噶举派的西藏地方首脑藏巴汗的排挤，格鲁派面临生存危险。明崇祯十四年（1641），罗桑却吉坚赞联合五世达赖喇嘛，邀请驻青海的蒙古王固始汗率兵进藏，推翻了藏巴汗地方政权。固始汗掌握了西藏地方政权后，将曾取缔达赖封号的藏巴汗缝在生牛皮里，并丢进河里淹死。然后大力扶持格鲁派，并以五世达赖喇嘛为西藏最高宗教领袖。固始汗向厥功至伟的罗桑却吉坚赞赠送“班禅博克多”尊号，简称“班禅喇嘛”。“班”是梵语智慧的意思，“禅”是藏语宏大的意思，“博克多”是蒙古人对英勇人物的尊称。如此，由罗桑却吉坚赞“班禅博克多”名号上溯到宗喀巴首座弟子克珠杰为第一世班禅，尊罗桑却吉坚赞为第四世班禅。

四世班禅是藏传佛教班禅体系之始，五世班禅则对“班禅体系”形成及在藏传佛教诸教派中与达赖喇嘛相等的宗教地位，具有重大意义。

在固始汗支持下，五世达赖喇嘛时期的格鲁派已是西藏最大之教派，在蒙古各部亦信徒甚众，有很大影响。固始汗占据西藏及青海、甘肃大部以后，他下令将西藏所有的税收奉献给五世达赖，并让他任命地方各级官员，获得世俗统治权，使其成为西藏实际意义上的统治者。

康熙皇帝册封五世班禅谕旨

西藏自治区档案馆藏

五世班禅喇嘛时期正值西藏多事之秋，但他始终维护清朝中央政府权威，斡旋西藏僧俗上层及蒙古地方势力，受到广泛尊崇。

五世班禅罗桑益喜（1663—1737 年）出生于后藏南木林托布加岗嘎村。康熙三年（1664），由扎什伦布寺堪布和后藏官员初步认定为四世班禅转世灵童。五世达赖喇嘛接到扎什伦布寺喇嘛报告以后，给予确认，并取法名“罗桑益喜贝桑布”。康熙七年（1668）正月，皇帝派员下发敕书和礼品，大臣至扎什伦布寺看视并与扎什伦布寺堪布一起主持其坐床典礼。康熙九年（1670），时年9岁的五世班禅喇嘛赴拉萨，在布达拉宫由五世达赖喇嘛按互为师徒惯例，接受剃度并受沙弥戒。这一年，长期统治西藏的固始汗之子达延汗在后藏逝世，五世达赖喇嘛乘空隙掌握了西藏政教大权。此间，先后发生了拉达克入侵后藏阿里、祖国内地吴三桂叛乱、噶尔丹侵入漠北、准噶尔进入西藏等事件，紧接着，五世达赖喇嘛圆寂，西藏地方摄政第巴·桑结嘉措根据复杂的局势，密不发丧，重大事件相继发生。康熙皇帝在平息了准噶尔叛乱之后，从西藏的俘虏兵口中得知，五世达赖喇嘛早已圆寂，他十分震怒，严辞诘问西藏地方摄政，而后根据西藏当时情况，钦准第巴·桑结嘉措密藏的五世达赖喇嘛转世灵童为六世达赖喇嘛仓央嘉措。其时，格鲁派除了达赖喇嘛，就是班禅喇嘛最有威望。第巴·桑结嘉措为平息西藏地方众怒及皇帝疑虑，致信五世班禅解释道："五世达赖喇嘛业已圆寂多年，我因遵奉达赖喇嘛遗嘱，秘而未宣。今年我派尼麻唐夏仲晋京，向皇上报告了达赖喇嘛圆寂以来的情况。不久六世达赖灵童将经过浪卡子，迎接到布达拉宫坐床。"一个月后，又致信五世班禅："五世达赖喇嘛转世的灵童，早已在错那地方转生，准备在九月十四日秘密接到浪卡子宗，九月十七日在那里受沙弥戒，敬请班禅呼土克图按时到达浪卡子宗，给六世达赖剃发取法名，传授沙弥戒。"[1]彼时，康熙见达赖喇嘛尚未成年，曾多次邀请五世班禅进京，欲以册封方式并借助其威望稳定西藏。但西藏风云叵测，固始汗曾孙拉藏汗掌握军权，第巴·桑结嘉措掌握教权，虽经五世班禅喇嘛斡旋调解，二人最终反目。第巴·桑结嘉措密谋毒杀拉藏汗未果，反而被拉藏汗擒获处死，并废黜了六世达赖喇嘛。

康熙皇帝颁赐五世班禅金印
扎什伦布寺藏

康熙五十二年（1713），康熙深感西藏局势混乱，需请五世班禅喇嘛稳定局面。为了稳定西藏局势，延用固始汗给班禅封号，并增加内容，册封五世班禅为“班禅额尔德尼”：班禅呼土克图，为人安静，熟谙经典，勤修贡职，初终不倦，甚属可嘉。著照封达赖喇嘛之例，给以印册，封为班禅额尔德尼。”[2]康熙皇帝册封班禅喇嘛，可能是针对西藏当时乱局，抬高班禅喇嘛地位，以控局面；同时也是因为五世达赖喇嘛之前受到顺治册封，在西藏坐势强盛，尾大不掉，不排除有再册封格鲁派另一大活佛——班禅喇嘛，对冲达赖喇嘛的影响、平衡两者的权力，更好地控制西藏之意。康熙五十九年（1720），五世班禅喇嘛接旨，与延信将军共同主持七世达赖喇嘛在布达拉宫的坐床典礼，给达赖喇嘛授沙弥戒，取法名“罗桑噶桑嘉措”。西藏乱局稍有平衡，但继而又陷入纷乱。雍正四年（1726），五世班禅喇嘛在大昭寺给七世达赖喇嘛授比丘戒不久，西藏又发生叛乱。掌握大权的噶伦阿尔布巴、隆布鼐和扎尔鼐与首席噶伦康济鼐发生矛盾，竟然诱杀康济鼐。另一噶伦颇罗鼐逃往后藏，在五世班禅喇嘛的支持下，调兵联合拉萨三大寺，捕获并软禁了阿尔布巴三人。雍正皇帝派员率清军进藏，令颇罗鼐将叛乱之噶伦、喇嘛在布达拉宫前正法，同时钦命颇罗鼐总理西藏事务，将后藏的拉孜、昂仁、彭措等宗交由班禅喇嘛管辖。此为班禅“拉让”之始，此后，西藏出现了达赖喇嘛与班禅喇嘛两个地方政权的格局。当然，班禅喇嘛管辖的地方仅限于后藏五个宗和阿里。达赖喇嘛仍然是西藏主要的政教统治者。乾隆二年（1737），74岁的五世班禅额尔德尼在扎什伦布寺圆寂。

六世班禅额尔德尼出生于乾隆三年（1738），经乾隆批准为六世班禅额尔德尼，七世达赖喇嘛给其起法名"罗桑巴丹益喜"。3岁时，六世班禅在扎什伦布寺由钦差与颇罗鼐郡王、扎什伦布寺札萨喇嘛主持坐床。11岁时，六世班禅赴拉萨住进布达拉宫，由七世达赖喇嘛为其传授经典，时间长达半年。七世达赖喇嘛49岁圆寂，六世班禅拟文通告全藏僧俗，后来还在布达拉宫主持4岁的八世达赖喇嘛坐床并授近事戒；八世达赖喇嘛7岁时，又授沙弥戒。乾隆七十大寿时，六世班禅奉旨进京祝寿。乾隆专门在承德为班禅喇嘛修建了西藏风格的"须弥福寿寺"。期间，六世班禅在承德的普陀宗乘庙举行了盛大的佛事活动（其庙外观如布达拉宫，有小布达拉宫之称，是乾隆为皇太后八十岁寿辰时祈福修建的）。六世班禅居住三个多月后回到北京，未料染疾在黄寺圆寂，由此触发了清中央政府对西藏治理措施的全面整改。

河北承德须弥福寿寺，又称热河扎什伦布寺　转载新华网

乾隆四十五年（1780）冬，六世班禅在北京黄寺圆寂，乾隆皇帝谕旨专门在寺内为班禅喇嘛修建清净化城塔以示纪念。塔内葬有六世班禅的僧服、僧帽及用过的经书等　转载新华网

六世班禅喇嘛进京为乾隆皇帝七十大寿祝寿祈福，既有佛事活动，也在民间广为布施。京师满蒙王公贵族馈赠很多，随六世班禅进京的兄弟仲巴呼图克图尽贪其财。另一兄弟沙玛尔巴竟然勾结廓尔喀人入侵后藏，抢掠扎什伦布寺财物。乾隆接报后派福康安大将军率清军进藏驱逐廓尔喀人，兵至加德满都城下，廓王投降，自愿藩属。乾隆针对西藏边务空虚，制度废弛，大活佛多是出自大贵族或是亲家等状况。着福康安与八世达赖喇嘛、驻藏大臣一起商议治藏诸策，制定了二十九条章程。章程提升了驻藏大臣权限，明确驻藏大臣与达赖喇嘛、班禅喇嘛地位平等，共同协商处理藏事；噶伦以下官员统由驻藏大臣管辖，赏罚升迁须由驻藏大臣批准；同时派驻清军，统由驻藏大臣管辖调派；章程还设立大活佛转世之金瓶掣签制度；等等。这个章程从政治、经济、军事、宗教等层面，以法律形式明确了清朝中央政府对西藏全面施政。

七世班禅额尔德尼丹贝尼玛，先后给九世、十世、十一世达赖喇嘛当过老师，历经乾隆、嘉庆、道光、咸丰四任皇帝。丹贝尼玛3岁时在扎什伦布寺由驻藏大臣及钦差主持坐床，而后再由八世达赖喇嘛到扎什伦布寺为其剃度、取法名，先后授近事戒、比丘戒。九世达赖喇嘛认定时，报经嘉庆皇帝批准，免予金瓶掣签，由七世班禅额尔德尼、驻藏大臣及钦差共同主持在布达拉宫坐床，班禅为九世达赖喇嘛剃度、取法名，后在大昭寺授九世达赖喇嘛沙弥戒和比丘戒。九世达赖喇嘛圆寂后，道光皇帝令七世班禅额尔德尼主持金瓶掣签，认定十世达赖喇嘛，为其剃度、取法名，授近事戒。十世达赖喇嘛圆寂后，仍由七世班禅额尔德尼主持金瓶掣签，为十一世达赖喇嘛剃度、取法名，先后授近事戒、沙弥戒。道光二十四年（1844），因西藏局势不定，皇帝下旨请七世班禅出任西藏摄政，这是班禅喇嘛唯一一次任西藏地方摄政。班禅专心教务，摄政一年后，奏请皇帝交由热振活佛摄政。

八世班禅额尔德尼·丹白旺修于1854年出生于后藏托布加地方的竹仓村。1857年再布达拉宫举行“金瓶掣签”认定为八世班禅。是班禅系统中第一位通过“金瓶掣签”确认的。

九世班禅一生极为坎坷。时逢清末民初，整个中华民族备受列强欺凌，社会动乱不已。在英帝国主义分子不断挑唆西藏从中华民族大家庭中分裂出去的时候，九世班禅始终坚持了反帝爱国的立场。但在英帝国主义挑唆下，班禅喇嘛和达赖喇嘛开始失和。

1888年，英军第一次入侵西藏。这是英国将印度据为殖民地以后，大肆扩张的必然。西藏军民在隆吐一战中失败以后，驻藏大臣升泰按清廷旨意，到印度加尔各答与英印总督兰斯顿进行了谈判，并签订了中英第一个关于西藏的丧权辱国条约。这个“藏印条约”，使西藏的属地“哲孟雄”（锡金）被英国割走，归英帝国保护。

1904 年，英印军队第二次入侵西藏。十三世达赖和九世班禅再次联袂奋力抵抗英军入侵，但软弱无能的清政府仍未给西藏以有力的支持。携带机枪大炮的英军，对自发保卫边疆的西藏军民大开杀戒，攻陷江孜城堡后，长驱直入拉萨。十三世达赖不得已，匆忙逃离拉萨，远走外蒙古避难。

此时，昏庸的驻藏大臣有泰竟向清廷上奏折，弹劾十三世达赖。清政府批准了有泰的奏折，并着“九世班禅暂摄藏事”。英印政府乘机派在江孜的商务代表鄂康诺到日喀则拉拢九世班禅，邀九世班禅到印度面晤英王储。1905 年 10 月，在英兵护卫下，九世班禅到加尔各答与英王储和英印总督会晤。英国人让九世班禅跪拜英国王太子，九世班禅说：“我只跪拜北京大皇帝，向无跪拜他人之理。”于是改为握手互致问候。后来，英印政府又多次派员到日喀则，游说拉拢九世班禅亲英。但九世班禅事事仍请示驻藏大臣和清朝中央政府，英国人大为恼火。

再说，十三世达赖从外蒙古又到五台山朝佛，一住就是半年。不久，光绪帝派军机大臣和山西巡抚专程到五台山，接十三世达赖进京觐见光绪皇帝和慈禧皇太后。光绪帝在中南海紫光阁赐宴安抚了十三世达赖，并恢复“达赖喇嘛”的封号。

1909 年，十三世达赖由青海返藏，九世班禅专程到藏北那曲迎接。但回到拉萨仅一年，驻守拉萨的清军（川兵）滋事，驻藏大臣又偏袒川兵，十三世达赖再次出走。原本，十三世达赖想逃到印度，再通过海路，到北京与驻藏大臣打官司。英国人一看，机会来了，英印政府驻亚东商务专员麦克唐纳对十三世达赖表示出前所未有的热情，使之留住在印度大吉岭。在英国人全力拉拢十三世达赖时，驻藏大臣联豫却又向清政府上一奏折，清政府批准再次“革除”达赖的封号，并着九世班禅暂摄藏事。这样，不仅把达赖喇嘛推向英国人那边，还给班禅喇嘛和达赖喇嘛两大活佛体系之间种下不和的种子。直到清亡民国建立，袁世凯称“共和成立，五族一家”，才又一次恢复了“达赖喇嘛”的封号。

十三世达赖返藏后，西藏地方政权开始逐步剥夺班禅喇嘛的权力。先是在后藏设“基宗”（相当于行署），征收班禅辖地的高税，然后又莫名将到拉萨的班禅堪布厅办事官员拘押。九世班禅恐其加害自己，于1923年11月的一个夜晚，从日喀则逃到青海，而后去了北京。

九世班禅十几年来奔走祖国内地，始终致力于祖国统一的事业，希望中央政府支持他早日返回西藏，以免亲英势力将西藏从中华民族大家庭中分裂出去。他在多次的演讲中，充分肯定西藏地方与中国中央政府的隶属关系，一再呼吁中国各民族团结，并多次举行大法会，祈祷中国全民抗战胜利，祈祷世界和平。他也时时未忘返回故乡西藏。但那时西藏亲英势力正逐渐左右西藏地方政府，多方阻挠维护祖国统一的九世班禅返藏。1937年12月1日，九世班禅因

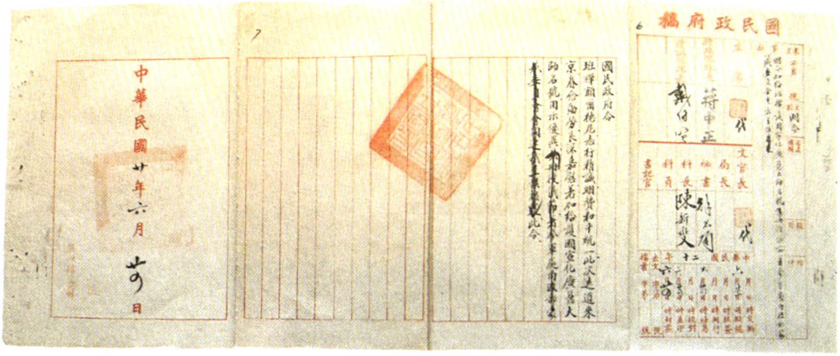

民国政府授予九世班禅额尔德尼名号颁发的命令　西藏第二历史档案馆藏

九世班禅额尔德尼在青海玉树（资料）

病在青海玉树圆寂。临终前，九世班禅留下了遗嘱。遗嘱全文如下：

余生平所发宏愿，为拥护中央，宣扬佛化，促成五族团结，共保国运昌隆。近五十年来，遍游内地，深蒙中央优遇，得见中央确对佛教尊崇，对藏族平等，余心深慰，余念益坚。此次奉派宣化西陲，拟回藏土，不意近几年志未成，中道圆寂。今有数事切函如下：

后藏政务前已委定罗桑坚赞为札萨喇嘛，所有宣化使职亦著由彼暂代。在未到职前，印信暂交丁杰佛，并由堪布会议厅及回藏设计委员六人共同负责事宜，请示中央，听候处理。至宣化使署枪支，除卫士及员役自卫者外，其余献于中央，共济国难。待余转生，再请发还。

又，关于历代班禅所享权利，应早图恢复。

最后，望吾藏官民僧俗，本中央五族建国精神，努力中藏和好，札萨喇嘛及各堪布尤宜善继余志，以促实现，此嘱。

十世班禅额尔德尼确吉坚赞，当代藏传佛教杰出的爱国爱教典范。1938年出生于青海省循化县，乳名官保慈丹。他历经民国、新中国建立及巩固、改革开放，与十四世达赖基本上是同时代人，但班禅喇嘛与达赖走的道路截然相反，班禅喇嘛始终拥护中央，是我国宗教界爱国爱教的典范。

当年，九世班禅圆寂后，其侍从喇嘛索巴奉命寻访灵童，来到循化县文都乡。四岁的官保慈丹正在土木藏式楼房的家门前玩耍，手里拿着一个细羊皮糌粑袋。他一见索巴就说："给我捏糌粑吃。"索巴大为惊讶。第二天，官保慈丹又叫索巴上楼，问："你打算去哪？"索巴说："我明天就走。"官保慈丹摆摆手："你不用走了。"索巴说："我还要去寻找班禅佛爷呢。"官保慈丹回答道："我就是班禅，等庄稼收割时，会有人带很多马匹来接我的。"索巴觉得男孩说话的模样和九世班禅一样，拉着官保慈丹的手，竟流下泪来。

其他寻访人员将寻访到的九名灵异男童一一筛选，每次官保慈丹都是第一名。后来在塔尔寺还进行了一次模拟金瓶掣签，对几个候选灵童出行抽签，抽出的也是官保慈丹。此时，西藏地方政府也选出两位九世班禅转世灵童，坚持要青海方面把官保慈丹送到拉萨，和西藏选的两个灵童一起，到拉萨大昭寺进行金瓶掣签。远在青海的班禅堪布会议厅觉察到拉萨另有图谋，立即向国民政府请示，要求免予金瓶掣签，迅速确定为九世班禅转世灵童。

确认为九世班禅转世灵童的官保慈丹与他的经师（资料）

十世班禅额尔德尼坐床照（资料）

1949年6月3日，国民政府代总统李宗仁在广州签发命令，全文如下：

青海灵童官保慈丹，慧性澄圆，灵异夙著，查系第九世班禅额尔德尼转世，应即免予掣签，特准继任为第十世班禅额尔德尼。

两个月以后，国民政府蒙藏委员会委员长关吉玉作为专使，专程到青海塔尔寺，主持十世班禅额尔德尼坐床典礼。关吉玉在典礼上发表祝辞，祝辞全文如下：

今天得在黄教发祥圣地之塔尔寺与各位大德活佛及蒙藏地方政教首长晤对一堂，深为荣幸。本人与马长官奉令主持十辈班禅坐床典礼，承各界人士热心协助，得以圆满完成此一具有历史意义、关系众生福利之艰巨任务，中心至为愉快。除向各位表达个人感激悃忱外，尚有感想与希望数点，愿就教于各界人士之前。

（一）青海为黄教始祖宗喀巴大师诞生之地，历辈达赖、班禅及各大呼图克图亦多转生于此间。宗教为人类精神生活之所寄托，深望青海人士一本以往精神，对宗教维持爱护并进而发扬广大，以保持此历史所遗留之无上荣誉。惟信教自由载在宪法，政府对任何宗教无分轩轾，同样尊崇，尤盼佛教信徒于爱护自己所信仰之宗教外，不要妨碍别人所信仰之宗教。

（二）中华民族为汉、满、蒙、回、藏各宗族所构成。青海地方民族繁多，可以说是整个中国之缩图。本人抵青以来，与各界人士接触，任何场合均能看到汉、满、蒙、回、藏各族之同胞，并能和睦相处，无分畛域，实深钦佩。深望大家永久保持此种精诚团结精神，同德同心，各尽其对国家应尽之责任。

（三）青海僻处边陲，人力物力远逊其他各省。但本人此次观察所及，各政治建设事业，如交通、教育、保甲、治安等等，俱有显著之成绩。尤造林一事，到处浓荫密布，枝干畅茂，确非其他各省所能比拟。此种伟大之成就，固系马主席荩筹顾划、艰苦奋斗之所致，亦我各族人士协助之功绩，深堪钦佩。

敬祝各位健康。

坐床大典结束后，十世班禅致电国民政府代总统李宗仁表示其一片诚意，电文如下：

班禅世受国恩，备蒙优渥，此次蒙钧座颁布明令，特准继承第九辈法统。既蒙特派关专使吉玉、马副使步芳莅青主持坐床典礼，复荷礼连旺加，赐颁厚祝。拜领之余，良深铭感。遵已于八月十日在塔尔寺举行坐床典礼。今后只有一本历辈班禅倾诚中央、庇护众生之一贯意志，竭尽天职，努力以赴，以期仰答优崇无上之德意。肃电申谢，恭颂钧安。

第十辈班禅额尔德尼叩

1949 年 10 月 1 日，毛泽东主席在天安门城楼上庄严宣布，中华人民共和国中央人民政府成立了！在此之前的几天，中国共产党就郑重向全世界表达了这个决心：中国共产党所领导的四百余万中国人民解放军必须解放中国各民族，即不但解放汉族人民，而且解放中国境内各少数民族人民。中国人民解放军已经解放了大多数汉族人民和内蒙古人民，正解放着回族人民，并即将解放藏族和西北、西南、华南其他各民族人民，使他们永远摆脱帝国主义和国民党的压迫和穷困悲惨的地位。中国人民解放军必须解放包括西藏、新疆、海南岛、台湾在内的中国全部领土，不容一寸土地被留在中华人民共和国的统治以外。西藏是中国的领土，绝不允许任何外国侵略；西藏人民是中国人民的一个不可分离的组成部分，绝不允许任何外国分割。

此前的1949年8月，毛泽东致电彭德怀："班禅现在兰州，你们攻兰州时，请十分注意保护并尊重班禅及甘、青境内的西藏人，以为解决西藏问题的准备。"西北野战军攻克兰州、解放西宁之后，彭德怀立即派解放军保护班禅，十世班禅额尔德尼也立即派他的秘书长詹东·计晋美与西北野战军联系，表达欢迎人民解放军进藏之意，同时也坚决表示：祖国解放了，我一定要回到西藏去。

11岁的班禅额尔德尼在新中国成立当日，致电毛主席和朱总司令：

北京中央人民政府主席毛、中国人民解放军总司令朱钧鉴：

钧座以大智大勇之略，成救国救民之业，义师所至，全国腾欢。班禅世受国恩，备荷优崇，二十余年来，为了西藏领土主权之完整，呼吁奔走，未尝少懈。第以未获结果，良用疚心。刻下羁留青海，待命返藏。兹幸在钧座领导之下，西北已获解放，中央人民政府成立，凡有血气，同声鼓舞。今后人民之康乐可期，国家之复兴有望，西藏解放，指日可待。班禅谨代表全藏人民，向钧座致崇高无上之敬意，并矢拥护爱戴之忱。

班禅额尔德尼叩

一九四九年十月一日

毛泽东、朱德联名给十世班禅回电：

班禅额尔德尼先生：

接读十月一日来电，甚为欣慰。西藏人民是爱祖国而反对外国侵略的。他们不满意国民党反动政府的政策，而愿意成为统一的富强的各民族平等合作的新中国大家庭的一分子。中央人民政府和中国人民解放军必能满足西藏人民的这个愿望。希望先生和全西藏爱国人士一致努力，为西藏的解放和汉藏人民的团结而奋斗。

毛泽东　朱德

一九四九年十一月二十三日

1951 年，中央人民政府与西藏地方政府在北京签订了《关于和平解放西藏办法的协议》。十七条协议中第五、第六条明确写道：“班禅额尔德尼的固有地位及职权，应予维持。”“达赖喇嘛和班禅额尔德尼的固有地位及职权，系指十三世达赖喇嘛与九世班禅额尔德尼彼此和好相处时的地位和职权。”

十七条协议签订以后，中央驻西藏代表张经武将军经香港、印度到达亚东，转交毛主席给十四世达赖的亲笔信，并对达赖晓以大义。不久，回到拉萨的达赖从罗布林卡致电十世班禅额尔德尼：

至于此间我卜卦所得良好征兆，您确是前辈班禅化身。决定后已经公布扎什伦布讫。并届时已由卓木（亚东）去电知照北京西藏代表阿沛噶伦矣。现在希望您即速启程回寺，所经道路决定后希先来电为荷。

十四世达赖这封电报，表明西藏地方政府和达赖正式承认十世班禅。1949 年国民政府批准九世班禅转世灵童免于金瓶掣签后，西藏地方政府一直拥戴另一候选九世班禅转世灵童，不承认国民政府批准的十世班禅。以致很长时间内，西藏并存两个十世班禅。当然，青海的十世班禅是由国民中央政府认定，具有绝对的权威性，拉萨立的“假班禅”因而少有信仰者。直到 1959 年西藏反动上层发动武装叛乱时，十四世达赖出逃印度，一些分裂分子也挟持“假班禅”欲逃往印度，幸尔被边防战士截获。“假班禅”从此也不再有什么活动了。

1951 年 12 月 15 日，西北军政委员会副主席习仲勋受中央之命，专程赶到西宁，为十世班禅送行。在这之前，第一野战军联络部的范明将军已受命为西北军政委员会驻班禅行辕代表，牙含章为助理代表，共同负责十世班禅返藏事宜。九世班禅流落祖国内地长达 26 年未能回到西藏，圆寂之前，还对身边的侍从喃喃而语，我要回西藏，我一定要回到西藏去。作为九世班禅转世的十世班禅额尔德尼，终于实现了返回西藏的愿望。

十世班禅额尔德尼抵达拉萨的当天，就登上布达拉宫，在日光殿会见了十四世达赖。他们各自前世之间的隔阂，在冉冉而升新中国太阳的光辉照耀下，终于冰释了。

1952 年 6 月 23 日，十世班禅回到日喀则，这与九世班禅当年出走，整整相距了 29 年。此后的日子里，无论十世班禅遇见何种困难、何种屈辱，他都坚持了爱国爱教，立场始终如一。

1956 年，十四世达赖和十世班禅应邀到印度参加释迦牟尼涅槃 2500 周年纪念活动，一些“分裂”分子到新德里，邀达赖去噶伦堡，挑拨达赖和班禅的关系，企图阻挠达赖和班禅回国。正好也在印度访问的周恩来总理多次接见了两位活佛，劝他们尽早回国，勿受他人离间。十世班禅说：“我坚决服从中央的安排。”十世班禅乘我国飞机返回祖国，而十四世达赖留印度达半年之久，最终经噶伦堡，由陆路返回拉萨。

十四世达赖与十世班禅握手的唐卡画像　民族文化宫藏

之后在历次运动中，十世班禅虽然屡遭不公，但依然坚持爱国立场不变。

1961 年，十世班禅在北京参加完国庆庆祝活动以后，到青海、四川、云南等地做社会调查。次年夏天，身为西藏自治区筹委会代理主任委员的十世班禅，就其他涉藏地区工作中偏“左”的倾向，由此联想到西藏工作中“左”的情况，给国务院写了《关于西藏总的情况和具体情况以及西藏为主的藏族各地区的甘苦和今后希望要求的报告》（又称“七万言书”），直言不讳地对西藏一些工作提出了批评和建议。当时作为西藏自治区筹委会副主任委员兼秘书长的阿沛·阿旺晋美看了报告的草稿以后，觉得有些言辞过激，就劝十世班禅以口头形式向中央领导汇报，但性格率直的十世班禅执意向中央递交了报告。

“文化大革命”中，西藏许多寺庙遭到破坏。国外一些“分裂”

1985 年十世班禅在拉萨大昭寺　转载新华网

分子就以此为据，到处散布“藏族文化被灭绝了”，欧美的一些人权组织也拿西藏寺庙破坏的情况，攻击我国所谓的在西藏“灭绝藏民族文化、侵犯人权”。十世班禅曾说过：“看到‘文化大革命’动乱中许多寺院被毁，佛产、私产受损，我心里当然难过，但是，从历史角度看，这也不是什么新鲜事，古罗马、希腊、印度都曾出现过类似的破坏。何况‘文化大革命’的破坏，并不是专对藏族的，它是一场全国性的大灾难，在很多方面，中原汉族的损失比西藏地方更惨重。”在“扎什南捷”开光大典上，十世班禅又一次重申了他的观点：“从全国来看，从其他各民族地区来看，‘文化大革命’是包括汉族在内的全国五十六个民族共同的一场灾难，不能说‘文化大革命’的破坏是专门针对藏族或西藏的，更不能说是汉人消灭藏人的文化。难道能说汉族遭受到的破坏和损失是汉人消灭汉人的文化吗？因此，利用‘文化大革命’的破坏，特别是利用宗教寺庙遭到破坏，来煽动民族情绪、挑拨民族关系，纯属别有用心。”他在开光典礼上还致辞说：“班禅东陵扎什南捷这宏伟壮观的灵塔祀殿，是中国共产党民族宗教政策的正确性和真实性的象征，是藏汉两大民族团结的象征，是西藏宗教界和广大僧俗人民爱国主义的象征，是藏汉两族人民共同劳动的结晶。我完全相信，凡来到东陵这里瞻仰膜拜、参观游览的人，只要他尊重事实的，就必然会领悟到党的民族宗教政策的真谛，领悟到藏汉民族团结的重要，领悟到坚持爱国主义立场的意义。”

1989 年 1 月 9 日，十世班禅额尔德尼离开北京去日喀则，1989 年 1 月 22 日，因劳累过度，十世班禅圆寂于扎什伦布寺。时任中央办公厅主任温家宝与时任西藏自治区党委书记胡锦涛赶赴扎什伦布寺处理十世班禅圆寂事务。当年，中央决定拨专款 600 多万元及必备之黄金，为十世班禅额尔德尼修建灵塔礼殿“释松南捷”。

中华人民共和国国务院颁给十一世班禅额尔德尼的金印　扎什伦布寺藏

2009 年 7 月，十一世班禅在扎什伦布寺受比丘戒以后，接受僧人敬献曼荼罗　觉果摄

1995 年 11 月 29 日凌晨，由国务院代表、督察专员罗干与西藏自治区主席江村罗布，国务院宗教事务局局长叶小文共同主持，在拉萨大昭寺举行十世班禅转世灵童认定金瓶掣签仪式，这是新中国第一次举行大活佛金瓶掣签。经西藏自治区佛教协会会长波米活佛掣签，江村罗布主席宣布，三个灵童之一的、来自西藏嘉黎县 5 岁的坚赞诺布中签为十世班禅额尔德尼转世灵童，波米活佛当场为其剃度并赠法名“班禅额尔德尼确吉杰布”。次月，国务院特派代表李铁映专赴日喀则扎什伦布寺，主持十一世班禅额尔德尼坐床典礼。（详情见拙著《十一世班禅坐床记》，1996 年）

时至今日，32 岁的十一世班禅额尔德尼已成长为学识渊博的藏传佛教大活佛，他勤学精修，在 2021 年 10 月获得藏传佛教格鲁派佛学“嘎钦”学位。这是扎什伦布寺显宗学位体系中的最高学位。

附 1　历世达赖世系表

一世达赖根敦朱巴，明洪武二十四年至成化十年（1391—1474）。宗喀巴弟子，随一世班禅克珠杰学习，扎什伦布寺首任法台。

二世达赖根敦嘉措，明成化十一年至嘉靖二十一年（1475—1542）。佛学渊博，先后任日喀则扎什伦布寺法台、拉萨哲蚌寺法台、色拉寺法台。

三世达赖索南嘉措，明嘉靖二十二年至万历十六年（1543—1588）。被扎什伦布寺认定为二世达赖喇嘛转世，3 岁时被哲蚌寺供养。此为达赖喇嘛体系活佛转世之始。俺答汗赠其“圣识一切瓦齐尔达喇达赖喇嘛”称号，此为达赖喇嘛称号之始。青海塔尔寺法台、四川理塘寺法台。

四世达赖云丹嘉措，蒙古族，明万历十七年至四十四年（1589—1616）。俺答汗曾孙，哲蚌寺法台、色拉寺法台。

五世达赖阿旺洛桑嘉措，明万历四十五年至清康熙二十一年（1617—1682）。哲蚌寺法台及色拉寺法台，顺治九年进京，皇帝册封“西天大善自在佛所领天下释教普通瓦赤喇怛喇达赖喇嘛”，赐金册金印，驻锡布达拉宫。

六世达赖仓央嘉措，清康熙二十二年至四十五年（1683—1706）。五世达赖喇嘛圆寂后，第巴·桑结嘉措秘密认定，未报中央政府，后被康熙发现，先废黜，再认定，西藏著名诗人，留有诗歌若干予后世。

七世达赖格桑嘉措，清康熙四十七年至乾隆二十二年（1708—1757）。1751 年，清朝废除世俗郡王掌权制度，正式任命七世达赖掌管西藏地方政府，实行政教合一。

八世达赖强白嘉措，清乾隆二十三年至嘉庆九年（1758—1804）。协助福康安大将军驱逐入侵后藏的廓尔喀人，协同班禅喇嘛、福康安及驻藏大臣，共同议定治藏章程和大活佛转世金瓶掣签制度，报乾隆皇帝批准为二十九条章程，这是清朝中央政府治理西藏最完备之法律文件。

九世达赖隆朵嘉措，清嘉庆十年至二十年（1805—1815）免于金瓶掣签，2 岁坐床，10 岁暴卒于布达拉宫。

十世达赖楚臣嘉措，清嘉庆二十一年至道光十七年（1816—1837）。21 岁圆寂于布达拉宫，是首次以金瓶掣签认定的达赖喇嘛。

十一世达赖克珠嘉措，清道光十八年至咸丰五年（1838—1855）。金瓶掣签认定，17 岁亲政，同年圆寂于布达拉宫。

十二世达赖赤列嘉措，清咸丰六年至光绪元年（1856—1875）。金瓶掣签认定，17 岁亲政，19 岁圆寂于布达拉宫。

十三世达赖土登嘉措，清光绪二年至民国二十二年（1876—1933）免于金瓶掣签。27 岁时，英印军队第二次入侵西藏直至拉萨，达赖喇嘛出走外蒙古等地；辛亥革命后，拉萨兵变，再次出走至中国西藏与印度边界，先后被清廷两次革去达赖称号。58 岁圆寂，执掌西藏政教权力 38 年，为历世达赖执掌西藏政教权力时间最长者。

十四世达赖丹增嘉措（1935—），民国政府批准免于金瓶掣签。1951 年派噶伦阿沛·阿旺晋美等西藏地方僧俗官员进京签订和平解放西藏十七条协议。西藏和平解放后，曾任西藏自治区筹委会主任、全国人大常委会副委员长。1959 年 3 月拉萨发生武装叛乱，其叛逃印度至今。

附 2　历世班禅世系表

一世班禅克珠杰，明洪武十八年至正统三年（1385—1438），宗喀巴弟子，甘丹寺法台。

二世班禅索朗确吉朗布，明正统四年至弘治十七年（1439—1504），驻锡安贡寺。

三世班禅洛桑顿珠，明弘治十八年至嘉靖四十五年（1505—1566），为二世班禅同一家族，驻锡安贡寺。

四世班禅罗桑却吉坚赞，明隆庆元年至清康熙元年（1567—1662），扎什伦布寺法台，为四世达赖喇嘛授沙弥戒并取法名，此为班禅达赖长者为师、互为师徒惯例之始。

五世班禅罗桑益西，清康熙二年至乾隆二年（1663—1737），扎什伦布寺法台。

六世班禅额尔德尼巴丹益喜，清乾隆三年至乾隆四十五年（1783—1780），扎什伦布寺法台。

七世班禅额尔德尼丹贝尼玛，清乾隆四十七年至咸丰三年（1782—1853），扎什伦布寺法台，西藏地方摄政一年。

八世班禅额尔德尼丹贝旺秋，清咸丰四年至光绪八年（1854—1882），2 岁时，由驻藏大臣、钦差、摄政等在布达拉宫主持金瓶掣签确认，次年在扎什伦布寺坐床。同年，在布达拉宫亦由驻藏大臣、钦差及摄政等，经金瓶掣签确认十二世达赖喇嘛，时年班禅、达赖因为年幼，均由摄政热振活佛剃度、取法名并授戒。

九世班禅额尔德尼确吉尼玛，清光绪九年至民国二十六年（1883—1937），金瓶掣签确认，扎什伦布寺法台，民国政府册封“护国宣化广慧大师”。圆寂于青海玉树。

十世班禅额尔德尼确吉坚赞，1938—1989年，国民政府批准免于金瓶掣签，在青海塔尔寺坐床，扎什伦布寺法台，新中国成立后当选全国人大常委会副委员长。

十一世班禅额尔德尼确吉杰布，1995年经中央政府批准，在大昭寺金瓶掣签认定，在日喀则扎什伦布寺坐床。

参考文献

[1] 牙含章:《班禅额尔德尼传》,西藏人民出版社,1987年,第64页。
[2] 牙含章:《班禅额尔德尼传》,西藏人民出版社,1987年,第77页。

第十二讲

达赖喇嘛谢恩折背景探究

——谢恩折表明达赖喇嘛转世的认定权在中央政府

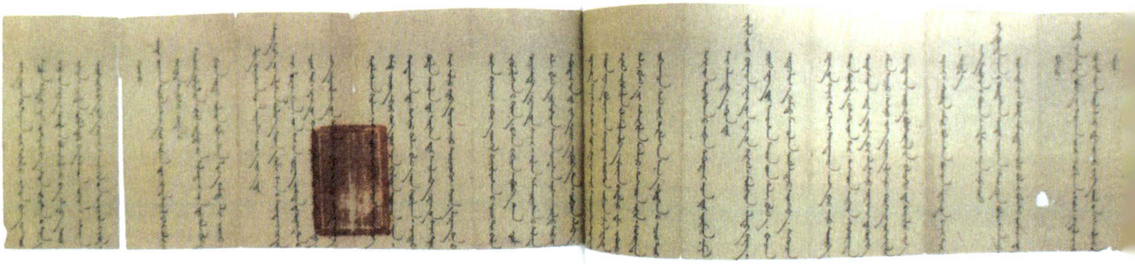

达赖喇嘛谢恩折　转载《西藏档案精选》第五卷 378 页

《西藏自治区档案馆馆藏蒙满文档案精选》（以下简称《西藏档案精选》）经过五年编辑整理，于 2019 年 6 月正式出版发行。其中一份达赖喇嘛谢恩折是首次公之于世。谢恩折的内容表明，达赖喇嘛转世从灵童寻访、认定到坐床的最终决定权在中央政府。

这件珍贵的文书档案，具有重大的史料价值。既证明了西藏地方与中央政府的隶属关系，也充分证明了早在清乾隆时期，中央政府就以立法方式，制定并实施了有关达赖喇嘛等藏传佛教大活佛转世、认定的金瓶掣签制度。

达赖喇嘛谢恩折局部，印文为汉满合璧九叠篆：钦差大臣关防（资料）

达赖喇嘛奏为颁给金奔巴瓶一事谢恩折

（蒙古文）年代不详双喜译

虔诚印戴，少时勤勉习经，长大之后敬谨于事，详议道义，慈爱藏民，靖绥边境，承奉圣主高厚鸿恩，万无报答。钦惟，我大清崇德七年达赖喇嘛、班禅额尔德尼、厄鲁特顾实汗一同派遣使者进贡以来，世受恩养。后因顾实汗二世孙拉藏汗，被准噶尔策旺阿喇布坦所害，藏地彻底为准噶尔所居。康熙五十九年，大将军王率靖逆将军延信，一同带领军队，由青海攻入，平定伊等，再请达赖喇嘛转世灵童坐床于布达拉宫，藏地始得安居乐业。后因拉藏汗女婿康济鼐立功，封为贝勒，旋遭噶伦阿尔布巴所害。因藏地多乱，达赖喇嘛竟未能坐床。雍正五年大兵，斩除阿尔布巴，藏地重又安居乐业。其后，郡王颇罗鼐次子珠尔默特纳木扎勒袭封王爵。骄奢悖乱，悖欺达赖喇嘛，扰累唐古特众，潜怀不轨，于乾隆十五年珠尔默特纳木扎勒见杀。奉旨削去西藏王爵，凡事悉由驻藏大臣会同达赖喇嘛、班禅额尔德尼确议办理。由是藏内始定，安居乐业。又念唐古特众罹准噶尔之患，几近失所，又派大军，平定廓尔喀，练兵备患，边境永宁，藏地永享太平之福。此旨大皇帝加鸿恩所致，理应无时不可忘记。今又奉上颁给金奔巴瓶，掣签以定转世灵童，实为剔除寻求乱指等情弊，圣意深远。此次驻藏大臣［残缺］[1]

这份谢恩折简明扼要地回溯了大清立朝以来，西藏“世受恩养”。康熙、雍正、乾隆三朝，西藏虽然出现三次大的纷乱，但皆由朝廷派大兵平定，始得安居乐业。

据笔者推断，此份达赖喇嘛谢恩折，应是乾隆五十八年（1793）八世达赖喇嘛奏呈乾隆皇帝的谢恩折。谢恩折文中“平定廓尔喀”“颁给金奔巴瓶，掣签以定转世灵童”等关键语句涉及的事件皆出现在八世达赖喇嘛时期。

平定廓尔喀

乾隆二十七年（1762），乾隆皇帝特派钦差、驻藏大臣照看并在摄政第穆呼图克图与六世班禅的主持下，七世达赖转世灵童在布达拉宫坐床为八世达赖喇嘛。乾隆四十五年（1780），六世班禅晋京为乾隆皇帝七十大寿祝寿，从皇上到满蒙王公贵族，赐赠颇多。同年，六世班禅在北京黄寺病逝。“清廷所赐赉，在京各王公及各番蒙所供养，其徒拥之归者，无虑数十万金。而宝冠璎珞念珠，晶玉之钵，镂金之袈裟，旃檀华旛磁茗彩帛珍瓌，不可胜计。仲巴呼图克图者，第六世班禅额尔德尼之兄也，为班禅额尔德尼治商上事，遂尽有其财。虽其弟沙玛尔巴，亦以习红教，不得分惠。于是沙玛尔巴垂涎不遂，愤唆廓尔喀引之入寇。时第八世达赖喇嘛年少，驻藏大臣巴忠、四川总督鄂辉、四川将军成德等，复调度贿和不敢战。于是廓尔喀无忌，饱扬而去。五十六年七月，廓尔喀复扰后藏边界，占据聂拉木，围困噶伦，诱执噶伦丹津班珠尔以归。”[2]

乾隆接报“廓尔喀大掠扎什伦布，西藏大震，敌势张皇”[3]，十分震怒，“谕军机大臣等：廓尔喀侵占聂拉木、济咙，竟敢犯至扎什伦布，若不痛加惩创，断不能使之慑服。[4]”先是派四川总督鄂辉、提督成德进藏，见用兵不力，再调派时任两广总督的福康安入藏统兵扫荡。为确保胜利，乾隆还擢升福康安为大将军，并下旨由四川总督孙士毅、陕甘总督勒保、青海办事大臣奎舒筹办粮务，支持大军。谕旨："鼓勇直前，痛加剿杀，自可深入贼巢，扫穴擒渠，永绥边徼。……福康安到后，惟当通盘筹画，酌量机宜，总须厚集兵力，一鼓成功，方为尽善。钦此！"[5] 五十七年（1792）七月，福康安统兵收复失地，兵锋直至廓尔喀都城之下。"时廓夷南鄙，适为英吉利侵扰，汹惧无计，且恐我军闻而气奋也，因遣人诣军，卑辞乞降。"[6] 廓尔喀王再三乞降，送还所掠扎什伦布寺及其他藏地物品，呈献先前已在廓尔喀服毒自毙的沙玛尔巴骨殖，表示愿为藩属进表纳贡。

在平定廓尔喀之际，五十六年（1791）十二月乙丑，乾隆即下旨："朕于黄教素虽爱护，但必于奉教守法之喇嘛等，方加以恩遇。若为教中败类、罪不在赦者，即当明正典刑，断不稍为袒护。"[7] 五十七（1792）年九月，福康安撤兵回拉萨以后，立即着手整饬藏务。首先废止了红帽系活佛转世，没收其寺产，并将红帽系羊八井寺庙的喇嘛全部转奉格鲁派；对携资逃逸的仲巴呼图克图解京问罪；将占卜惑众，逃离扎什伦布寺的济仲喇嘛剥黄正法。乾隆帝对失职的朝廷大员也给予严厉处罚。廓尔喀第一次入侵时，处置不当的驻藏大臣庆麟被革职枷号，其副手雅满泰降职杖四十板；私下议和的驻藏大臣巴忠时值陪侍乾隆皇帝于热河，闻讯畏罪投河；对第二次侵藏反击不力的鄂辉、成德降职，驻藏大臣保泰革职枷号等。

颁给金奔巴瓶

金瓶掣签制度，是清乾隆朝以来中央政府对藏传佛教大活佛管理最具体、影响最深远的法规性制度。

清朝对西藏进行了四次重大的制度化建设，逐渐完善并形成了较为完备的中央政府对西藏的治理体系。顺治时，敕封达赖喇嘛，颁金册金印；康熙时，设置噶伦制度；雍正时，设置驻藏大臣制度；乾隆时，设置金瓶掣签制度。

由于西藏、青海、蒙古民众广泛信仰藏传佛教，清立朝之始，继承并实施元明两朝敕封藏传佛教领袖，笼络蒙藏信众使之归心的策略。

乾隆认为“前后藏为达赖喇嘛驻锡之地，各蒙古及番众等前往皈依瞻拜，必其化身确实，方足宏衍禅宗”。[8]但事与愿违。当时，大活佛转世灵童多由“拉穆吹忠”（专事跳神的巫师）作法指定，指定的活佛多出自王公贵族及上层喇嘛之家。乾隆专此下旨指出其弊：“从前认呼毕勒罕，皆恃拉穆吹忠看龙单于此，拉穆吹忠或受贿恣意舞弊，或偏庇亲戚妄指，或达赖喇嘛、班禅额尔德尼暗中授意，令其指谁，此等皆有之事，朕悉知之，而与法教中甚为无益。”[9]又谕：“达赖喇嘛、班禅额尔德尼系宗喀巴大弟子，世为格鲁派宗主，众蒙古番民素相崇奉。近年因指认呼毕勒罕之古尔登巴等法术无灵，不能降神，且徇情妄指，或出自族属姻娅，或出自蒙古汗王公等家，竟与蒙古王公、八旗世职官袭替相似，论以佛法，必无此理。”[10]

为消除这种传袭流弊，五十七年（1792），乾隆连番下旨，要用相对公允的掣签方式认定大活佛转世灵童。六月，谕“若果呼毕勒罕者，必能前世所诵经典，认记所持过物件，则始可以谓之呼毕勒罕。倘惟计其亲属，徇其情面，即作为呼毕勒罕，焉能振兴格鲁派以服众心哉。今朕送去一金瓶，供奉前藏大昭寺内。嗣后达赖喇嘛、班禅额尔德尼、哲卜尊丹巴、噶勒丹锡勒图、第穆、济咙等，并在京掌印大呼图克图及藏中大呼图克图等圆寂，出有呼毕勒罕时，禁止拉穆吹忠看龙单，著驻藏大臣会同达赖喇嘛、班禅额尔德尼将所出呼毕勒罕有几人，令将伊等乳名各书签放入瓶内，供于佛前虔诚祝祷念经，公同由瓶内掣出一签，定为呼毕勒罕，如此佛之默祐，必得聪慧有福相之真正呼毕勒罕，能保持佛教。朕尚且不能主定，拉穆吹忠更不得从中舞弊，恣意指出，众心始可以服。钦此”[11]。乾隆皇帝对掣签细节也有周详考虑。八月癸巳，谕军机大臣“嗣后应令拉穆吹忠四人认真作法降神，指出实在根基呼毕勒罕名姓若干，将生年月日各书一签，贮入金奔巴瓶内，令达赖喇嘛等会同驻藏大臣对众拈定，作为呼毕勒罕。不得仍前妄指，私相传袭”[12]。九月丙午，谕“前经降旨，令达赖喇嘛等会同驻藏大臣将呼毕勒罕名姓并生年月日各书一签贮金奔巴瓶内，对众拈定，作为呼毕勒罕。是此项金瓶关系郑重，现派御前侍卫惠伦、乾清门侍卫阿尔塔锡第敬谨赍往，并亲解御佩小荷包二个，亦著带往，于迎见福康安、海兰察时传旨赏给，以示酬庸之意”[13]。十一月壬子，乾隆在给军机大臣谕示中道出设置金瓶掣签制度的初衷：“朕节次所示条款内，如严禁达赖喇嘛左右近侍、亲族噶伦等干与滋事，并发去金奔巴瓶签掣呼毕勒罕各款，皆系保护黄教，去彼世袭嘱托私弊，达赖喇嘛自当一一遵奉。此系极好机会，皆赖上天所赐，福康安等当趁此将藏中积习湔除，一切事权俱归驻藏大臣管理，俾经久无弊，永靖边隅，方为妥善。”[14]

乾隆对金瓶掣签制度设立，甚至对西藏与蒙古地方大活佛转世灵童如何区别对待，亦坐筹帷幄，“是以制一金奔巴瓶，派员赍往，设于前藏大昭。俟将来藏内或出达赖喇嘛、班禅额尔德尼及大呼图克图呼毕勒罕时，将报出幼孩内择选数名，将其生年月日名姓各写一签入于瓶内，交达赖喇嘛念经，会同驻藏大臣公同掣签。并于京城雍和宫内亦设一金奔巴瓶，如蒙古地方出呼毕勒罕，即报明理藩院，将年月姓名缮写签上，入于瓶内，一体掣签。其从前王公子弟内私自作为呼毕勒罕之陋习，永行停止”[15]。乾隆皇帝精心策划道：“签上须写清、汉、唐古特三字样，使大众一望而知，不致为所蒙混。至前后藏各大呼图克图之呼毕勒罕，亦令驻藏大臣监同达赖喇嘛照例掣签，方可定准。其余如察木多、类乌齐等处呼图克图庙宇，距藏较远，所出呼毕勒罕，非大呼图克图可比，向来不由藏地吹忠指认，仍应照旧令其徒众自行寻觅。”[16]

福康安在奏折中描述了金瓶送达拉萨的盛况。“十二月初一日，福康安等具奏：为御前侍卫惠伦、乾清门侍卫阿尔塔锡第恭赍金奔巴瓶来藏，于十一月二十日，敬谨赍到。臣等率同官员、官兵及济咙呼图克图率领各寺呼图克图、大喇嘛及噶伦以下番目，远出祇迎。达赖喇嘛感激圣恩，先期下山，在大昭寺等候，派喇嘛等各执香花幡幢导引。臣等与惠伦等恭送金奔巴瓶于向来颂诵伊罗尔经之大昭佛楼上宗喀巴前，敬谨供奉，达赖喇嘛率领僧众梵呗齐宣，极为诚肃。并据达赖喇嘛称，呼毕勒罕转世，递衍禅宗，关系郑重。今蒙大皇帝振兴黄教，惟恐吹忠等降神作法，指认未真，致有流弊，特颁金奔巴瓶，卫护佛门，实已无微不至，我实感戴难名。嗣后惟有钦遵圣训，指认呼毕勒罕时，虔诵经于大众前秉公拈定，庶使化身真确，宣扬正法，远近信心，阖藏僧俗顶戴天恩，无不感激等语。察看达赖喇嘛等欢忭感颂情形，见于词色，呈递谢恩哈达一方、佛一尊，济咙呼图克图呈递谢恩哈达一方、佛一尊等因具奏。”[17]

乾隆五十八年（1793）四月辛未，乾隆皇帝亲撰《御制喇嘛说》并刻立石碑，详析设置金瓶掣签之义。“盖中外黄教，总司以此（达赖、班禅）二人，各部蒙古一心归之。兴黄教即所以安众蒙古，所系非小，故不可不保护之……兹予制一金瓶，送往西藏，于凡转世之呼毕勒罕，众所举数人，各书其名，置瓶中掣签以定。虽不能尽去其弊，较之从前一人之授意者，或略公矣。”[18]

制定治藏章程

为西藏长治久安计，针对外夷入侵及西藏地方吏治之弊端，乾隆多次下旨要福康安等详酌善后章程。乾隆五十七年（1792）八月戊子，乾隆皇帝下旨：“福康安等当会同驻藏大臣，将应办各条，参酌损益，妥协办理，以期经久遵行，边隅永臻宁谧。”[19]十月戊子谕“现在藏内应办善后事宜最关紧要，节经有旨，令福康安四人会同商办，务须事事尽善，详定章程，以期经久无弊”。明确谕示：“会办章程条款，及钦奉谕旨，悉分载镇抚、营制、番目、贸易、钱法、租税、差徭各门。”[20]一个月后，福康安奏报乾隆：“行抵前藏，将善后章程大意告知达赖喇嘛，察看达赖喇嘛感戴出于至诚，一切惟命是听，断不敢稍形格碍。”[21]十一月丙午，乾隆谕示军机大臣“藏内善后诸事，经福康安等公同酌定后，俱已立法可行……”[22]

福康安、驻藏大臣等“会同达赖方面掌办商上事务的济咙呼图克图、众噶伦和班禅方面的札萨克喇嘛等人，集中筹议章程条款。至十二月底已将所有添汛防汛、训练番兵、鼓铸银钱、稽查贸易、综核商上收支、酌免番众赋纳以及设立金奔巴瓶指定呼毕勒罕等事详悉拟定，分折具奏。后又续奏了关于驻藏大臣地位、职掌，西藏地方官员奏补、任用，达赖、班禅亲属不得干政以及驻藏大臣衙门事务例规等章程”[23]。经过多次商酌、奏报、钦批、修改、再奏报，到乾隆五十八年正月，将各条善后章程逐次奏报乾隆皇帝，是为《钦定藏内善后章程二十九条》。“随后，驻藏大臣衙门将主要条款集为 29 条，译为藏文，加盖大将军福康安、驻藏大臣等三颗关防的咨文，正式送至达赖喇嘛、济咙呼图克图和班禅额尔德尼，命其‘宣谕所有噶伦、代本、宗（本）谿（堆）等永远遵行’。”[24]

时年正值藏历水牛年，章程译为藏文后，如何贯彻执行金瓶掣签制度，八世达赖喇嘛专门向全藏颁发文告（藏史称《水牛年文告》）：

天命文殊大皇帝常施无上恩惠，且弘扬黄教，慈爱西藏人民，恩德无边。尤其是文殊大皇帝关心宗喀巴大师的黄帽教法，勤奋修习，甚至一直希望出家为僧。为了报答大皇帝宏恩，我等应多诵经为大皇帝祈祷，勤奋努力，不可懈怠，祝祷皇上长寿而解脱，逐渐登上遍知之果位。这样做才有黄教僧人的德行。如今多数喇嘛活佛不习佛法，选认灵童时，无法确定，故得不到全体僧人的敬重。同时，往往迎请几位护法，按照其指示，作为选认的根据，实际上（护法）看钱财，选一个有钱粮家庭的孩童，不管是非，以致众人议论纷纷。现在按照以宏恩关切佛教的大皇帝谕旨，寻找真正的孩童，是为了发展黄教。大皇帝经过深思熟虑，特赐金瓶，派专人奉戴送来，设于大昭寺宗喀巴大师像前，以后不管藏区哪位喇嘛活佛降生，首先将岁数、月日、名姓写在签上，呈报我达赖喇嘛和驻藏大臣，同时邀请几位护法降神指示。当出现几位灵童时，应将他们的岁数、出生年月日、名姓等写在签牌上，共同放入金瓶，我达赖喇嘛带领几名有学识德行的喇嘛祝告三宝，祈祷宗喀巴大师，然后请驻藏大臣至拉章当众抽签决定，抽出谁的签牌，谁就是真正的转世灵童，并非按照旧例选定。另外，经护法神等仍然只有一名灵童时，应将其名字如实写在签牌上，以同样的方法，和没有名字的签牌一同放进金瓶掣签，当抽出的签牌上没有名字时，说明这一孩童并非真正的转世化身，这种情况下必须重新寻找。从现在起仍然依旧例选定的，如果出现，必将严惩。[25]

对二十九条章程，清廷如置宪典，将中央政府治理西藏若干事务以立法条文形式开列出来，二十九条章程“以更为明确的条文规定了中央管理西藏的体制，加强了清朝对西藏的管理。是清廷在吸收元、明，特别是本朝一百多年治藏经验基础上，结合西藏地区特点，对于地方吏治、军事、宗教寺院管理、币制、赋徭、边务、贸易等各方面制订的系统例规。……章程有极强的针对性，是试图彻底解决某些严重弊端、遏制西藏社会的衰败情势、缓和社会矛盾的重大举措。章程是有清一代关于西藏最重要的法规。它标志着西藏地方和中央政府的政治关系在制度上最终趋于定型和强化。其主要原则和规定自此以后就成了中央政权和西藏地方关系延续的基础”[26]。

章程有两大重要内容：一是详细制定了金瓶掣签制度。“兹大皇帝为弘扬黄教，特颁金瓶。嗣后认定转世灵童，先邀集四大护法神初选灵异幼童若干名，而后将灵童名字、出生年月日书于签牌，置于金瓶之内，由具大德之活佛诵经祈祷七日后，再由呼图克图暨驻藏大臣于大昭寺释迦牟尼佛尊前共同掣签认定。……掣定灵童须以满、汉、藏三种文字书于签牌上，方能公允无弊，众人悦服。”[27]

二是进一步强化了驻藏大臣职权。“嗣后驻藏大臣除前往布达拉宫瞻礼外，有商议问题时，与达赖喇嘛、班禅额尔德尼地位平等，共同进行。自噶伦以下番目及管事喇嘛等，统归其管辖，不论大小番目，须遵从驻藏大臣之命。”[28]

呈递丹书克

乾隆五十八年（1793）八月，乾隆皇帝为达赖喇嘛遣使进京贺廓尔喀诚服圣上及披露沙玛尔巴作恶多端以及制定金瓶掣签等事致达赖喇嘛敕书：

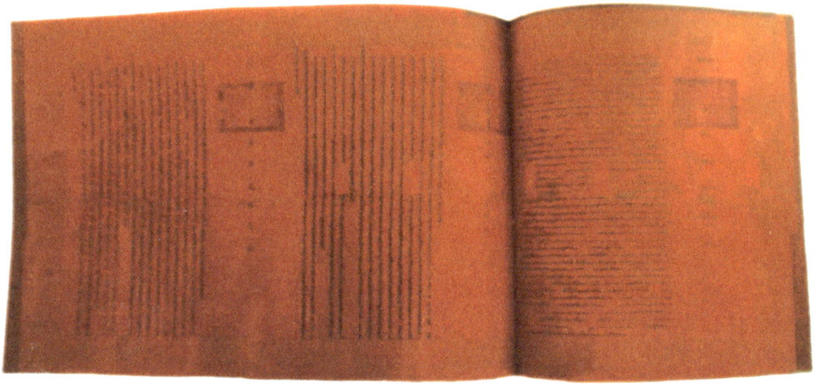

乾隆皇帝为达赖喇嘛遣使进京贺廓尔喀诚服圣上及披露沙玛尔巴作恶多端以及制定金瓶掣签等事致达赖喇嘛敕书　转载《西藏档案精选》第二卷 202 页

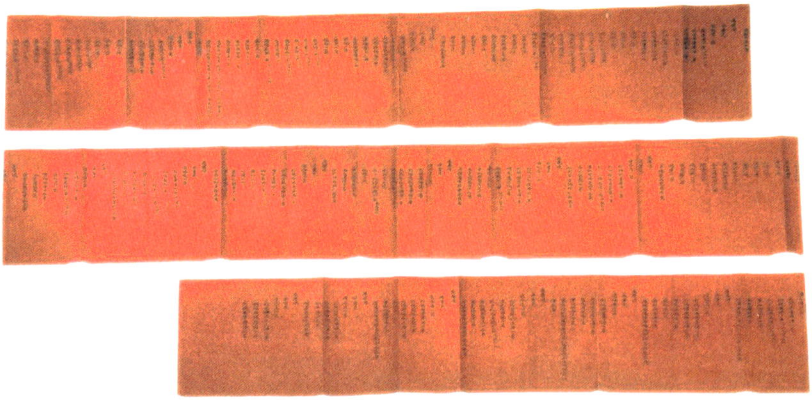

八世达赖喇嘛恭贺乾隆皇帝七十寿辰呈进丹书克礼单　中国第一历史档案馆藏

奉天承运皇帝敕谕达赖喇嘛：

朕扶临天下，率土众生，各安生业，尤其欲以振兴教政。……今廓尔喀遵从天道，投降臣服，喇嘛尔专门派遣巴雅尔使者堪布，恭请朕安，呈丹书克，甚为欢悦。……[29]

乾隆皇帝此件敕书所提及的丹书克，应为八世达赖喇嘛派专使进京奏呈的谢恩折。

丹书克是明清时期西藏地方上层专呈皇上的一种特殊公文。达赖和班禅的丹书克须加盖钦赐金印（钦赐金印不能用于其他藏务，可用另行刻制的印章），先是每年正月呈递丹书克，后因路途遥远，改为隔年呈递。呈递专使称为“巴雅尔堪布”。

丹书克，系藏语音译，亦称噶书克，为藏族固有的文书形式。始于明崇祯五年（1632），最初的呈递对象为西藏上层贵族，后演变为清代西藏地方的达赖和班禅等活佛、贵族向皇帝呈递。西藏地方贵族向皇帝所呈递公文有奏书、请圣安奏书、谢恩奏书、祈祷奏书等。……呈递丹书克的仪式：达赖贡使至京，寓居西黄寺，由理藩院带领朝觐。次日呈递丹书克。丹书克呈递完毕后，皇帝回赐哈达并赏茶。[30]

《西藏档案精选》收录有乾隆皇帝 66 件敕书，其中仅谕示达赖喇嘛呈递“丹书克”就有 25 件。在乾隆五十八年（1793）八月这道敕书内，乾隆皇帝还谕示：“嗣后阖藏僧俗人等可安逸生活。相应喇嘛尔仰副朕振兴黄教之至意，嗣后但率诸噶伦管束阖藏人众。凡事遵照所订章程会同驻藏大臣等妥为商议办理，通饬属下人等与廓尔喀人等仍照旧例公平贸易。再，关于认定转世灵童，除去诸护法神师行贿如他人之愿贿赂物质之弊端，今确立从金奔巴瓶抽出写有名字签牌来认定转世灵童之制度，清除污染黄教之弊，重兴佛教之优良传统。为此，着喇嘛尔奋勉经忏法事。勿懈努力。……”[31]

嘉许谢恩折

在廓尔喀人侵入后藏时，驻藏大臣保泰欲将八世达赖喇嘛迁移青海西宁，移七世班禅额尔德尼于四川泰宁，乾隆皇帝对保泰拟弃藏地的做法，怒斥其昏乱怯懦，对达赖喇嘛执意不从保泰，坚守拉萨，并踊跃采办粮食、牛羊等供给进藏大军的表现，大加赞赏并下旨嘉奖。

乾隆皇帝发兵平定廓尔喀，廓清藏边，西藏再现安宁。八世达赖喇嘛特派巴雅尔堪布进京呈递丹书克谢恩。乾隆五十七年（1792）十一月壬子，乾隆皇帝对达赖喇嘛谢恩之意已有谕示：“又据奏：达赖喇嘛告称，此次官兵进剿廓尔喀，收复边境，卫藏得以宁辑，实深欢感。即日专差喇嘛赴京进表谢恩等语。前据福康安等奏，班禅额尔德尼感激朕恩，恳请差人赴京赍进表贡。今达赖喇嘛亦有此请，自可与班禅额尔德尼所遣喇嘛一同来京。”[32]

此件达赖喇嘛谢恩折，应该是福康安班师回京奏呈乾隆皇帝的。福康安在乾隆五十八年（1793）三月十三日的奏折中呈报：

臣于（二月）二十五日自藏启程，至十余里外，达赖喇嘛已先期下山……在彼恭设方幄，（朱批：好事。）预备恭请圣安。并据告称：我蒙大皇帝保护卫藏，糜饷劳师，上烦天心，时劳筹划，廓尔喀畏惧投诚，从此藏地永远安静，又将藏中诸事立定规条，使僧俗永沾利益，共乐升平，感颂恩慈，难名钦服，惟有督率噶伦、堪布喇嘛等，谨遵善后各条，事事实力奉行，一切事务悉由驻藏大臣指示办理，藏地大有裨益，黄教更可振兴。我惟有虔诵万寿经典，恭祝圣躬强固，稍报鸿恩。上年，虽已专差喇嘛赴京，进表谢恩，然感戴之忱，尚未尽达。今大将军自藏回京，必应下山亲自跪谢圣恩，不敢仅照寻常礼数。惟求到京瞻觐大皇帝时，将我万分铭感未能形诸言语情形，代为面奏叩谢。等语。言已竟至泣下。（朱批：可怜可嘉。）因即特行跪礼，呈递哈达，恭请圣安。此系达赖喇嘛向来未有之事，知恩晓事，实属出于至诚。[33]

乾隆在对军机大臣的谕示中，赞赏了达赖喇嘛谢恩折："此次福康安带兵远讨，廓尔喀畏罪投诚，所有善后事宜又遵照朕旨逐一清厘整顿，从此边隅永靖，卫藏敉宁，是以福康安自藏起程时，达赖喇嘛等先期下山于十里外恭设方幄，跪递哈达，恭请朕安。此极好事。且其真心感激，恳福康安代奏，至于泣下，尤为可怜可嘉！"[34]

参考文献

[1] 西藏自治区档案馆：《西藏自治区档案馆馆藏蒙满文档案精选⑩》，四川民族出版社，2019年，第268页。

[2] 释妙舟：《蒙藏佛教史（第四编）》，广陵书社，2009年，第98–99页。

[3] 释妙舟：《蒙藏佛教史（第四编）》，广陵书社，2009年，第99页。

[4] 《清高宗实录》1387卷。

[5] 松筠撰：《卫藏通志》，西藏人民出版社，1982年，第366页。

[6]《西藏研究》编辑部编，吴丰培校订：《番僧源流考--西藏宗教源流考》，西藏人民出版社，1982年，第75页。

[7]《清高宗实录》1393卷。

[8]《清高宗实录》1411卷。

[9]《西藏研究》编辑部，吴丰培校订：《番僧源流考——西藏宗教源流考》，西藏人民出版社，1982年，第38页。

[10]《清高宗实录》1424卷。

[11]《西藏研究》编辑部，吴丰培校订：《番僧源流考——西藏宗教源流考》，西藏人民出版社，1982年，第38-39页。

[12]《清高宗实录》1411卷。

[13]《清高宗实录》1412卷。

[14]《清高宗实录》1417卷。

[15]《清高宗实录》1427卷。

[16] 释妙舟：《蒙藏佛教史（第四编）》，广陵书社，2009年，第103页。

[17]《西藏研究》编辑部：《<西藏志><卫藏通志>合刊》，第264-265页。

[18]《清高宗实录》1427卷。

[19]《清高宗实录》1411卷。

[20]《西藏研究》编辑部《<西藏志><卫藏通志>合刊》，1982年，第433页。

[21]《清高宗实录》1417卷。

[22]《清高宗实录》1416卷。

[23] 顾祖成：《明清治藏史要》，西藏人民出版社，1999年，第256页。

[24] 顾祖成:《明清治藏史要》,西藏人民出版社,1999年,第257页。
[25] 恰白·次旦平措著,陈庆英等译:《西藏通史:松石宝串》,西藏古籍出版社,1996年,第789-790页。
[26] 黄玉生等:《西藏地方与中央政府关系史》,西藏人民出版社,1995年,第179页。
[27] 中国藏学研究中心:《元以来西藏地方与中央政府关系档案史料汇编:第3册》,中国藏学出版社,1994年,第825-826页。
[28] 中国藏学研究中心:《元以来西藏地方与中央政府关系档案史料汇编:第3册》,中国藏学出版社,1994年,第829页。
[29] 西藏自治区档案馆:《西藏自治区档案馆馆藏蒙满文档案精选⑩》,四川民族出版社,2019年,第77页。
[30]《西藏百科全书》编辑委员会:《西藏百科全书》,西藏人民出版社,2005年,第94页。
[31] 西藏自治区档案馆:《西藏自治区档案馆馆藏蒙满文档案精选⑩》,四川民族出版社,2019年,第77页。
[32]《清高宗实录》1417卷。
[33] 中国藏学研究中心:《元以来西藏地方与中央政府关系档案史料汇编:第3册》,中国藏学出版社,1994年,第823-824页。
[34]《清高宗实录》1426卷。

第十三讲

金瓶掣签与活佛转世

金瓶又称“金奔巴瓶”，是清乾隆五十七年（1792）清朝中央专门为藏传佛教呼图克图大活佛以上转世灵童掣签而精制的。每个金瓶中都配备了五支大小相同的象牙签牌。据史料记载，金奔巴瓶系纯金打造，净重2850克，高34厘米，口径12厘米，腹部直径21.3厘米，现系国家特级文物。

一

我第一次看到金瓶是在1995年11月29日的大昭寺，当天凌晨，十世班禅转世灵童金瓶掣签仪式在大昭寺释迦牟尼像前举行。

金奔巴瓶（资料）

1995 年 11 月 29 日，十世班禅转世灵童金瓶掣签仪式在大昭寺释迦牟尼像前举行。西藏佛教协会会长波米强巴洛珠掣签　转载新华网

用金瓶掣签的方式来认定藏传佛教最高等的大活佛转世灵童，是清朝乾隆皇帝时期正式设立的制度。此定制采用以来，已有三个班禅和六个达赖的转世灵童经由金瓶掣签认定。算起来，藏传佛教前后共有 70 多名大活佛是通过金瓶掣签认定的。

藏传佛教发展到今天的规模，经过了漫长的历史，从一开始就形成了比较稳定的特色。我曾在一篇文章中写到过：藏传佛教有个特点，即血肉和灵魂是来自印度的佛教理论，而骨架则是西藏古老的苯教仪式。

元朝灭亡后，大多蒙古部落退出中原地区。明末满清入关之前，有几个大的蒙古部落已脱离明朝辖制：漠北喀尔喀、漠南察哈尔、漠西厄鲁特（其中含准噶尔部、和硕特部等），还有占据甘肃、青海的土默特部。清朝初立，早期国策即以笼络蒙古诸部为要。

早在忽必烈建立元朝初期，在全国设省，而对西藏单独设置十三万户，由中央政府直接进行行政管辖。由于藏传佛教萨迦派首领八思巴是忽必烈尊奉的国师，并为蒙古创立文字，自元至明清，上至王公贵族，下至普通百姓，蒙古族皆笃信藏传佛教，尊崇喇嘛。

在清朝康熙至乾隆时期，西藏各教派纷争激烈。游牧于青海的蒙古吐默特部和西藏的地方势力用各种办法控制西藏的大活佛，以便扩张自己的势力，并巩固所获得的特权。当时，蒙藏地区大活佛圆寂以后，转世灵童主要是由拉萨乃琼寺最有名望的跳神巫师“吹冲”来认定。在各种贿赂下，“吹冲”在跳神中假借神谕，指定的活佛转世灵童大多出自蒙古王公或西藏的大贵族之家，有的甚至还是“吹冲”家族中人。比如六世班禅额尔德尼、扎什伦布寺仲巴呼图克图和噶玛噶举红帽十世活佛确珠嘉措三人是亲兄弟；藏传佛教香巴噶举几个寺庙的四个活佛出自同一家族；三世达赖喇嘛索南嘉措由青海蒙古吐默特部首领俺答汗赠“达赖喇嘛”名号，其转世的四世达赖喇嘛云丹嘉措就是俺答汗的曾孙；七世班禅额尔德尼、八世达赖喇嘛和西藏地方政府的噶伦丹泽班珠、蒙古的哲布尊丹巴活佛均系姻亲。

这种大活佛几乎都出自一家的现象，是促使乾隆皇帝下决心整治西藏活佛转世制度弊端的一个重要原因。

二

西藏最早的活佛转世制度始于藏传佛教噶举派。

在西藏诸多佛教教派中，噶举派体系最为复杂。活佛转世制度是藏传佛教特有的教派首领传承方式，根本原因还是为了巩固该教派的地位。佛教自印度传入西藏始，尤其是 8 世纪莲花生、寂护在桑耶寺开始培养专业译经人员和专事修习佛教理论的僧人，再加上之后的吐蕃赞普大力推行佛教，甚至到了明确每七户供养一名僧人，直至藏族达到几乎全民信仰佛教的地步。

藏传佛教入门学习，讲究“三根本”，即上师、本尊、护法。尊崇上师，是得到上师加持，比如本心如灯，上师是火，点上火，灯才明亮，上师如电线，通上电，本心才大放光明；本尊是观修对象，无论哪尊佛菩萨，如阿弥陀佛、文殊，观修过程就是得到其加持，将佛菩萨的成就成为自己的成就；护法，就是诸恶莫作，诸善奉行，无论从事什么都要维护佛教教义。从字面看，“活佛”就是活在世间的佛，具有上师、本尊的加持力。故而我们看到很多信徒对待活佛，达到痴迷敬奉乃至真假不辨的地步。

从现有的资料来看，西藏最早的活佛产生于 13 世纪初，始于噶玛噶举的黑帽系。活佛转世方式后来被藏传佛教各派系广泛采用。

我在 1985 年曾骑马翻山越岭去过藏东噶玛寺，该寺隐于昌都深山之中。以前在拉萨，知道出郊区北去 70 多公里处，有个属噶玛噶举教派的楚布寺。这次到了噶玛寺，才知道噶玛噶举创立者都松钦巴（1110—1193 年）在 12 世纪初，即在藏东的贝希山深谷之中这个叫作“噶玛”的地方建立了噶玛寺，噶玛噶举派也因此得名，噶玛噶举首领也被尊称为“噶玛巴”。40 多年以后，都松钦巴去拉萨，在楚布河南岸看到一片树木茂密的幽静山谷，于是选择此地修行，又建起了楚布寺。由于都松钦巴圆寂于楚布寺，楚布寺后来成为历代噶玛噶举派的噶玛巴驻赐之地。现在噶玛噶举最大的活佛噶玛巴已转世至十七世。

在西藏，如果不是对藏传佛教稍有了解，走几个教派不同的寺庙，恐怕还很难分清其区别。比如格鲁、宁玛、噶举的僧人，从外表看，平时穿着基本是一样的。只有在寺庙里看大殿内的陈设，或者到了重大宗教节日才可看出一些区别。实际上，重要的区别在于其修炼方式。格鲁，藏语意“戒律”，该派戒律森严，显密修炼，循序渐进，讲究僧人的集体行为。噶举，藏语意“口传”，该派注重密法，老师对徒弟单一进行口耳传承密法教义，修行方式有浓重的密宗色彩。这个教派在西藏各个教派中分支最多，传统的说法有两大传承：香巴噶举和塔布噶举。香巴噶举已在15世纪时期，就渐渐衰微而鲜为人知。现在西藏的噶举派源自塔布噶举，而塔布噶举又分四大支、八小支。四大支为噶玛噶举、蔡巴噶举、拔戎噶举和帕竹噶举。元朝时，因忽必烈尊萨迦派首领八思巴为帝师，同时又将西藏十三万户由萨迦法王统领，有元一代，萨迦派在西藏最为得势。帕竹噶举曾在元末清初主掌西藏地方政权。到现在，噶举派繁杂的分支中就数噶玛噶举最具影响。噶玛噶举原本有两大支系，一是噶玛噶举红帽系，乾隆时该系活佛勾结廓尔喀人入侵西藏，被乾隆勒令取消该派系，寺庙和僧人全部转入格鲁教。二是噶玛噶举黑帽系，这个教派在西藏的影响广泛，信徒众多，仅次于以达赖喇嘛和班禅额尔德尼两大活佛为首的格鲁派。

噶举派的创立人玛尔巴出生于宋真宗大中祥符五年（1012），他自小性格暴烈，被父亲送到萨迦寺出家为僧，后来又四次到尼婆罗、三次到印度遍访大师，学习密宗，最终习得金刚乘全部密法。尼婆罗密宗大师那若巴对玛尔巴预言说：“弟子，你有教化吐蕃众生的业缘，你的后裔将像天上的花朵遍布各处，你的弟子将像江河长流，你以后将会获得殊胜成就，你的弟子有七代受到我的护持，他们也将获得殊胜成就。”[1]

回到家乡山南洛扎，玛尔巴一边翻译梵文密宗经典，一边收徒传法，因为注重苦修，口口相传，称为“噶举”。他最有名的弟子、西藏著名的苦行僧米拉日巴后来成为噶举第二代祖师。到过卫藏一带的人都可以发现，当地农民习惯穿着白色羊毛氆氇袍，由于玛尔巴和米拉日巴分别是山南和后藏人，平时修行也习惯身着白色氆氇袍，也有说印度、尼婆罗噶举僧人身着白裙。在我的书架上有一本书，书名是《米拉日巴传》，书中讲的人物就是西藏最有名的苦行僧米拉日巴。米拉日巴的密法是他师傅玛尔巴早年从印度佛教高僧那里学来的。他勤学苦修，常常独自一人冥思苦想，在深山的山洞里最长一次苦修达九年之久。米拉日巴的大弟子塔布拉杰传下来的密法教义，形成塔布噶举流派。塔布拉杰的寺院在高高的达拉岗布山上，我与藏族著名摄影师觉果曾拜访此地。山路崎岖，人迹罕至，山巅巨石奇形怪状，传说是在听噶举派高僧讲佛法。米拉日巴声音洪亮，讲经具有音韵，通俗易懂，后人整理了韵诗《米拉日巴道歌》，这是噶举派独特的佛教知识读本，也是藏族文学史上的一朵奇葩。

西藏活佛转世始于噶玛噶举创立者都松钦巴。前面我谈到，“三根本”中的上师，是学佛者的引路人、导师。藏传佛教认为，佛有三身，即法身、报身和化身。而上师就是佛在人世间的化身，化身凡夫俗子，传播佛法，帮助众生解除愚昧，消却苦难，从而脱离轮回。

那么，有成就的上师圆寂以后，未能达到教化众生的目的，于是就有了转世，即所谓“乘愿再来”。都松钦巴圆寂前，曾给弟子留有遗言，说他将十年后转生东边，那里有噶玛噶举教法的传承人。时年 11 岁的噶玛拔希北上拉萨时，与都松钦巴弟子邦扎巴中途相遇，邦扎巴问："从哪来？"答："东方金沙江边。"问："去哪？"答："楚布寺学法。"于是，邦扎巴认定男子为都松钦巴转世传法之人，予以灌顶受戒，倾心教导噶玛拔希，使其成为噶玛噶举派最有成就之高僧。这就是藏传佛教历史上第一个活佛转世。

噶巴拔希因是都松钦巴遗言的转世，成为噶玛噶举二世活佛。"拔希圆寂时，传位于弟子朱妥·邬坚巴，并为他授记，说：'从远方拉堆方面，必出一继承黑帽法统的人，在他未来之前，汝当作为佛的代理！'遂把金边黑帽加在邬坚巴头顶上，旋即示寂。不久他转生在拉堆地方，是米拉降生的故乡，此人就是第三世噶玛巴让迥多吉。"[2]

自此，噶玛噶举派有了活佛转世体系。

1992 年，我在楚布寺参加时任国务院宗教局局长任务之主持的十七世噶玛巴坐床典礼，挤在各地来贺的人丛中，亲眼见证这项历经漫长年代的传奇金边黑帽戴到了少年噶玛巴的头上。这是西藏和平解放以来，由中华人民共和国中央人民政府首次行文批准认定的西藏大活佛，具有重大的历史意义。

藏传佛教大活佛的转世灵童按历史定制，须经金瓶掣签认定，但唯独噶玛噶举派例外。虽然如此，中央政府批准这一关是必须要过的。噶玛巴转世灵童的真伪，最主要就是由上一世噶玛巴的遗嘱来认定。这说起来也有一些神秘色彩。

1985 年，我去昌都的噶玛寺，寺院已是破烂不堪。院门两侧的护法只剩下色彩剥落的泥条，院内杂草丛生，主体建筑的绿色琉璃瓦屋顶、厚实的藏式墙体毁坏还不算严重。寺院内的好几座土石结构的佛塔内，明代的壁画还十分清晰。更宝贵的是，我在一僧舍外看到钉在窗上用以挡风寒的木牌上有用银汁写着的"皇帝万岁万万岁”。仔细一看，竟然是明宪宗皇帝的御笔，是当年六世噶玛巴进京朝觐明朝大皇帝时，皇帝赐的。我告诉寺里的喇嘛，这可是件相当珍贵的文物呀，并让他们取下来，供在了大殿上。

三

在西藏实行金瓶掣签制度，起因是噶玛噶举红帽系活佛确朱嘉措叛国，勾引廓尔喀人入侵西藏事件的发生。

元、明以来，西藏事务俱是由西藏宗教上层和信奉藏传佛教的蒙古王公以及西藏的大贵族操持，皇帝对西藏重大事务时而也派钦差进藏督办。明永乐元年（1403），五世噶玛巴率众弟子到南京为明成祖祝贺其登基并为皇太后荐福，明成祖则赐封噶玛巴为“大宝法王”。五世噶玛巴圆寂后，明宣宗还派钦差赴藏检验转世灵童真身，并钦准检验奏折，这是中央政府首开派专员检验转世活佛之先例。

清朝初期，固始汗入藏帮助格鲁派推翻了噶举派主导的藏巴汗地方政权。自此，噶举派不再参与政治，专事藏传佛教之噶举派宗教事务。

达赖喇嘛与班禅喇嘛的格鲁派在西藏一家独大之后，清康熙、雍正、乾隆皇帝考虑到对边远蒙古部族的约束，都对西藏达赖和班禅两大活佛体系采取优抚政策。清高宗乾隆帝以为“佛法始自天竺，东流而至西番，其番僧又相传称为喇嘛。……其达赖、班禅额尔德尼之号，不过沿元明之旧，换其袭敕耳。盖中外黄教，总司以此二人。各部蒙古，一心归之。兴黄教，即所以安众蒙古，所系非小，故不可不保护之，而非若元朝之曲庇谄敬番僧也”[3]。

雍正元年（1723），清中央政府在西藏派驻满汉清军 3000 名以守边务，同年还沿进藏之要径设置粮台塘汛。雍正四年（1726），雍正帝钦准理藩院所奏，在西藏设驻藏大臣一员，办前后藏一切事务。雍正五年（1727），清政府正式在西藏设立驻藏大臣衙门，内阁学士僧格和副都统马喇成为首任驻藏大臣。从此一直到清宣统三年（1911）清王朝灭亡的185年之间，清中央政府前前后后向西藏调派驻藏大臣173人次（直接到任者有114人）。驻藏大臣不仅直接掌管西藏政务，还直接督察西藏宗教重大事务。对大活佛转世灵童的认定，除了“吹冲”降神以外，还需报驻藏大臣，并由驻藏大臣上奏北京大皇帝恩准。

乾隆四十五年（1780），六世班禅额尔德尼奉旨进京，祝贺乾隆皇帝七十大寿，沿途蒙藏地方首领及头人馈赠了大量礼品和牛羊，加之北京各王公贵族的馈赠，六世班禅额尔德尼所获金银财宝无以计数。六世班禅额尔德尼的两个兄弟，都是在西藏有相当地位的活佛。其兄仲巴呼图克图是扎什伦布寺的札萨大喇嘛，代理班禅掌管扎什伦布寺教务；其弟就是噶玛噶举红帽系第十世活佛确朱嘉措。当年深秋，六世班禅额尔德尼在承德为乾隆讲经说法及举行若干法事活动后，因患天花在北京黄寺圆寂，其所有财物均由其兄护送回西藏扎什伦布寺，除部分财物和大量牛羊留与扎什伦布寺外，多数馈赠之珍贵财宝为仲巴呼图克图攫为己有。确朱嘉措因不属同一教派，未得分毫。一气之下，出走尼泊尔，投靠了廓尔喀。

确朱嘉措于乾隆四十九年（1784）逃至廓尔喀后，大肆渲染扎什伦布寺有无数金银财宝，西藏边务如何空虚，挑唆廓尔喀国王发兵西藏。

廓尔喀人第一次侵藏获利不多，到乾隆五十六年（1791），廓尔喀兵再次入侵西藏。

当3000多廓尔喀兵即将打到扎什伦布寺时，驻藏大臣保泰匆忙赶赴日喀则将七世班禅额尔德尼移至拉萨。仲巴呼图克图竟弃寺携带贵重财宝逃走，日喀则和扎什伦布寺僧人群龙无首，也四下逃散。廓尔喀兵将扎什伦布寺洗掠一空以后，又攻打日喀则宗城堡。驻守城堡的80多名汉兵在都司徐南鹏的指挥下，奋勇抵抗，廓尔喀兵多有死伤。久攻城堡不下，廓尔喀兵于是退走，驻扎在西藏边境一带。

乾隆帝得奏报后十分震怒，派福康安为大将军，率17000多清兵入藏，并着四川总督孙士毅督办粮饷。福康安大将军不负乾隆皇帝厚望，率清军由日喀则一路南下，将廓尔喀兵逐出西藏，并挟军威，一路扫荡，最后兵临廓尔喀王城加德满都城下。廓尔喀国王多次乞降，并将确朱嘉措的尸骨、妻小及掠去的扎什伦布寺部分财物一并送至福康安军前，表示永不敢犯边界，并许诺向大清国五年一朝贡。乾隆帝接到奏报时见冬时将至，清军远征喜马拉雅南麓，大雪封山，多有不便，钦准福康安受降。

我在日喀则扎什伦布寺大院内，看到过一块石碑，上面记述的就是福康安大将军进藏驱逐廓尔喀入侵者的军功。十世班禅额尔德尼转世灵童在大昭寺被金瓶掣签认定真身后，由拉萨返日喀则坐床，我一路随行。走进扎什伦布寺大院，看见石碑安放在扎什伦布寺接待室外的空地上，并用水泥做了基座。可惜碑上文字多有模糊，碑名我也已忘记。

现在在布达拉宫广场，立有两座绿色琉璃瓦汉式碑亭。一块石碑是“御制平定西藏碑”，碑文为康熙皇帝亲撰，记述了康熙六十年（1721）出兵西藏，平定准噶尔入侵西藏的功德。另一块碑是“御制十全记碑”，碑文记述了乾隆皇帝在位五十七年间的十大武功。

其中一大武功就是福康安大将军率军赴藏驱逐廓尔喀入侵者的事迹。在拉萨西郊的功德林磨盘山上，有一座关帝庙，西藏人也把关羽称“汉格萨尔”，因此此庙亦称“格萨尔庙”。关帝庙就是当年福康安所率官兵修建的。庙前有一块高三米多的石碑，碑文记述的也是福康安驱逐廓尔喀入侵者的功德。另外，还有一块同样记述福康安率清军驱逐廓尔喀人的石碑，原先立在大昭寺前，称“大昭纪功碑”，现残破的碑体已由文管部门收藏。

福康安班师离藏前，按乾隆帝旨意对西藏事务进行了整饬。

首先严惩确珠嘉措的叛国行为，废除了噶玛噶举红帽系活佛转世，查抄了该教派的寺庙和财产，并强令其所属红帽系喇嘛改奉格鲁派，分散遣至拉萨三大寺。为使西藏长治久安，对外不受外人侵扰，对内治理有法可依，乾隆帝还着大将军福康安、四川总督孙士毅、驻藏大臣和琳、惠龄四人，会同八世达赖喇嘛、班禅额尔德尼等僧俗要员，商议并制订出二十九条章程。

二十九条章程第一条就立下了金瓶掣签制度：“一、关于寻找活佛及呼图克图灵童的问题。依照藏人旧例，确认灵童必问卜于四大护法，如此难免发生弊端。大皇帝为求格鲁派得到兴隆，特赐一金瓶，今后遇到寻认灵童时，邀集四大护法将灵童的名字及出生年月，用满、汉、藏三种文字写于签牌上，放进瓶内，选派真正有学问之活佛，祈祷七日，然后由各呼图克图和驻藏大臣在大昭寺释迦牟尼像前正式认定。假若找到的灵童仅只一名，亦须将一个有灵童名字的签牌，和一个没有名字的签牌，共同放进瓶内，假若抽出没有名字的签牌，就不能认定已寻得的儿童，而要另外寻找。达赖和班禅额尔德尼像父子一样，认定他们的灵童时，亦须将他们的名字用满、汉、藏三种文字写在签牌上，同样进行。这些都是大皇帝为了格鲁派的兴隆，和不使护法弄假作弊。这个金瓶平时放在宗喀巴佛像前，需要保护净洁，并进行供养。”

章程第十条还专门对达赖、班禅与驻藏大臣相互之间的关系和职权进行了规定：“十、驻藏大臣督办藏内事务，应与达赖喇嘛、班禅额尔德尼平等，共同协商处理政事，所有噶伦以下的首脑及办事人员以至活佛，皆是隶属关系，无论大小都得服从驻藏大臣。扎什伦布寺的一切事务在班禅额尔德尼年幼时，由索本堪布负责处理，但为求得公平合理，应将一切特殊事务，事先呈报驻藏大臣，以便驻藏大臣出巡到该地时加以处理。”

金瓶掣签制度特别设立了两个金瓶，一个放在北京雍和宫，专供川、青、甘、滇和蒙古地区藏传佛教大活佛转世灵童掣签用。雍和宫内现在还立有《御制喇嘛说》石碑一块，碑文由乾隆皇帝亲撰，刻以满、汉、蒙、藏四种文字。碑文不仅说明了设置金瓶的原因，而且更重要的是，较全面地阐述了清朝中央政府对西藏上层喇嘛及藏传佛教的政策。其意可谓深谋远虑。碑文史料价值很高，全文如下：

佛法始自天竺，东流而至西番。其番僧又相传称为喇嘛。喇嘛之字，汉书不载，元、明史中或讹书为剌马。予细思其义，盖西番语谓上曰喇，谓无曰嘛。喇嘛者谓无上。即汉语称僧为上人之意耳。喇嘛又称黄教，盖自西番高僧帕克巴始盛于元，沿及于明，封帝师、国师者皆有之，我朝惟康熙年间衹封一章嘉国师，相袭至今。其达赖喇嘛、班禅额尔德尼之号，不过沿元明之旧，换其袭敕耳。盖中外黄教，总司以此二人。各部蒙古一心归之。兴黄教，即所以安众蒙古，所系非小，故不可不保护之，而非若元朝之曲庇谄敬番僧也。

其呼图克图之相袭，乃以僧家无子，授之徒，与子何异，故必觅一聪慧有福相者，俾为呼毕勒罕。幼而皆习之，长成乃称呼图克图。此亦无可如何中之权巧方便耳。其来已久，不可殚述。孰意近世其风日下，所生之呼毕勒罕，率出一族，斯则与世袭爵禄何异？予意以为大不然。盖佛本无生，岂能转世？但使今无转世之呼图克图，则数万番僧无所皈依，不得不如此耳。去岁廓尔喀之听沙玛尔巴之语，劫掠藏地，已其明验。虽兴兵进剿，彼即畏罪请降，藏地以安，然转生之呼毕勒罕出于一族，是乃为私。佛岂有私，故不可不禁。兹予制一金瓶，送往西藏，于凡转世之呼毕勒罕，众所举数人，各书其名置瓶中，掣签以定。虽不能尽去其弊，较之从前一人之授意者，或略公矣。夫定其事之是非者，必习其事，而又明其理，然后可。予若不习番经，不能为此言。始习之时，或有议为过兴黄教者，使予徒泥沙汰之虚誉，则今之新旧蒙古畏威怀德，太平数十年可得乎？且后藏煽乱之喇嘛，即正以法。元明曾有是乎？盖举大事者，必有其时与其会，而更在乎公与明。时会至而无公与明以断之，不能也，有公明之断，而非其时与会，亦望洋而不能成。兹之降廓尔喀，定呼毕勒罕，适逢时会，不动声色以成之，去转生一族之私，合内外蒙古之愿。当耄近归政之年，复成此事，安藏辑藩，定国家清平之基于永久，予幸在兹，予敬益在兹矣。

乾隆五十有七年岁次壬子孟冬月之上浣御笔

为了说明金瓶掣签制度的公允，同时也强调释迦牟尼佛“神断”的作用，《番僧源流考》一书中记述了乾隆皇帝喻示军机大臣的一段批语：“今朕送去一金瓶，供奉前藏大昭寺内。嗣后达赖喇嘛、班禅额尔德尼、哲布尊丹巴、噶勒丹锡勒图、第穆、济咙等，并在京掌印大呼图克图及藏中大呼图克图圆寂时，出有呼毕勒罕时，禁止拉穆吹忠看龙单，著驻藏大臣会同达赖、班禅额尔德尼将所出呼毕勒罕有几人，令将伊等乳名各书签放入瓶内，供于佛前虔诚祝寿念经，公同由瓶内掣出一签，定为呼毕勒罕，如此佛之默佑，必得聪慧有福相之真正呼毕勒罕，能保持佛教。朕尚不能主定，拉穆吹仲更不得从中舞弊，恣意指出，众心始可以服，钦此。”

文管会收藏的石碑中，还保存有“御制普陀宗乘之庙瞻礼纪事碑”。石碑分为四块，原先嵌于拉萨色拉寺一壁上，后由文管会收藏到其中的三块。此碑的碑文专门说明乾隆帝设立金瓶掣签制的原因：拉穆吹忠择一聪慧有福相者，定为呼毕勒罕，“乃行之既久，遂有影射牟利者，从中舞弊，任意妄指呼毕勒罕，居为奇货。以致转生之人率出一族，竟与世袭爵禄无异。而信奉其教之人亦生疑虑。我皇考于平定廓尔喀宁辑藏地之后，曾制《喇嘛说》，详述黄教原委与我朝所以振兴之故，并究悉其煽乱之由，将彼教坏法之人置之重辟。因思息纷定众之道，必须遏其弊端，特命制金奔巴瓶，送往藏中供奉。如有大喇嘛出呼毕勒罕之事，仍随其俗，令拉穆吹忠四人降神诵经，将各行指出呼毕勒罕之名，书签贮于所供金瓶，对众诵经，令达赖喇嘛或班禅额尔德尼同驻藏大臣共同签掣一人，定为呼毕勒罕。又各蒙古之大呼毕勒罕亦令如所定之例，将所报呼毕勒罕贮于雍和宫所供金瓶内，理藩院堂官会同掌印札萨克大喇嘛等公掣”。

二十九条章程使清朝中央政府治理西藏地方的制度更加完善，得到西藏上层由衷地拥护。八世达赖喇嘛向乾隆皇帝奏称：“卫藏诸事上烦大皇帝天心，立定法制，垂之久远，我及僧俗番众感切难名，何敢稍有违拗，将来立定章程，惟有同驻藏大臣督率噶伦及番众等敬谨遵照，事事实力奉行，自必于藏地大有裨益，我亦受益无穷。”

乾隆五十七年（1792）九月，御前侍卫惠伦等奉旨护送金瓶到达拉萨，福康安在奏折中描述了当时的场景："御前侍卫惠伦、乾清门侍卫阿尔塔锡第恭赍金奔巴瓶来藏，于十一月二十日，敬谨赍到。臣等率同官员、官兵及济咙呼图克图率领各寺呼图克图、大喇嘛及噶布伦以下番目，远出祇迎。达赖喇嘛感谢圣恩，先期下山在大昭寺等候，派喇嘛等各执香花幡幢导引，臣等与惠伦等恭送金奔巴瓶于向来虔诵伊罗尔经之大昭佛楼上宗喀巴前，敬谨供奉。达赖喇嘛率领僧众梵呗齐喧，极为诚肃。"班禅额尔德尼亦奏称："我蒙大皇帝高厚隆恩，有加无已。此次钦差大人远送金奔巴瓶来藏，全为保护黄教，又蒙特赏哈达，传旨赐问，实在感激天恩，无可图报，惟有率众喇嘛，虔诵万寿经，祝延圣寿。"

乾隆皇帝心情愉悦地在福康安的奏报上朱批道："好事，知道了，钦此。"

第一个启用金瓶掣签并得到认定的达赖喇嘛是九世达赖喇嘛的转世灵童，也就是后来的十世达赖喇嘛楚臣嘉措。道光元年（1821），噶厦和拉萨三大寺派出的寻访人员找到三个灵童，经驻藏大臣奏报道光帝后，道光帝特旨批准九世达赖喇嘛转世灵童进行金瓶掣签。道光二年（1822），驻藏大臣文干、帮办大臣保昌会同七世班禅等在布达拉宫皇帝牌位前举行金瓶掣签仪式，在驻藏大臣主持下，七世班禅额尔德尼从三根签中亲自掣出四川甘孜理塘出生的男童为九世达赖喇嘛转世灵童，七世班禅额尔德尼当即为十世达赖喇嘛剃度，取法名为阿旺罗桑丹增楚臣嘉措。

第一个用金瓶掣签认定的班禅喇嘛是七世班禅额尔德尼转世灵童，也就八世班禅额尔德尼丹贝旺秋。

咸丰六年（1856）12 月 15 日，十一世达赖喇嘛在拉萨布达拉宫圆寂，说来也巧，八世班禅额尔德尼也正好在这一年出生。七世班禅额尔德尼已在三年前圆寂，正当扎什伦布寺派人四处寻找班禅喇嘛转世灵童的时候，拉萨三大寺也派人四处寻访达赖喇嘛的转世灵童。扎什伦布寺在寻访到三个灵童后，首先快马驰报了驻藏大臣。驻藏帮办大臣（副职）赫特贺即向咸丰皇帝奏报。咸丰皇帝在其奏折上朱批道："谕内阁：赫特贺等奏，'班禅额尔德尼呼毕勒罕现访得灵秀二童'等语。呼必勒罕涅槃将及四载，赫特贺等奏，访得知觉异常灵妙二童，实属祥瑞，朕心快悦。著照所奏，即照定例将此二童之名入于金瓶内，唪经敬谨掣签，以定呼毕勒罕。俟掣定后由驿驰奏。"（原本寻访到三名灵童，后来其中一名灵童父母表示不愿参加掣签，所以奏报是两名灵童。）

咸丰七年（1857）八月，拉萨正处一年当中气候最好的季节。在驻藏大臣满庆和赫特贺的主持下，拉萨三大寺、摄政、噶伦和日喀则、扎什伦布寺的僧俗要员齐聚布达拉宫，在皇帝万岁牌位前举行了金瓶掣签仪式。最后从瓶中掣出后藏托布加溪卡竹仓村民丹增旺杰的男孩为八世班禅额尔德尼。次年，仍在布达拉宫皇帝万岁牌位前，由驻藏大臣满庆主持金瓶掣签，掣出十一世达赖喇嘛转世灵童。

十世班禅额尔德尼在扎什伦布寺主持五至九世班禅灵塔祀殿开光典礼期间，于 1989 年 1 月 24 日在日喀则召开了西藏、青海、甘肃、四川、云南五省区藏传佛教界高僧座谈会。在座谈会上，十世班禅大师专门谈到了活佛转世灵童认定的问题，他说："先找出三个候选灵童，然后逐一进行调查。我想到释迦牟尼跟前，采取'金瓶掣签'的办法来确定是最好的。"

在十世班禅额尔德尼圆寂后不久的同年 2 月 3 日，时任全国人大常委会副委员长的阿沛·阿旺晋美在缅怀十世班禅大师功绩座谈会上发言说："大师转生什么地方，各藏区都会有自己的看法，但是没有关系，最后在大昭寺释迦牟尼像前'金瓶掣签'来认定，谁也提不出意见。"十世班禅大师的经师、寻访灵童领导小组第一主持人嘉雅活佛在圆寂前留下遗言说："要采用'金瓶掣签'认定灵童。根据宗教仪轨、历史定制、班禅大师的遗愿和上层爱国人士、宗教界高僧大德的意见，在寻访工作将产生几个灵童人选的条件下，中央及时决定，用'金瓶掣签'来选定灵童。"

参考文献

[1] 达仓桑巴·班觉桑布著，陈庆英译：《汉藏史集·贤者喜乐赡部洲明鉴》，西藏人民出版社，1986 年，第 273 页。

[2] 罗桑开珠：《藏传佛教文化概论》，中国藏学出版社，2013 年，第 282 页。

[3]《清高宗实录》第 1427 卷。

第十四讲

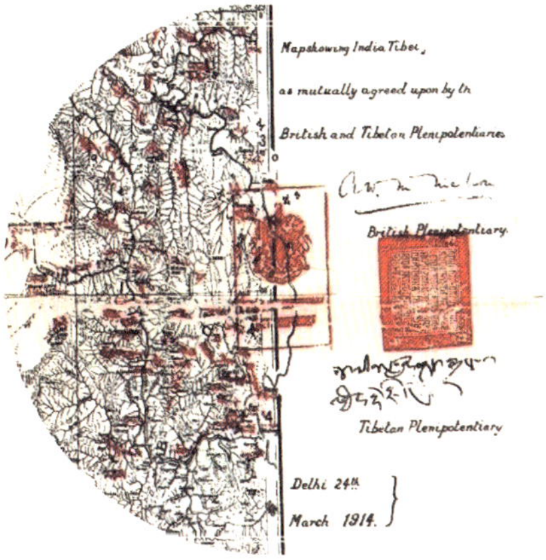

麦克马洪线是非法的

——关于“西姆拉条约”

现代西藏历史上有一件事，十分恶劣，遗毒至今。那就是 1913 年的“西姆拉会议”与所谓的“麦克马洪线”。

一、阴险的圈套

20 世纪初至 1949 年新中国成立前的半个世纪里，当时中国因内乱和羸弱，中央政府无暇顾及西南边陲，英国在印度的殖民政府乘机深度介入西藏事务，不断拉拢西藏地方噶厦政府的上层，策动西藏地方从中国版图分离出去。笔者认为，现在国际上几乎所有热衷炒作的“西藏问题”，都可以在这半个世纪的波云诡谲中找到源头。其中最为阴险恶毒者，莫过于“西姆拉条约”及非法的“麦克马洪线”。而英印殖民政府就是始作俑者。

放眼世界上，凡是英国殖民者撤离的地方，几乎都要在政治、外交上遗留巨大的麻烦。一方面，不得不佩服英国人深谋远虑的战略布局，另一方面又对老殖民者的阴险狡诈感到无比愤慨。1904 年英印军队武装侵入西藏，强迫西藏地方签订不平等的“拉萨条约”，英方在西藏开埠、通邮，并用殖民地一贯做法，培养上层“亲英”的分裂势力。从那里起，许多涉藏的原本是中英两个主权国家间的谈判，英国人就有预谋地让西藏地方政府作为第三方参与进来。

1911 年辛亥革命以后，之前因川藏兵乱逃往印度边界小镇噶伦堡的十三世达赖喇嘛回到拉萨，当即公告全藏“中原各省人民刻已推翻君主，建立新国。……苟有地居有汉人，固当驱逐净尽。即

1913 年 10 月 13 日所谓西姆拉会议代表合影（资料）

其地未居汉人，亦必严为防守，总期西藏全境汉人绝迹。”[1] 在乱局之下，驻防拉萨、江孜、日喀则的川军放下武器，换得印度卢比若干，取道印度加尔各答回到四川。

1912 年 1 月 1 日中华民国成立，临时大总统孙中山在就职宣言中提出五个统一，即民族之统一、领土之统一、军政之统一、内治之统一、财政之统一。中华民国宪法明确提出汉、满、蒙、回、藏五族共和，各地方包括西藏同为中华民国领土。

民国成立前夕，英国势力就着手策划西藏从中国分离出来。西藏拉萨发生“驱汉事件”以后，川西部分土司、头人也发动“驱汉”，藏边局势陷入混乱。中华民国总统袁世凯先是命川军、滇军入康藏平息叛乱，后因英国驻华公使朱尔典抗议，并以不承认中华民国要挟，袁世凯不得已，电令四川督军尹昌衡和云南督军蔡锷，川军滇军暂缓进入康藏。老奸巨猾的英国政府乘机向中华民国外交部提出五点备忘录：

1. 英政府不允许中国干涉西藏内政；

2. 反对华官在藏擅自行政权，不承认中国视西藏与内地各省平等；

3. 英国不允许在西藏境内存留无限华兵；

4. 以上各节先行立约，英方方将承认（中国政府）之益施之于中国；

5. 在订立新协议前，暂时断绝中、藏经过印度之交通。[2]

按说，凡涉藏之事务乃中国之内政，完全可以不予理睬，但英国人抓住了袁世凯新政府为取得各国之承认的急迫心态，逼迫袁世凯政府入其彀中。袁世凯政府按外交惯例复照英国政府，逐一回复并照会各国：

1. 按照1906年条约，谓中国无干涉西藏内政权，理由无根据；改西藏为行省为民国内政，但无即改行省之意；

2. 中国于西藏紧要各处，当然派遣军队，但并无派遣无限制军队驻藏之意；

3. 中英关于西藏已订有约，今日并无改订新约的必要；

4. 中国政府断不阻碍英、藏交通；

5. 承认中华民国是另一问题，不能与西藏问题并为一谈。[3]

尽管民国政府的态度是明确的，但英国人的阴谋也成功了：提出无理要求，只要你反驳，那么，就可以将西藏地方拉进来进行三方谈判，以实现其分裂西藏的战略意图。实际上，英国政府在向袁世凯政府提出五点备忘录的同时，亦秘密向西藏地方明确提出鼓动西藏从中国分离的建议，试探西藏上层态度。主要内容是：只要西藏地方脱离中国，英国则率先承认并介绍其他大国承认，如中国军队干涉，由英国抵御；贷给西藏300万英镑以资该事宜，武器由英国提供；英国派员来藏监督西藏之财政、军事，英国人可在藏自由行动等等。[4]

然而，袁世凯政府已明确公告且派员进藏宣谕五族共和，表示不在西藏实行新政，川军亦停止进军康藏。西藏部分上层和宗教界人士传统是心向祖国内地的，反对英国干涉西藏的人也比较多，西藏地方没有接纳英国人的建议和条件。于是，把两面派手段用到极致的、英国政府操纵的一场旷世阴谋把戏在印度北部的西姆拉拉开序幕。

二、无耻的欺诈

“西姆拉会议”期间，英国人用两面手法，导演了两出丑剧。一是诱骗中方代表草签“西姆拉条约”，由于中方政府坚决反对，中方代表未在正式条约上签字，条约无效；二是英方私下划出非法的“麦克马洪线”，意欲吞并西藏多达九万平方公里的土地。

眼看中华民国成立后，西藏地方开始与民国中央政府积极接触，边疆局势在向稳定方向发展，善于挑拨离间的老牌殖民者，立即提出西藏事宜应由英、中及西藏地方三方会谈，并威胁说如不同意谈判，将与西藏地方单方面签约。北洋政府再次钻进英国布下的圈套。同意就西藏边务举行中英会谈。为体现中英两国主权，中方首先建议在北京或是伦敦举行谈判，英国政府见北洋政府上钩了，马上提出在英国殖民地印度北部西姆拉地方举行会谈，地理上距西藏也近，来往方便，并且无耻地提出不是中英双方会谈，而是包括西藏地方的三方会谈。中方当然不同意西藏地方作为单独一方参与，提出先由中英双方达成一致，再由西藏地方参与，随同中央政府代表附签。英国则坚持西藏地方要作为单独一方参与，威胁说，如西藏方不参与，他们将不保证条约在西藏实施，表示只要答应了三方会谈，就立刻承认中华民国政府。北洋新政府不得不让步，答应了英国的有关中、英及西藏地方三方在西姆拉会谈的要求，由此，无论中方还是西藏地方，皆被英国玩弄于股掌之中。

英国的目的很明确，就是想在他精心操弄的三方会谈上，达成一项协议：把中国行使的有效主权从西藏排除掉。为了攫取这个最大的地缘政治利益，英国人的谈判准备是多层次、多方面的，非常充分。西藏地方代表伦钦夏扎·班久多吉（伦钦，西藏地方政府噶厦的首席噶伦）刚到后藏江孜，英国已派驻锡金政治专员查尔斯·贝尔先期到达江孜，而中国代表还在斯斯文文地准备谈判事宜，还在启程路上，英国与西藏地方代表已在江孜、亚东等地秘密商议了 3 个多月。

俩人仔细商谈在西姆拉会议上要解决西藏自治，加大西藏地方范围以及英国和西藏地方关系和对付中国政府的策略等问题。商定的做法是：由西藏地方代表在会议上提出上述要求，英方代表装作事先对此无知。英方的打算是“让西藏地方与中国代表在要求与反要求中进行争论，然后相机提出英方的建议作为两种极端意见的合理妥协”这是印度事务部大臣莫利尔 1913 年 7 月 28 日在上院发言中所说的由英国代表在会议中将扮演的‘诚实掮客’角色。[5]

1913 年 10 月 13 日，三方会议在印度西姆拉召开。英方首席代表是英属印度政府外交秘书亨利·麦克马洪，副代表是英国驻华公使罗斯，顾问就是先期与西藏地方官员私下沟通的英国驻锡金专员查尔斯·贝尔。中方首席代表是袁世凯任命的西藏宣抚使陈贻范，副代表是西藏副宣抚使王海平。西藏地方噶厦首席代表是伦钦夏扎及6名助手，其中包括拉萨三大寺各一名代表。

“事实上，英国代表团自始至终同西藏地方官员密切合作，差不多是互相勾结。……西姆拉会议本身就是一篇故事，其中外交手腕、强权政治和间谍活动都有过五花八门、错综复杂的表演，地点是山区避暑胜地，时间是第一次世界大战前夕。”[6]

会议一开始，因与贝尔事先有沟通，夏扎率先提出西藏地方的六项诉求，大意是：

西藏脱离中国，疆域欲包括青海、理塘、巴塘等处，并及打箭炉；（理塘、巴塘即现四川理塘县、巴塘县；打箭炉为现四川甘孜州府所在康定市。）光绪十九年之印藏通商章程，由英藏修改，中国不得过问，中国不得派员驻藏等。[7]

这是西藏地方噶厦政府第一次在国际上以文件形式提出西藏脱离中国中央政府管辖并划出疆界。半月后，陈贻范经请示北洋政府，提交七点驳复意见：

1. 西藏为中国领土之一部分，其向为中国领土之关系之继续无间。

2. 中国可派驻藏长官驻扎拉萨，所享之权利与前相同。并有卫队二千六百名，除一千名驻扎拉萨外，余一千六百名由该员斟酌分驻各处。

3. 西藏于外交及军事事宜，均应听受中国中央政府指示而后行。非经由中国中央政府，不得与外国订商。

4. 西藏人民之以向汉之故，因而身被监禁，产业被封者，西藏允一律释放给还。

5. 藏员所开第五款可商议。

6. 前订之通商条款如须修改，须由中英两方面根据光绪三十二年四月初四日中英所订藏事正约第三款商议。

7. 中藏边界兹于附上之图内约略画明（此图内将当拉岭、江达等处，一律划归四川省，图与驳复条件均经邮呈。民国二年 11 月 15 日曾发电陈明在案）。[8]

中国政府的反对意见早在英方意料之中。但见中国中央政府与西藏地方政府的意见相左，麦克马洪马上假惺惺地以调停人出面，拿出贝尔与夏扎事先沟通的、并附有地图的十一条“折衷方案”。主要内容是：

西藏分为外藏、内藏两个区域，外藏实行自治，内外藏分界以红蓝图绘明所附地图；中国在外藏不派军队，不驻文武官员，不殖民，中国可派大员带卫队驻拉萨，卫队不超过百人；1893 年、1908 年通商章程作废，西藏地方与英国议订新章程；中国在西藏地方享有宗主权，中国政府不改西藏为行省，西藏地方不在中国议院或类似团体有代表；英国政府订立不兼并占据西藏或西藏之无论任何部分。

此草约附有地图一张，用红蓝线标出“内藏”和“外藏”的疆界，外藏邻接印度，包括阿里、日喀则、拉萨、昌都等；内藏邻近中原，包括巴塘、里塘、打箭炉和西康东部大部分地区。红线为整个西藏区域，蓝线为内外藏之线。[9]

英国人划分的所谓“内外藏”，把青海、四川、甘肃、云南的藏族地区划归西藏地方，金沙江以西称为外藏，外藏大小事务皆由达赖喇嘛噶厦地方政府管理处置；金沙江以东称为内藏，内藏由西藏地方与中国中央政府共同管理。这就是现在达赖集团在国际上广泛散布的、所谓高度自治的“大藏区”概念。

“中国人竭力抵制把西藏划分成前后藏的主张，他们无疑看清楚了这种划分想达到什么目的。在他们看来，这就是要把整个西藏或者把西藏的大部分从中国分割出去。”[10]曾在驻英国伦敦使馆当过二等参赞的陈贻范刚开始坚决反对内外藏这个划分，麦克马洪威胁说，给你一周时间考虑，不能修改，只能答应“是”，不能回复“否”，你不签，我就与西藏单独签，而且之前约定全部作废。被英国人称为“温文尔雅”外交官的陈贻范不得已答应草签，但表示得报告北京批准才能正式签字。

草签内容传回北京，全国舆论哗然，甚至各省军阀也提出反对，批评声音直指北洋政府软弱卖国。袁世凯在舆论压力下，电令陈贻范不得正式签约。然而老奸巨猾的麦克马洪在签约的时候要了个把戏，他以要与西藏地方代表修改条约为由，把陈贻范支到另一房间，私下与夏扎在条约上签字。麦克马洪在离开印度的最后一份报告中写道：“在我离开印度前，没有能够使中国政府在三边协定上正式签字，我对此感到非常遗憾。……中国当时正式地、着重地、一再地声明它绝不承认西藏地方和英国之间的任何双边协定。”[11]

西姆拉会议另一出丑剧就是私下划定的非法的“麦克马洪线”。就在会议谈判的内容上报期间，麦克马洪与西藏地方代表夏扎背着中方代表，私下做了一笔交易，即划分了印度与西藏地方边界。

这条卖国卖藏的边界划线，背后怂恿者就是前面提到的贝尔。正是因为贝尔多次挑拨离间的贡献，英国国王颁授贝尔一枚圣麦克和圣乔治勋章。他自己写道，“我的任务之一，就是根据英国全权代表亨利·麦克马洪爵士在地图上划的一条八百五十英里长的线，与西藏地方全权代表商量划定西藏与印度东北部的边界。我就亨利爵士所期望的边界线，取得了夏扎的同意。这条线的每一点，都离印度平原约一百英里。”[12] 七年之后，贝尔到拉萨拜访十三世达赖喇嘛，达赖问他，为什么西姆拉会议要把西藏分为“内外藏”？贝尔说，中国想把西藏地方当作省份对待，我们商量把“外藏”归您领导，“内藏”是保住藏名，等你有足够的力量时，就可以收回，藏名丢了，就不好办了。达赖予以赞许。

之前，英属印度与西藏维持着传统习惯的边界线，没有明确划线。但英国一些茶叶、木材、矿业商人及驻印英军军官，为了自身的商业利润，多次提出将藏南明确划入印度管辖，并有详细的地理勘察报告。

西姆拉会议是 1913 年 10 月召开，1914 年 7 月结束。在西姆拉会议之前，麦克马洪就做足了技术准备，除了地理、资源勘察报告，他还需要一张详细的地图。于是秘密派遣名义是英国皇家地理学会会员、实际是英国间谍的 F·M·贝利中校，于 1913 年 5 月至 11 月，率勘察队由阿萨姆潜入雅鲁藏布江下游的藏南边界，测绘山势河流走向等地形，“西藏和阿萨姆之间的边界问题会全面摊开，在边界土地还没有测量制图的时候，任何有价值的协议都不可能达成。藏布江上没有瀑布的问题仍然是我们极感兴趣的事，我们一定要排除所有疑点，弄个水落石出。我们决定弄清楚后，必须不惜一切代价回到藏布江上游来，至少走到泽当，以便回去能给麦克马洪提供一张地图，好让他根据种族和地理情况在图上划界。”[13]

麦克马洪充分利用了这些勘察报告和秘密测绘的地图，他诱惑夏扎说，只要答应英方划定印度与西藏地方边界的要求，英国和西藏地方双方签约，英国就坚决支持西藏地方脱离中国。“这条边界线是画在两张比例为一英寸等于八英里的地图上。在1914年3月24日和25日，麦克马洪和西藏全权代表的换文中，西藏接受了这条线。换文中并没有关于这条新边界的文字描述，也没有提到根据什么原则画出这条线的。所以，麦克马洪线的走向的唯一权威性根据是最初的地图，在拉萨和英国都保存有该图的副本。”[14]

作为《泰晤士报》记者的澳大利亚籍记者马克斯维尔写道，“虽然西藏和印度之间的边界问题根本没有包括在三边讨论之内，也没有向中国人提起过，但英国人却在最后时刻用一种画图上的欺骗手段，间接把这个问题塞进会议。条约草案所附的那张地图，画出拟议中把西藏分割为两部分（内藏和外藏）的分界线，用红线标志西藏的大部分是西藏同中国的分界线，但其南端却延伸成弧形以代表西藏和印度之间的边界——这一段是根据麦克马洪同西藏人商定的走向画的。”[15]

1953年，时任中央代表驻西藏外事帮办的杨公素，到北京参加中印外交谈判，离开拉萨前，他到西藏地方政府了解边界情况，第一次看到这份划有非法的“麦克马洪线”的地图。他回忆说：“中央代表将中印两国谈判事项告知噶厦和达赖后，要求噶厦将过去西藏地方政府与英、印间有关交往情况及有关文件、问题告诉中央，以便研究如何与印度方面谈判。全体噶伦来到中央代表处表示同意同中央统一对外，对过去设外交局一事作了些解释，一再说噶厦与外国并没有什么特殊来往，现在要求中央将英印占去的西藏土地收回。同时交出两张地图，一个是西藏自绘的西藏全图，这个图没有经纬度，没有等高线，只画了些山形和河流，把恒河以北的地方都说是西藏土地。这种要求曾向印度提过，自然是遭到印方的拒绝。另一图是1914年中英藏西姆拉会议期间，英国人与藏员背着中国政府代表陈贻范私下划的印藏边界图，也就是通常称的‘麦克马洪线’图。噶厦交出的是当时麦克马洪与夏扎签字的原图，有经纬度，约为50万分之一的比例，在这图上粗粗地划了一条红线，这就是划定印藏边界线。除此图外，并没有边界条约、没有说明边界走向，更没有划界议定书等，单凭这样粗略的红线图，自然难以成为划定边界的根据。但这是一张1914年英国人阴谋强占中国领土与西藏地方私下交易的一张图，我们是第一次看到这张真图。噶厦交出图时说，那时除达赖十三世及少数几个大官外，谁也不知道有此图，现在印度人占了图上的土地，要求中央收回。我们询问除此图外，有没有其他文件、条约或文书等，他们一口否认有任何文件。”[16]

杨公素回忆说，此事十多年以后，他在一本英国人写的书中发现了1914年英藏秘密划“麦线”的双方换文和他们签订的商约。如下：

西藏全权代表夏扎伦钦：

在二月你接受了从伊苏·拉兹山口（云南尖高山山口，当时缅甸为英国殖民地）到不丹边界的印藏边界如附图所标明的（附图二份）以供你的政府批准，同时给予下列条件：

在英国边界以内的西藏所拥有私人庄园将不会受到损害；若圣噶波及杂日山是在英国境内一日路程，它们将被算在西藏领土内，而边界线照此修改。

我认为由于上述两个条件，你的政府是同意这个边界线的。你想知道西藏政府在错那宗、工布、西康的门巴族、珞巴历来所收的税收是否还能照旧征收，柏尔先生（柏尔，英国驻锡金官员，专赴西姆拉鼓动夏扎抛开中国中央代表与英国密约）已告诉你，这些具体细节将在友好精神下得到解决，正如你所允许的当你将一切详情告知他时。印藏边界的最后解决可以将来发生纠纷而对贵我两国政府将大的利益。

德里　英国全权代表麦克马洪（签字）

中藏会议英国全权代表亨利·麦克马洪：

除非印度与西藏的边界明确地划定，正如预料到的将来可能发生纠纷。你 2 月给我的地图我已送拉萨请求指示。现在我已得拉萨令，因此我同意由你签字的用红线划的边界线（两幅图）并由你 3 月 24 日提出的两个文件，是由柏尔先生交给我的。我在该两图上签字并用印，我保留一份，另一份退还给你。

西藏全权代表夏扎伦钦于木虎年一月二十九日

（1914 年 3 月 25 日）（夏扎印）[17]

辛亥革命以后，民国中央政府对西藏管理一度十分脆弱。由外国势力培植起来的西藏上层势力开始了分裂活动。对内，封锁西藏与祖国内地各省交通要道，阻止祖国内地的人和物进藏；对外，与外国势力勾结，规定凡祖国内地人进藏，须取道印度，并由英印政府签证。1924 年，在拉萨的英国人欲策动藏军首脑擦绒发动兵变，推翻达赖，建立亲英的政权。后被十三世达赖喇嘛察觉，擦绒被革职。晚年的十三世达赖喇嘛逐渐看清了帝国主义对西藏的野心，多次表示要维护祖国统一，拥护中央政府。1930 年，国民政府派往拉萨的调查职员刘曼卿女士在拉萨待了 3 个月，十三世达赖喇嘛两次接见她。表示“过去中央漠视西藏，弃如石田。今新政府初立，即派汝致意，予实钦佩蒋主席与各执政之精明，能顾全大局，尚望始终如一，继续不断，更进而为实际之互助。吾所最希求者即中国之真正和平统一，……英国人对吾确有诱惑之念，但吾知主权不可失，性质习惯不两容，故彼来均虚以周旋，未曾与以分厘权利。中国只需内部巩固，康藏问题不难定于樽俎。”[18]

三、遗祸于后世

英属印度政府用各种不光彩的手段，欲把西藏从中国分裂出来，置于英印控制之下。印度记者曼克卡尔以赞许的口吻说出了其战略意图，“英国在印度的统治者对印度有一项极为明确、坚定和万无一失的政策，其主要目的是使印度边界任何时候都不受威胁。战前（指一战），该政策基于这样的原则，即在印度周边组成一个受英国支配和控制的敌对国家的包围圈。……根据这项政策，位于印度东北边界的西藏必须是‘独立’的，而且对印度友好的，同时，还得受英国支配。因此，尽管在名义上承认中国对西藏的主权，但实际上英国政府同拉萨政府直接保持着联系，并秘密地尽一切可能使西藏保持一个‘独立’的自治国家。”[19]

1940 年 1 月，蒙藏委员会委员长吴忠信到达拉萨，看视达赖转世灵童拉木登珠，上报国民政府，经国民政府主席林森签署命令，特准免予掣签。然后与摄政热振活佛主持了十四世达赖坐床典礼。

吴忠信在报告中有此感慨："综观此一阶段内中央与西藏之关系，外有英人之指使，内有达赖之反复，冲突频仍，纠纷迭起，洵属两方感情最恶劣之时期。此后筹藏，必须将此种恶影响洗刷尽净，始能有进一步之收获。"[20]

这里所述中央与西藏地方关系"最恶劣之时期"，皆源于20世纪初英国入侵西藏及所谓的"拉萨条约""西姆拉条约"，其中遗祸最甚、最阴险毒辣的莫过于非法的"麦克马洪线"。背着主权国家私下划定边界线，肯定是心虚的。

1929年由英属印度政府外交副秘书艾奇逊主编的《印度和邻国的条约、契约、证书集》（史家简称《艾奇逊条约集》），第14卷有关西姆拉会议，只字未提英藏边界划分事宜，即非法的"麦克马洪线"。到了1936年，印度测量局提出将非法的麦克马洪线确定为正式边界线，印度政府竟然不惜冒天下之大不韪，下令收回并销毁原版《艾奇逊条约集》，重新修改塞进非法的"麦克马洪线"，出版并标明出版日期仍为1929年。印度学者卡·古普塔揭露了这个偷梁换柱的做法，"在得到印度外交和政治部的许可而出版的《艾奇逊条约集》第14卷（1929年版）中写道：'1913年，西藏、中国和英国的全权代表在印度开会，试图解决中藏边界事宜，并于1914年拟就和草签了一个三方条约。但是，中国政府不准其全权代表进行正式签字'然而，1929年版《艾奇逊条约集》第14卷奉印度政府之命停止发行，而偷偷地代之以1938年印刷的标明是1929年出版的伪造版本。《艾奇逊条约集》这个新版本说：1913年召开的西姆拉会议是要就西藏的国际地位，特别是关于英国、中国和西藏的关系以及西藏与中国和西藏与印度的边界谈判一项协议。它谈到中国政府拒绝批准这个协定，但是声称英国和西藏通过发表一项承认条约的条款对他们具有约束力的声明批准了西姆拉条约。”[21]

虽如此瞒天过海，偷梁换柱，但也留下确凿证据。“1929 年原版的《艾奇逊条约集》（第十四卷）目前在全世界至少仍保留下来五本：一本在伦敦印度事务部图书馆，一本在美国哈佛大学图书馆，另一本在哥伦比亚大学图书馆，第四本在印度，还有一本在北京图书馆。只要到上述任何一处进行查阅和对照，即可深刻、具体而详尽地了解英国殖民主义者在这个问题上的狡诈、虚伪和阴险面目。”[22]

印度学者卡·古普塔则是在印度事务部图书馆亲眼看到未被销毁的一册原版本。他写道，“这个新版本是在 1938 年偷偷地出版的，但标明是 1929 年版。它一直是印度和其他地方的学者在西姆拉会议协定的法律地位上产生无限混乱的根源。”[23]

1947 年 8 月，印度摆脱英国长期的殖民统治，获得独立。印度政府认为，以前所有英属印度政府与西藏所订条约的全部权利和义务皆由该政府所继承；印度与西藏的关系应以 1914 年西姆拉条约及其通商附则为准，等等。印度总理尼赫鲁更是明确表示“考虑任何问题首先得从印度的利益着眼，其次才是事情本身的是非曲直。”[24]

1953 年 12 月，中央驻西藏代表外事帮办杨公素奉命回北京参加中印关系会谈。会谈前周恩来总理会见了双方代表团，“周恩来总理说，中印两国人民历来是友好的，过去英印政府在西藏享有特权是英帝国主义侵略中国的不平等条约造成的，现在不适用了。现在两国独立了，应该在互相尊重主权与领土完整，互不侵犯、互不干涉内政、平等互惠、和平共处原则上发展两国友好关系。此次两国代表团商谈印度与中国西藏地方关系问题，谋求解决那些业已成熟又悬而未决的问题，也应按这些原则进行。印度代表团长完全同意周总理提出的著名的两点——即五项原则和商谈业已成熟又悬而未决的问题。后来成为中国对外政策基础的和平共处五项原则，就是在这次接见中由周恩来首次亲自提出来的。”[25]

当年，夏扎将与英国代表私下约定的边界线报告给拉萨噶厦政府，司伦雪康（司伦，在噶厦政府中地位类似摄政）复信指示，只要英国人帮助西藏从中国分离出来，并让汉兵从西康全部撤走，就可以同意所谓的“麦克马洪线”。1947 年印度独立以后，西藏地方政府立即向印度提出归还被强占的领土，并以原先英藏私下约定的要点没有实现为由，认为“麦克马洪线”无效。“据报道，印度宣称它打算奉行前政府（英国）制定的政策，并阻止对此问题的任何讨论。这种顽固的态度造成了大约十五年后新德里同中国的巨大麻烦。”[26]

（本文最初于 2023 年发表于《环球网》，
在收录至本书时对内容进行了适度精简）

参考文献

[1] 牙含章编著：《达赖喇嘛传》，人民出版社，1984 年，第 209 页。

[2] 杨公素著：《中国西藏地方的涉外问题》（内部资料），西南民族学院印刷，第 10 页。

[3] 杨公素著：《中国西藏地方的涉外问题》（内部资料），西南民族学院印刷，第 10 页。

[4] 杨公素著：《中国西藏地方的涉外问题》（内部资料），西南

民族学院印刷，第 11 页。
[5] 王宏纬著:《喜马拉雅山情结: 中印关系研究》，中国藏学出版社，1998 年，第 28 页。
[6] （澳）内维尔·马克斯韦尔著，陆仁译:《印度对华战争》，生活·读书·新知三联书店，1974 年，第 42 页。
[7] 中国藏学研究中心编:《元以来西藏地方与中央政府关系档案史料汇编》，中国藏学出版社，1994 年，第 2411—2412 页。
[8] 中国藏学研究中心编:《元以来西藏地方与中央政府关系档案史料汇编》，中国藏学出版社，1994 年，第 2412 页。
[9] 杨公素著:《中国西藏地方的涉外问题》（内部资料），西南民族学院印刷，第 14—15 页。
[10] （澳）内维尔·马克斯韦尔著，陆仁译:《印度对华战争》，生活·读书·新知三联书店，1974 年，第 43 页。
[11] （澳）内维尔·马克斯韦尔著，陆仁译:《印度对华战争》，生活·读书·新知三联书店，1974 年，第 45 页。
[12] （英）查尔斯·贝尔，冯其友等译:《十三世达赖喇嘛传》，西藏社会科学院印，1985 年，第 195 页。
[13]（英）F.M. 贝利著，春雨译:《西藏研究参考资料之一: 无护照西藏之行》，西藏社会科学院资料情报研究所，1983 年，第 83 页。
[14] （澳）内维尔·马克斯韦尔著，陆仁译:《印度对华战争》，生活·读书·新知三联书店，1974 年，第 47—48 页。
[15] （澳）内维尔·马克斯韦尔著，陆仁译:《印度对华战争》，生活·读书·新知三联书店，1974 年，第 48 页。
[16] 杨公素著:《沧桑九十年: 一个外交特使的回忆》，海南出版社，

1999 年，第 199 页。
[17] 罗广武、何宗英编著：《西藏地方史通述》，西藏人民出版社，2007 年，第 916—917 页。
[18] 刘曼卿著:《康藏轺征》,民族出版社,1998 年,第 112—113 页。
[19] （印）D.R. 曼克卡尔 :《谁是六二年的罪人》,西藏社会科学院西藏学汉文文献编辑室编印,1985 年,第 6 页。
[20] 中国第二历史档案馆、中国藏学研究中心编著：《奉使办理藏事报告书》，中国藏学出版社，1993 年，第 127 页。
[21] （印度）卡·古普塔，王宏纬、王至亭译：《中印边界秘史》，中国藏学出版社，1990 年，第 88 页。
[22] 王宏纬著:《喜马拉雅山情结: 中印关系研究》,中国藏学出版社，1998 年，第 38 页。
[23] （印度）卡·古普塔，王宏纬、王至亭译：《中印边界秘史》，中国藏学出版社，1990 年，第 113 页。
[24] 王宏纬著:《喜马拉雅山情结: 中印关系研究》,中国藏学出版社，1998 年，第 54 页。
[25] 杨公素著：《沧桑九十年：一个外交特使的回忆》，海南出版社，1999 年，第 215 页。
[26] （加）谭·戈伦夫著，伍昆明、王宝玉译：《现代西藏的诞生》，中国藏学出版社，1990 年，第 113 页。

后　记

我在西藏生活工作多年，回中原以后，岗位也几经变动，但西藏令我梦魂萦绕，俨然是第二故乡。我的职业是新闻记者，虽然也写了些小说、散文，纪实文学作品，但就学术修养而言，本人没有受过正规训练，拙文显得散漫，缺少逻辑性，更谈不上理论性。

西藏历史悠久，文化博大精深，在中华民族的历史和文化宝库中，占有重要的位置。在西藏工作生活，参与西藏的建设事业，必然要正确地认识西藏，了解西藏社会，了解生活在高原的这个伟大的民族，包括其历史、文化、宗教和经济等诸方面。虽然我在西藏多年，但说对西藏的认识仍是皮毛而已，对藏学领域更是初窥门径，还谈不上“入”。

2014年秋，我去中央民族大学看望王尧先生，他曾对我说过，在西藏工作生活，首先要爱西藏。你们搞新闻的，也要看一点藏学方面的书，多了解一些西藏的历史和文化。我谈起他与陈家琎、王启龙、耿昇、张植荣等学者主编的《国外藏学研究译文集》，每集我都买，泛读过大多数文章。这套文集令我这个新闻人开阔了眼界，加深了对西藏的认识，获益匪浅。当时，我还在《光明日报》副总编任上，以“依然白发一书生”为题，请毕业于中央民院的记者刘茜专访王尧先生，在《光明日报》以一个整版刊登，专就先生从事藏学研究及在该领域的卓越成就作了专题报道。报纸出版后，我们还专门送到先生府上。先生翻看报纸，笑说这是新闻媒体对自己最大篇幅的一次报道。未料一年多后，中央民族大学宣传部部长朱雄全电话告诉我一个噩耗：王尧先生因病去世！

我在新闻界，与藏学界隔行如隔山，泛而不专，也想利用媒体的特性，多做一点传播西藏真实景况的事，王尧先生对我的叮嘱，至今铭记在心，只是遗憾书读得太少了。

西藏有独特的地理环境，在这片高原上，其宗教信仰有独特性，当地居民生活习惯有独特性，这就造成了西藏历史文化的鲜明特性。比如：藏民族与中华民族繁衍生息、西藏地方与祖国命运休戚与共的关系；西藏民族文化对中华民族文化的贡献；以及西藏的建筑、绘画、民间文学等西藏文化元素的艺术价值等等。向社会普及西藏历史和文化知识时，自己深知艰难，更有一定的“危险”，窃以为对西藏既要热爱也要学习，更要敬畏。好多年前，我奢想从浩瀚的涉藏书籍中拎出点线索，本着对西藏真诚的热爱，写一本能够简略介绍西藏的读本，以自己一些所见所闻及浅薄的见识，普及一下西藏的历史文化，然力不能逮，只好作罢。2020 年初，我在成都参加四川民族出版社的一个赠书活动，与社长泽仁扎西、副总编唐怡女士在一个庭院喝咖啡，谈起我在一些院校、单位和媒体就西藏历史文化作的普及性讲座，他们很感兴趣，当即约我将讲座内容汇集成册出版。

因为其他原因，两年后拙作由西藏人民出版社原总编辑李海平推荐到西藏人民出版社出版。我在此要感谢四川民族出版社激发我将这些讲座选择了十四讲，汇集成册，感谢胡庆编辑的多次校对，感谢西藏人民出版社的责任编辑扎西欧珠精心编辑；特别要感谢喜饶尼玛先生，他是藏学领域的大家，欣然应允为拙作写序，这是我的荣幸。但愿这本小书能给那些热爱西藏、并对西藏文化感兴趣的人们提供一个方便。当然，其中免不了有谬误，亦有与藏学专家不尽相同的观点，但我想说的是，我的讲座算不上严格的学术文章，多是拾人牙慧，有的仅是个人的浅见而已，不当之处还敬请方家批评指正。

刘　伟

2024 年 12 月 9 日